中国软科学研究丛书

丛书主编：张来武

"十一五"国家重点
国家软科学研究

U0603917

食品安全法律控制研究

臧冬斌　著

科学出版社

北京

内 容 简 介

近年来，我国重大食品安全问题不断涌现，折射出食品安全管理领域的一些缺陷和问题。在这种背景下，本书系统地研究了食品安全法律控制问题。本书分为上篇和下篇两部分，上篇是对食品安全法律控制的概括性研究，以及对食品安全各环节法律控制中一些共性问题的研究。下篇按照"从农田到餐桌"的食品全过程，从食品行业准入、食品源头、食品生产与流通、食品包装、食品消费等环节入手，分别对各环节中食品安全法律控制问题进行了详细研究。本书对食品安全法律控制研究的重点在于食品安全的刑法保护，探讨如何运用刑事手段保护食品安全，以及食品安全犯罪的立法完善和司法应用问题。

本书可供食品安全法律研究人员、食品安全管理工作人员，以及其他关心食品安全的读者阅读参考。

图书在版编目(CIP)数据

食品安全法律控制研究/臧冬斌著 . —北京：科学出版社，2013
（中国软科学研究丛书）

ISBN 978-7-03-037143-0

I. ①食… II. ①臧… III. ①食品卫生法-研究-中国 IV. ①D922.164

中国版本图书馆 CIP 数据核字（2013）第 050157 号

丛书策划：林 鹏 胡升华 侯俊琳
责任编辑：邹 聪 程 凤/责任校对：鲁 素
责任印制：徐晓晨/封面设计：黄华斌 陈 敬
编辑部电话：010-64035853
E-mail：houjunlin@mail.sciencep.com

科 学 出 版 社 出版
北京东黄城根北街 16 号
邮政编码：100717
http://www.sciencep.com

北京厚诚则铭印刷科技有限公司 印刷
科学出版社发行 各地新华书店经销

*

2013 年 4 月第 一 版 开本：B5（720×1000）
2019 年 1 月第五次印刷 印张：16
字数：298 000

定价：128.00 元

（如有印装质量问题，我社负责调换）

"中国软科学研究丛书" 编委会

  软科学是综合运用现代各学科理论、方法，研究政治、经济、科技及社会发展中的各种复杂问题，为决策科学化、民主化服务的科学。软科学研究是以实现决策科学化和管理现代化为宗旨，以推动经济、科技、社会的持续协调发展为目标，针对决策和管理实践中提出的复杂性、系统性课题，综合运用自然科学、社会科学和工程技术的多门类多学科知识，运用定性和定量相结合的系统分析和论证手段，进行的一种跨学科、多层次的科研活动。

  1986 年 7 月，全国软科学研究工作座谈会首次在北京召开，开启了我国软科学勃兴的动力阀门。从此，中国软科学积极参与到改革开放和现代化建设的大潮之中。为加强对软科学研究的指导，国家于 1988 年和 1994 年分别成立国家软科学指导委员会和中国软科学研究会。随后，国家软科学研究计划正式启动，对软科学事业的稳定发展发挥了重要的作用。

  20 多年来，我国软科学事业发展紧紧围绕重大决策问题，开展了多学科、多领域、多层次的研究工作，取得了一大批优秀成果。京九铁路、三峡工程、南水北调、青藏铁路乃至国家中长期科学和技术发展规划战略研究，软科学都功不可没。从总体上看，我国软科学研究已经进入各级政府的决策中，成为决策和政策制定的重要依据，发挥了战略性、前瞻性的作用，为解决经济社会发展的重大决策问题作出了重要贡献，为科学把握宏观形势、明确发展战略方向发挥了重要作用。

20 多年来，我国软科学事业凝聚优秀人才，形成了一支具有一定实力、知识结构较为合理、学科体系比较完整的优秀研究队伍。据不完全统计，目前我国已有软科学研究机构 2000 多家，研究人员近 4 万人，每年开展软科学研究项目 1 万多项。

为了进一步发挥国家软科学研究计划在我国软科学事业发展中的导向作用，促进软科学研究成果的推广应用，科学技术部决定从 2007 年起，在国家软科学研究计划框架下启动软科学优秀研究成果出版资助工作，形成"中国软科学研究丛书"。

"中国软科学研究丛书"因其良好的学术价值和社会价值，已被列入国家新闻出版总署"'十一五'国家重点图书出版规划项目"。我希望并相信，丛书出版对于软科学研究优秀成果的推广应用将起到很大的推动作用，对于提升软科学研究的社会影响力、促进软科学事业的蓬勃发展意义重大。

科技部副部长

2008 年 12 月

　　民以食为天，食以安为先。食品安全直接关系到广大食品消费者的身体健康和生命安全。食品安全已经上升到一个国家的公共安全的高度。随着经济的发展、人民生活水平的逐渐提高及我国食品工业的快速发展，食品安全问题越来越突出。近年来，重大食品安全问题不断涌现，折射出食品安全管理领域中的一些缺陷和问题。

　　当前我国食品安全状况不容乐观，一个很重要的原因是食品安全管理与控制的不完善。法律控制是食品安全管理的基本手段。在食品安全控制方面，我国已经制定出一系列法律，初步形成了食品安全法律控制体系。在总结食品安全法律控制的经验教训和借鉴国外食品安全法律控制经验的基础上，于 2009 年颁布了《中华人民共和国食品安全法》（简称《食品安全法》），作为我国现阶段的食品安全基本法。但是在 2010 年 6 月，在《食品安全法》实施一年之际，有关机构对全国 12 个城市开展公众安全感调查，在社会治安等 11 项安全问题调查中，食品安全以 72% 的比例成为被调查对象最担心的安全问题。① 这个调查结论一方面说明人民群众对食品安全给予了高度的关注，另一方面也说明食品安全法律控制的成效亟待提高。

　　在法律控制体系中，刑法控制是很重要的一个环节，基于刑法的最严厉性，刑法是其他各部门法被遵守的后盾与保障，失去刑事手段强制性的保障，就不可能实现对食品安全的法律控制。但是从食品安全法律实践来看，刑法在食品安全法律控制中发挥的作用却比较有限。有学者统计，2008～2010 年，某直辖市全市共起诉生产、销售不符合卫生标准的食品犯罪案件 4 件，涉案人员 8 人；起诉生产、销售有毒、有害食品犯罪案件 2

---

① 杜萌 . 2010 - 09 - 21. 严惩危害食品安全犯罪亟须修订刑法 . 法制日报，第 4 版 .

件，涉案人员 3 人。这些数字与实践中发生的大量的食品安全事件是不相符的。① 这说明刑法在食品安全保护方面还没有起到应有的作用。这一方面是因为司法机关运用刑事手段保护食品安全的法律思维还不完善，另一方面是因为我国刑法中食品安全犯罪立法不完善、法律规定模糊等。刑法作用的欠缺是食品安全法律控制成效不理想的一个重要原因。因此，探讨如何充分发挥刑法在食品安全法律控制中的作用是本书研究的重点。

本书分为上、下两篇：上篇主要是对食品安全法律控制的概括性研究，以及对食品安全各环节法律控制中的一些共性问题的研究，为下篇研究的展开打下基础。下篇按照"从农田到餐桌"的食品全过程，从食品行业准入、食品源头、食品生产与流通、食品包装、食品消费等环节入手，分别对各环节中食品安全法律控制问题进行了详细研究。

作　者

2012 年 6 月

---

① 盛宏文，张一薇.2011.食品安全犯罪立法完善研究//朱孝清，莫洪宪，黄京平.中国刑法学年会文集（2011 年度）.北京：中国人民公安大学出版社：1467.

目 录

下　篇

上篇

中国食品安全概述

第一章

第一节　食品安全内涵概述

一　食品的概念

按照我国《食品安全法》的规定，所谓食品是指各种供人食用或饮用的成品和原料，以及按照传统既是食品又是药品的物品，但是不包括以治疗为目的的物品。

欧盟对食品的定义：食品（食品原料）是指任何用以被人类吸收和消化的加工、部分加工、未加工的物品或物质，包括饮料、口香糖、水，或者其他在制作、准备、处理食品过程中有意加入的物质。食品不包括饲料，置于市场上供人类消费以外的活的动物，收获前的植物，依照欧盟指令属于药品、化妆品、烟草和烟草制品的物质，依照联合国麻醉药品和精神药品会议决议属于麻醉或精神药品的物质，残留与污染物。

相比较而言，欧盟对食品的定义的外延要大于我国食品安全法律对食品定义的外延，我国食品安全法律对食品的定义未能涵盖日常食品的全部，比如说半成品、一些可以直接食用的农产品等，这种外延上的不周全性将会造成《食品安全法》以外的其他法律（如刑法），在规制食品安全时面临对"食品"理解上的模糊与困惑。

二　食品安全的概念

食品安全问题最早出现在古罗马时代，据史料记载，当时有众多市民反映红酒的味道有问题，调查官在对红酒生产者进行调查后，发现生产者在制造红酒的原料中掺入了芦荟和其他药剂，以达到快速制造红酒的目的。此后，古罗马又陆续出现了在面粉中掺入碳酸盐，用麦芽替代物酿造啤酒等事件，这些事件在当时被统称为"食品三案"①。但是当时人们所关注的并非食品的卫生性和

---

① 刘畅 . 2010. 日本食品安全规制研究 . 吉林大学博士学位论文：25.

安全性，而是食品的口感和味道，所以这个时期的食品安全问题并不能与现代的食品安全问题相提并论。

根据世界卫生组织（WHO）1996年对食品安全所下的定义，食品安全是指对食品按照其原定的用途进行制作和食用时，不会使食品消费者受害的一种担保，它主要是指在食品的生产和消费过程中不存在达到危害程度的有毒、有害物质或因素的加入，从而保证人体按照正常的剂量和以正确的方式摄入这样的食品时，不会受到急性或慢性的危害，这种危害包括对摄入者本身及其后代的不良影响。

国际食品卫生法典委员会（CAC）将食品安全更具体地定义如下：所谓食品安全是指食品消费者在摄入食品时，食品中不含有害物质，不存在引起急性中毒、不良反应或潜在疾病的危险性。这是狭义的食品安全。广义的食品安全除了包括狭义的食品安全全部内涵以外，还包括食品中某种人体必需的营养成分的缺乏或营养成分的相互比例失调，导致人体长期摄入这类食品后所出现的健康损伤问题。可见，食品安全的概念已经突破了食物中毒的范畴。食物中毒作为食源性疾病（凡是通过摄入食品进入人体的致病因素，使人体患感染性或中毒性的疾病，都称之为食源性疾病）的一种并不能真实地反映食物不卫生或不安全所造成的全部危害。食物中毒只是食品安全事故的一种表现形式而已。

我国目前法律对食品安全的定义与世界卫生组织对食品安全的定义并不完全相同。《食品安全法》定义：食品安全，是指食品无毒、无害，符合应当有的营养要求，对人体健康不造成任何急性、亚急性或慢性危害。

"食品安全"和我们经常提到的"食品卫生"、"食品质量"之间有什么样的逻辑关系？根据国家质量技术监督局发布的《食品工业基本术语》2.22条的规定，食品卫生是指，"为防止食品在生产、收获、加工、运输、贮藏、销售等各个环节被有害物质（包括物理、化学、微生物等方面）污染，使食品有益于人体健康、质地良好，所采取的各项措施。同义词：食品安全"。世界卫生组织在《确保食品安全与质量：加强国家食品安全控制体系指南》中对食品卫生的定义是：食品卫生是指为了确保食品在食品链的各个阶段具有安全性与适宜性的所有条件与措施。《食品工业基本术语》2.18条规定："食品质量，指食品满足规定或潜在要求的特征和特性总和，反映食品品质的优劣。"可以看出，在我国，概括地理解，食品安全就等于食品卫生，是比食品质量更高一个层次的要求。但是仔细考究，"食品安全"与"食品卫生"并不是同一个概念。否则，国家为什么还要用《食品安全法》来代替《食品卫生法》呢？干脆修订《食品卫生法》就行了。

"食品安全"、"食品卫生"与"食品质量"三者之间的关系应当是这样的：食品安全是总概念，包括作为属概念的食品卫生、食品质量等相关方面的内容，而食品卫生与食品质量之间存在着一定的交义。首先，食品卫生具有食品安全的基本特征，从我国以前的《食品卫生法》来看，仅要求食品达到卫生标准，即"食品应当无毒、无害，符合应当有的营养要求，具有相应的色、香、味等感官性状"。这仅仅是规定了食品不被污染、没有变质、未过期等基本要求，而对问题食品给人体所带来的潜在危险并没有更多关注，生活中经常出现达到卫生标准但是不符合安全标准的食品，如部分转基因食品、加入过量添加剂的食品等，这些食品虽然可以说是卫生的，但很难说是安全的。从另一个角度来说，食品卫生包括结果安全（对人体无毒无害）和过程安全（保障结果安全的外在条件），但更侧重于过程安全，而食品安全则是结果安全和过程安全的完整统一。通俗地讲，卫生的食品未必是安全的食品，但安全的食品应是符合卫生要求的食品。其次，食品安全包括食品（食物）的种植、养殖、加工、包装、贮藏、运输、销售、消费等环节的安全，而食品卫生通常并不包含种植、养殖环节的安全，也就是说食品卫生更注重的是食品在从生产到销售过程当中保证食品不受到外来的污染。"食品安全"和"食品质量"的关系简单说就是，食品安全主要关注食品消费者接受食品后的健康状况，食品质量则重点强调保证食品本身的性状和使用价值。

基于以上对"食品安全"与"食品卫生"、"食品质量"之间逻辑关系的认识，参考《食品安全法》对食品安全的规定，食品安全的法律定义可以表述如下：食品的种植、养殖、加工、包装、贮藏、运输、销售、消费等活动符合国家强制性标准和要求，不存在损害或威胁食品消费者及其后代人体健康的有毒有害物质，符合应当有的营养要求。[①] 食品安全的概念表明，食品安全既包括生产安全，也包括经营安全；既包括结果安全，也包括过程安全；既包括现实安全，也包括未来安全。

食品安全是一个动态的概念，其内涵是随着社会的发展变化而不断发展变化的，其变化的总趋势是，在食品安全方面，人们的需求是越来越多的，要求是越来越高的，这一点可以从联合国粮食及农业组织（联合国粮农组织，FAO）对粮食安全所作的定义的变化中得到验证。1974年联合国粮农组织第一次将粮食安全定义为："保证任何人，在任何时候，都能得到为了生存和健康所需要的足够食物。"1983年4月，联合国粮农组织粮食安全委员会又通过了新的粮食安全的定义："确保所有的人们在任何时候，既能买得到又能买得起他们所需要的基本食物。"到了20世纪90年代，随着人们生活水平的日益提高及环境污染的日益加重，1996年11月，第二次世界粮食首脑会议对粮食安全再次定义："只有当所有人任何时候都能够在物质上和经济上获得足够、安全和富有营养的粮

---

① 张涛.2006.食品安全法律规制研究.厦门：厦门大学出版社：25.

食，来满足其积极和健康的膳食需求及所喜好的食物，才实现了粮食安全。"从中可以看出现代粮食安全几大构成要素：一是满足食物供给的"数量"；二是具有支付能力的"费用"；三是富有营养的"质量"；四是食用放心、保证安全的"无污染"的食品。粮食安全的内涵由低层次转向了高层次，经历了一个由"量"的安全到"质"的安全的变化过程。

从动态的角度看，食品安全包含三个方面的含义：一是"量"的安全，即食品数量安全，也叫做食品安全保障，是指一个单位范畴（国家、地区或家庭）内能够生产或者提供维持基本生存所必需的膳食需要，从数量上反映居民食品消费需求的能力，强调食品安全是人类的基本生存权利；二是食品质量安全，即狭义上的食品安全，是指一个单位范畴（国家、地区或家庭）内从生产或者提供的食品中获得营养充足、卫生安全的食品消费以满足正常的生理需要，即维持生存、生长，或者保证从疾病、体力劳动等各种活动引起的疲乏中恢复正常的能力，食品质量安全状态反映的就是一个国家或地区的食品中各种危害物对食品消费者健康的影响程度，它以确保食品卫生、营养结构合理为特征，强调食品质量安全是人类维持健康生活的权利；三是"发展"的安全，即食品可持续安全，是指一个国家或地区，在充分合理利用和保护自然资源的基础上，确定技术和管理方式以确保在任何时候都能够持续、稳定地获得食品，使食品供给既能满足现代人类的需要，又能满足后代的需要，即旨在不损害自然的生产能力、生物系统的完整性或环境质量的情况下，达到所有人随时能够获得保持健康生命所需要的食品，它是以合理利用食品资源、保证食品生产的可持续发展为特征的。[①] 食品安全的这三层含义并非是独立的，而是互相联系的，食品数量安全是食品安全的基础，是实现食品安全的必要条件；但是没有质量安全，数量上的供给也是没有任何意义的，食品质量安全的实现意味着食品数量安全效果能够实现，食品质量安全是食品安全的充分条件；食品可持续安全是食品安全的最终目标，是食品数量安全在时间上的延伸。[①]

笔者在此所研究的食品安全，也就是人们在通常意义上所理解的食品安全，并不是"量"上的食品安全，而是"质"上的食品安全，即食品中是否含有危害人体健康的物质、食品是否符合安全标准、食品是否能够提供人们足够的营养。因为从食品数量安全的角度来看，中国的食品安全处于安全的阶段，中国居民获得食品的能力已经有了相当的保障。食品数量安全评价指标分为粮食储备率、人均食物占有量、恩格尔系数、人均热能日摄入量、基尼系数、消费水平差异指数、生活无保障人口比例、人均食物量标准差、粮食产量增长率波动系数、粮价波动系数、人均收入水平、外汇储备率、食物自给率、市场发育度、

---

① 李哲敏.2004.食品安全内涵及评价指标体系研究.北京农业职业学院学报，（1）：18，19.

家庭人均热能日摄入量、人均食物消费量、家庭及个人实际可支配的收入水平、食品收入需求弹性、价格需求弹性、食品与非食品之间的交叉弹性、反粮食危机对策、反粮食危机对策的频率、粮食分销能力、粮食获取能力差距、家庭间收入差距等 25 项。从食品数量安全的单个指标来看，我国的人均热能日摄入量、食品自给率已经达到很安全的水平，除粮食储备率外，其余指标也已经达到安全线，这说明当前食品数量安全已经不是制约我国食品安全问题的主要因素。[①] 食品质量安全指标评价体系由食品卫生指标、平衡膳食结构指标和营养及病理类指标三部分组成。其中食品卫生指标包括食品卫生监测合格率、致病病原菌抽检合格率、工业源污染物抽检合格率、真菌毒素类抽检合格率、海藻毒素类抽检合格率、食物质量安全标准达到国际标准的比例、某些植物毒素抽检合格率、食品添加剂抽检合格率、化学农药残留抽检或普查合格率。平衡膳食结构指标包括热能适宜摄入值、脂肪提供的热能占总热能比重、动物性食物提供的热能占总热能的比重、优质蛋白质占总蛋白质的比重、各种微量营养素的适宜摄入量；营养及病理类指标包括儿童营养不良发生率、低体重儿出生率和身体健康体检指标，共 17 项。从食品质量安全的角度看，中国食品安全还处于基本安全阶段，中国居民的营养卫生状况已经有了一定程度的提高，但是水平仍然较低。从食品质量安全的单个指标来看，农药残留抽检合格率、兽药残留抽检合格率，以及动物性食品提供的热能比重和优质蛋白质占总蛋白质的比重都接近于基本安全的最低线，是居民健康的隐患，需要进一步加大力度进行改善。[①]

需要说明的是，虽然食品质量安全评价体系包括食品卫生指标、平衡膳食结构指标、营养及病理类指标，但是笔者在本书中主要研究其中的食品卫生指标体系，研究如何运用法律手段使我国的食品卫生指标体系合格并达到国际水平，这也是当前我国食品安全工作的重心所在，如何运用法律手段使平衡膳食结构指标和营养及病理类指标合格并不是笔者研究的重点，这也是与我国食品安全现状相符合的，我们解决问题应当有个轻重缓急之分。现阶段，我国的首要问题是要使食品卫生指标体系合格，这也是整个食品质量安全评价体系的基础问题，解决不了这个问题就谈不上什么平衡膳食指标、营养及病理类指标问题的解决。

另外，食品安全也是个复合概念，食品安全并不仅仅指食品本身的安全性问题。从静态的角度看，一般来说，食品的安全性受制于四个方面：一是食品及其原材料的安全；二是食品中的添加剂的安全性；三是食品包装、容器、工具、加工设备等与食品接触的材料的安全性，食品包装材料中若存在对人体有

---

① 李哲敏 . 2004. 食品安全内涵及评价指标体系研究 . 北京农业职业学院学报（1）：19-22.

毒、有害的物质,在高温、冷冻等环境下,或接触酸性、碱性物质后,会渗透到食品中;四是食品标签和说明书,科学适当的标签、标志和标注,可以指导人们科学食用食品,防止不当食用而受到伤害。从食品生产—消费的动态过程的角度看,生产加工、仓储运输和餐饮消费等各环节,每个环节都可能会发生影响食品安全的问题。

第二节 中国食品安全现状

一 中国食品安全状况评估

2004 年春天发生在安徽阜阳的劣质奶粉案件、2008 年的"三鹿奶粉事件"、2011 年的"双汇瘦肉精事件",这些重大食品安全事件一次又一次为人们敲响了食品安全的警钟,社会对食品安全给予了前所未有的关注。其实,我们早就应该给予食品安全高度的注意,食品安全问题也并不是今天才存在的,只是我们忽略了而已。1988 年年初发生在上海的因市民食用受到污染的毛蚶而导致的甲肝大流行就应该使我们对食品安全予以高度关注,当时上海患病者高达 31 万人,不少人因此而死亡,上海市民到外地去也因此受到限制,上海食品出口遭到退回,经济损失惨重。

这些重大食品安全事件传递给人们一种感觉:中国正处于食品安全危机阶段。其实不然,综合我国权威部门的消息,我国食品安全的总体状况大致是好的,远未达到出现信任危机和信心危机的程度。根据卫生部的统计资料,1982 年我国的食品卫生合格率为 62%,2000 年的食品卫生合格率为 88%,食品卫生合格率平均每年提升 1~2 个百分点。[①] 但是近年来,危害人民身体健康,甚至危及生命安全的重大食品安全事件频频发生。例如,浙江的白砂糖中添加"吊白块"案件,重庆的"毛发水"酱油案件,广东的劣质大米案件,江西的河豚中毒案件,内蒙古的死因不明羊肉案件,天津的输液瓶灌装酱油案件,江西的病死猪肉加工食品案件等。其中一些劣质食品导致大面积的人员中毒。例如,广东中山 78 人因食用残留有甲胺磷农药的蔬菜而中毒,因食用含有瘦肉精(即盐酸克伦特罗)的肉类而导致浙江杭州 60 多人中毒和广东信宜 530 多人中毒,青海西宁铁路第一中学和北京某小学因学校食堂加工、储藏食物过程中食品卫生控制不当,分别导致 195 名中学生和 100 多名小学生食物中毒。这些食品安全案件不胜枚举,专家估计,我国每年食物中毒报告涉及人数为 2 万~4 万人,但

---

① 王海京,黄蕙 . 2001. 餐桌:靠什么设防——透视中国食品安全问题 . 瞭望新闻周刊,(39):8.

是专家同时指出这个数字尚不到实际发生数的 1/10，也就是说，我国每年食物中毒人数在 20 万~40 万人。[①] 上述这些案例告诉我们，中国的食品安全状况不容乐观。"民以食为天"，中国每年还有高达百分之十几的食品卫生不合格，这样的食品又如何能够保证人民群众的基本生存呢？

2000 年，世界卫生大会通过了《食品安全决议》，制定了全球食品安全战略，将食品安全列为公共卫生的优先领域，并要求成员国制订相应的行动计划，最大限度地减少食源性疾病对公众健康的威胁。为此，我国卫生部在 2003 年 8 月 14 日制订并印发了《食品安全行动计划》。《食品安全行动计划》指出，虽然我国的食品卫生总体状况在朝好的方向发展，但是我国食品安全面临的形势依然十分严峻，主要表现为以下六个方面：一是食源性疾病仍然是危害公众健康的最重要因素；二是食品中新的生物性和化学性污染物对健康的潜在威胁已经成为一个不容忽视的问题；三是食品新技术、新资源（如转基因食品、酶制剂和新的食品包装材料）的应用给食品安全带来新的挑战；四是我国食品生产经营企业规模化、集约化程度不高，自身管理水平仍然偏低；五是防范犯罪分子利用食品进行犯罪或恐怖活动的重要性越来越突出；六是食品安全监督管理的条件、手段和经费还不能完全适应实际工作的需要。需要说明的是，本书研究食品安全法律控制的目的在于探讨如何运用法律手段保护食品消费者吃得安全，保护食品消费者不因食源性侵害导致身体健康受到伤害。本书主要研究如何利用法律手段规范食品生产、销售等行为，保证食品经营者所经营的食品对人体健康无害。至于犯罪分子利用食品进行犯罪或进行恐怖活动，如在饮用水里投毒，虽然在最广义的层面上也可以属于危害食品安全的范畴，但是与本书的研究目的和主要内容相差太远，就不再研究。

二　中国食品安全问题凸显的原因

其实早在 1988 年，上海的甲肝大流行就已经为全社会敲响了食品安全的警钟，那么为什么我们今天才对食品安全问题给予应有的重视呢？大概有以下几个方面的原因。

首先，我国长期处于食品短缺时期，人们首要的需求是吃饱，只要能够吃饱，其他的都可以不予考虑。在这种情况下，食品质量和安全问题自然就会被吃饱这种基本需求掩盖，我们自然不会去重视食品质量和安全问题。但是今天我们已经不再处于食品短缺时期，人均粮食占有量达到 0.4 吨以上，人们在吃饱的同时也在考虑如何吃好的问题，吃饱之后如何吃得健康就成为吃的方面的

① 傅旭明.2010 - 10 - 08.食品安全成热点：我国每年食物中毒超过 20 万人.中国经济时报.

首要问题。原先被掩盖的食品质量和安全问题就逐渐暴露出来。2008 年,《小康》杂志就中国老百姓最为关注的焦点问题进行网上调查,结果显示,排名前三位的问题依次为医疗改革、食品安全、腐败,食品安全问题被排在第二位。当原有的食品质量和安全问题在短时期内集中暴露出来的时候,食品安全问题就会被夸大,给人们造成某种假象,人们就会产生食品安全信任危机。也就是说,食品安全问题是随着社会由生存型到温饱型,再到健康型的转型发展过程逐渐凸显出来的。① 换言之,从一个方面看,人们对吃的基本要求的变化是导致食品安全问题凸显的一个重要因素。

其次,我国长期以来实行的是计划经济,利益驱动机制不明显,而且从事食品生产、流通、销售等与食品安全密切相关工作的大多只是国有单位。人们没有必要去生产劣质食品,因为人们无法通过劣质食品的生产、销售获得利益。但是在今天市场经济体制下,在利益驱动机制逐渐完善的情况下,市场经济体制从侧面非直接地促使社会主体对利润有了更为急切的追求,导致社会大环境中出现了一些不正确的导向。有些不法者利欲熏心,为了获得巨额的非法利益就敢于冒险从事劣质食品的生产与销售。应该说,我们今天的食品安全法制与食品安全监管机制比起十几年前还是完善得多的,只是食品安全违法者也比十几年前多得多了。

再次,一般来讲,食品的生产者较之食品消费者拥有更多的食品安全信息。但是,在有些情况下,食品的生产者并不比食品消费者拥有更多的信息。比如食品生产者虽然知道用于生产食品的原料在种植阶段被使用了农药,但是他们也不知道农药有没有污染到该产品。所以,虽然食品生产者、销售者比食品消费者更多地了解食品的生产过程,但是也并不意味着他们一定比食品消费者拥有更多的关于食品安全方面的信息。食品生产者所面临的这种食品安全信息不完善的情况也会导致食品安全事故的发生。

最后,伴随着科学技术的发展,在食品生产、加工过程中,新的化学品和新技术被广泛应用,新的食品安全问题不断涌现。食品要经过种植、收获、初加工、再加工、深加工、运输、市场流通等一系列环节才能为食品消费者所消费,在这些环节中均存在着诸多因素可能导致食品安全问题的产生。高科技带来了农、牧、渔业的高产,丰富了人们的菜篮子,猪、鸡可以在 3～4 个月成熟出栏,黄瓜、西红柿、猕猴桃等众多瓜果蔬菜的生长周期大大缩短,产量大增,黄瓜从坐果到采收可以只用三天的时间,但是这其中给人类带来的潜在的危害是不可想象的,给食品安全增加了难以预知的不确定因素。由于在饲料中化学物质的滥用,几乎所有的畜、禽、鱼类产品中均含有数量不等的抗生素、激素甚至违禁药品(如氯霉素、瘦肉精等),在鱼类中甚至还发现人用避孕药。这些

---

① 王艳林.2006.建立中国食品安全法体系的若干构想.河南省政法管理干部学院学报,(3):30.

只有在今天科技发展了的情况下才能出现的问题均在不同程度上加剧了人们的食品安全信任危机感。

第三节　食品安全问题的危害性

我们已经直观地从阜阳劣质奶粉案件及众多的食品安全案件看到了食品安全问题的危害性。但是，食品安全问题的危害性并不仅仅表现为我们直观上所看到的那样，从理论上讲，食品安全问题对人民群众和社会存在着以下诸多的危害性。

一　食品安全问题严重危害人民群众身体健康

我们所看到的阜阳劣质奶粉案件等食品安全案件所表现出来的食品安全问题的危害性，只是食品安全问题对人民群众身体健康所造成的显性危害。其实，食品安全问题对人民群众身体健康造成的危害主要并不表现在显性危害方面，而在于我们看不见的隐性危害方面。我国许多地域的海洋、河流、湖泊、土壤等均在不同程度上受到工业"三废"的污染，加之各种化学原料的应用，直接造成各种水生、陆生动植物体内大量有毒、有害物质的蓄积和残留，通过食物链严重危害人体健康。儿童性早熟、肥胖症、心血管疾病、内分泌紊乱、多胞胎、不孕症，甚至各种肿瘤均在不同程度上与抗生素、激素、农药残留、真菌毒素有关。而这些化学物质对人类的影响是长期的，有时候我们对这种影响是无可奈何的，20世纪60～70年代在我国曾被广泛使用的杀虫药"六六六"由于其结构稳定、半衰期很长，至今在土壤中仍有残留，茶叶、猪肉等众多食品中仍然留有其阴影。

食品安全对人民群众身体健康的危害不同于一般的疾病对人身体健康的危害，一般的疾病会随着经济的发展、人民生活水平的提高、卫生条件的改善和计划免疫工作的持久开展而得到有效的控制。但是食品安全问题则不同，随着工业的发展和食品生产的机械化、集中化，新的食品安全问题会不断涌现，也就是说，食品安全问题将会始终存在。

二　食品安全问题的危害性由于食品消费者对劣质食品的不可辨别性被扩大化

劣质食品之所以能够在市场上出现并为食品消费者所消费，价格低廉当然是一方面的原因，在人民群众还不富裕的情况下，低价毕竟还是很有诱惑力的。但这并不是主要原因，因为在价格低廉的食品和身体健康之间，是没有人会选择价格低廉的食品的。劣质食品之所以能够在市场上出现并为食品消费者所接受的一个很关键的原因就在于食品消费者对劣质食品的不可辨别性。

食品消费者对劣质食品的不可辨别性取决于食品质量的经验品特性。食品质量的经验品特性是指，食品属于后验性产品，食品消费者在购买食品之前仅可以直接了解到食品的品牌、包装、标签、销售场所、价格、产地、形状、大小、颜色、光泽等食品的外在特性，而食品的新鲜度、口感、味道等食品的内在特性只有在食用了食品之后才能够具体地了解到，从感观上是无法辨别食品质量的好坏的。[①] 正如美国法官特雷纳在 1944 年"爱思可乐诉可口可乐瓶装公司"案件的判决书中所写的那样：现代的制造方法已经使消费者脱离了和制造商先前的紧密关系，而现代工艺技术已经使消费者没有能力亲自了解产品是否安全可靠，消费者处于弱势，只能相信广告和商标，依赖制造商的能力和声誉。[②] 简单地说，食品消费者只有在受骗之后才能够对劣质食品有所辨别。正是食品的生产者、销售者和食品消费者之间对食品安全信息掌握得不对称，导致劣质食品的大量滋生，加之市场监管不力，造成了劣质食品在食品市场上的畅通无阻。

食品消费者对劣质食品的不可辨别性还取决于食品质量的信任品特性。食品质量的信任品特性是指，一般来说，食品消费者在食用了食品之后才能了解到食品的某些内在特性，但是有时候即使是食品消费者食用了食品，对食品的某些内在特性，食品消费者还是无法了解。例如，食品中是否含有激素、抗生素、胆固醇，食品中的农药残留是否超标，重金属含量是否超标，涉及营养与健康的营养百分比含量是否科学等，都是食品消费者所无法了解的，甚至是永远都无法了解的。[①] 相比食品质量的经验品特性，食品质量的信任品特性则更为可怕，因为我们可能永远都不知道我们所消费的食品是不合格的，那我们又怎么去打击伪劣食品呢？

三 食品安全问题直接影响到合法经营者的经济利益和其合法经营的积极性

在前面我们已经论述了对于食品消费者而言食品安全问题的不可知性，这种不可知性无形中为伪劣食品提供了保护伞。而合法的食品经营者严格按照国

---

① 吴青梅，吴士健.2004.食品安全问题研究.岱宗学刊，(1)：20.
② 张桂红.2001.美国产品责任法的最新发展及其对我国的启示.法商研究，(6)：102.

家标准或者行业标准生产、销售食品，相对于劣质食品而言，其所经营的食品的成本要高出劣质食品许多，因而价格也要高出许多，食品消费者对食品安全的不可知性为劣质食品提供了一个市场，这样合法的食品经营者的合法的经济利益自然就无法得以保证。

非法经营者经营的伪劣食品不仅影响了食品消费者的正常食用，而且还给食品消费者带来了心理上的负面影响，给其造成不安全的食品购买心理，这种感觉会在食品消费者之间加以传播并被扩大化，食品消费者凭借伪劣食品给其心目中留下的不良印象对市场上的其他同类食品一概产生怀疑。例如，在一段时间内，湖北市场上销售的某些黄鳝含有剧毒农药甲氰菊酯，而食品消费者又无法辨别黄鳝的好坏，那就干脆不吃黄鳝，导致湖北市场上黄鳝的销量大幅度下降。[①] 南京冠生园用过期原料制作月饼被曝光后，当年全国月饼的销量大幅度下降也是一个很好的证明。这自然就影响了合法的食品经营者的利益。《中国青年报》社会调查中心从 2004 年 5 月 23 日至 6 月 20 日，在全国 31 个省（自治区、直辖市）采用调查问卷的方式对 1113 位平均年龄为 30 岁的人进行了关于食品质量安全的调查，调查结论显示食品消费者对任何一类食品的安全性的信任度均低于 50％，82％的被调查者表示，频发的食品安全事件"肯定会"引发自己对周围食品质量安全问题的担心。[②]

另外，当合法的食品经营者看到在市场上劣质食品和不合格食品畅通无阻，甚至还能够从中获取巨额的非法利益，其中一些合法的食品经营者便会转为非法经营，因为在劣质食品的冲击下，合法经营的利润已经很微薄了，这样一来，食品安全问题就更加难以控制了。

四　食品安全问题严重影响我国食品对外贸易

食品安全问题不仅我国存在，在国外同样也存在。例如，2000 年 6 月，发生在日本的雪印牌牛奶被金黄色葡萄球菌污染导致 14 500 人出现腹泻、呕吐等中毒症状，还有口蹄疫、疯牛病等更是很好的例证，在西方发达国家每年约有 30％的人感染食源性疾病。国外法律对食品安全的监管是非常严格的，在一些欧洲国家，牛奶经营者经营的牛奶中若含有抗生素即构成犯罪。国外对进口食品的检疫也是相当严格的，美国食品药品监督管理局（FDA）自 2000 年 8 月至 2001 年 1 月的 6 个月的时间内共扣留了 634 批从中国进口的食品，原因就在于杂质过多，食品卫生状况差，农药残留超标，重金属含量超标，含有食品添加

---

① 柏振忠，王红玲 . 2004. 对食品安全的再认识 . 湖北大学学报（哲学社会科学版），(2)：176.
② 张晶晶 . 2007. 食品质量安全问题的原因分析及对策研究，江南大学硕士学位论文：6.

剂和色素，标签不清，沙门氏菌，黄曲霉毒素等超标。近年来，我国出口到美国、日本、欧盟的茶叶、菌类等食品常常因为食品质量问题被扣留或退回。[①] 欧盟委员会于 2002 年做出决议，全面禁止来源于中国的含有肉类的食品进口，沙特阿拉伯等国家也做出了类似的决定。[②] 这导致 2002 年上半年中国水产品出口下降 70% 以上，仅浙江一个省在 2002 年一季度就因此减少农产品出口 1 亿美元。[③] 在我国加入世界贸易组织（WTO）之后，关税壁垒对我国商品出口已经基本上不存在，但是非关税壁垒还依然存在。非关税壁垒主要有两种，一种是进口国直接对进口的商品数量或金额予以限制，但这并不是主要的，主要的非关税壁垒在于技术壁垒，即由各种技术法规和标准形成的贸易壁垒。在国际上，尤其是发达国家，往往用严格的技术标准，苛刻的安全、卫生规定，商品包装和标签的规定，检验程序和手段，以及计量单位制等，对包括食品在内的外国商品，限制进口和销售。为了使本国食品在激烈的市场竞争中站稳脚跟，各国在对外贸易中纷纷制定符合自己需要的食品卫生标准。比如我国新疆地区光照充足，非常适合番茄的生长，是传统的番茄酱出口基地。以前，欧盟和日本对我国新疆地区的番茄酱进口只是笼统地规定一个农药残留指标。但是自 2002 年上半年以来，日本对我国新疆出口的番茄酱提出了 116 项农药残留的限量标准要求，并要求新疆番茄酱出口商提供作为番茄酱原料的番茄在近三年内农药使用情况和周围所种植的其他农作物的农药使用情况的调查说明。沙特阿拉伯和斯里兰卡等国家对新疆出口的番茄酱甚至还要求出具转基因证明。澳大利亚提出要进行硝酸盐和亚硝酸盐的检测。英国要求对番茄酱中的微生物进行检测。虽然我们清楚这些国家对我国新疆番茄酱提出这么多的要求其核心目的是保护本国番茄酱生产商的利益，但是我们也只能适应这种非关税贸易壁垒，不断提高我国食品安全标准，以扩大我国食品的出口。

食品出口是我国外贸出口的重要组成部分，我国水产品出口额占全球销售额的 70%，蔬菜出口占日本蔬菜进口的 99%，我国还是世界上最大的蜂蜜生产国和出口国。[④] 出口食品被退货的危害性不仅在于使我国遭受经济损失，更重要的在于使中国食品在国际上丧失了良好的信誉，使得从我国进口食品的国家对我国食品产生不信任，或者转而到其他国家寻找新的进口源，或者对我国食品提出更严格的要求。

---

① 杜海岚. 2001 - 08 - 16. 食品安全事件层出不穷，确保食品安全迫在眉睫. 法制日报.
② 胡晓宁，苏诚玉. 2003. 食品安全现状及其卫生检疫发展方向. 甘肃科技纵横，(3): 15.
③ 高映. 2004. 加强我国食品安全的法律对策研究. 科技进步与对策，(5): 115.
④ 王燕. 2008. 加入 WTO 以来我国出口食品安全的现状分析及对策研究. 合肥工业大学硕士学位论文: 8.

五 食品安全问题关系到国家经济健康发展

在我国的国民经济中，食品工业已经成为第一大产业，有关资料显示，1993～1998 年，我国食品工业总产值由 3430 亿元增至 6000 亿元，平均每年递增 12%。2003 年，我国食品工业总产值首次突破 12 000 亿元，远远超过汽车工业总产值 9400 亿元的水平。2004 年，全国食品行业完成工业总产值 16 079.14 亿元，同比增长 25.65%，占全国工业经济份额的 8.63%。[①] 从历次重大食品安全事件中，我们可以看到食品安全在食品工业健康发展中所起的重大作用。2008～2009 年，受"三鹿奶粉事件"的影响，全国的乳制品企业均受到不同程度的影响，销量下滑，甚至一些经营状况很好的乳制品企业也出现严重亏损。南京冠生园用过期原料制作月饼被曝光后，当年全国月饼的销量大幅度下降。这些事例告诉我们，食品安全事关食品企业的命运，只有具有良好的食品安全声誉，食品企业才能走上快速发展的道路。在食品工业已经成为我国国民经济支柱性产业的情况下，食品安全对国民经济的重要性已经不言而喻了。在加入 WTO 的大背景下，民族食品工业能否在与国外食品业巨头的竞争中站稳脚跟，关键也取决于我国食品的安全性。在我国，不少年轻妈妈信赖国外品牌的婴幼儿奶粉，宁愿花高价去购买，而国内品牌的婴幼儿奶粉再具有价格优势也无法吸引人们，其原因在于国外品牌婴幼儿奶粉在这些年轻妈妈心目中所具有的较高的安全性信誉。在这种情况下，我们的民族食品工业若要在与国外食品工业巨头的竞争中站稳脚跟并有所发展，只有在保证食品安全上下大力气，除此之外，别无其他路径。

六 食品安全问题若长期得不到解决将会影响社会稳定

食品安全问题的长期存在，在某种情况下会使食品消费者"谈食色变"。买猪肉怕碰上"注水肉"和"猪肉囊虫"，买鸡肉怕碰上激素，买蔬菜怕碰上农药残留等问题。"民以食为天"，早在十几年前，政府就已经下决心一定要解决食品安全问题，"菜篮子工程"、"放心肉工程"等食品安全工程已经搞了十几年了，而到了今天，这些早已存在的食品安全问题不仅没有得到有效的缓解，反而又出现了不少新的问题。如果这些与人民群众的基本生存息息相关的食品安全问题长期得不到解决，就会影响人们对经济和社会安全的预期，会使人民群众对政府的执政能力产生怀疑，并进而对我们的政府产生信任危机，这才是更

---

① 刘宁，张庆.2005.透视中国重大食品安全事件.北京：法律出版社：1（序言）.

可怕的。

从另一个角度分析，合法的食品经营者在伪劣食品的冲击下，自身应有的合法利益得不到保障，也会在心理上产生不平衡，就更加剧了社会的不稳定。

从一般的角度分析，食品安全问题的危害性大致就可以归结为上述几个方面，至于食品安全问题给特定的地区或特定的人群带来的危害性，如食品安全问题给儿童和农村、农民带来的危害，在此就不再详述。本书在此这么详细地论证食品安全问题的危害性的目的并非只是在于揭示其危害性，而是为了从一个侧面论证以法律手段，特别是刑事手段规制食品安全的必要性，因为是否具备达到犯罪程度的社会危害性是立法上和司法上决定一个行为是否属于犯罪行为的前提条件。

第四节　我国现阶段食品安全问题的成因

只有搞清楚了食品安全问题产生的原因，才有可能针对这些原因进行相应的法律控制。从宏观上讲，食品安全问题产生的原因有两个。①因为食品质量具有经验品特性和信任品特性，所以，食品生产和流通链条中的信息不对称是食品安全问题产生的首要原因。②因为从种植到生产、加工、运输，再到最终的食品消费者，食品要经过多个环节，在这一系列环节中，食品安全控制体系还不够完善，在这些环节中均存在的诸多问题可能会导致食品安全问题的出现。本书研究我国现阶段食品安全问题的成因是为用法律手段规制食品安全而服务的。从法学研究的角度看，造成食品安全问题的第一个原因是无法通过法律手段解决的。因此，在这里笔者仅就上述第二个原因进行细化分析。归纳起来，我国现阶段食品安全问题的成因主要如下。

一　食品在源头环节的污染

这里所说的食品的源头环节是指食品的原料阶段，如蔬菜的种植、鱼类的养殖、奶牛的饲养等，这个环节是食品安全问题的最初源头，而且在这个环节所发生的食品安全问题往往最具有隐蔽性，食品消费者仅靠感观是无法发现的。

在这个阶段，导致食品安全问题产生的因素主要有三种。①环境污染问题。农作物在种植过程中，大量的、不合理的施用化肥从而导致化肥在土壤中的残留越来越多，土壤被污染。化肥的主要成分是硝酸盐，硝酸盐本身对人体是没有危害的，但是当土壤中的硝酸盐被农作物吸收并最终进入人体后，则会在肠胃中的细菌的作用下还原为亚硝酸盐，而亚硝酸盐则恰恰可以引发消化道系统癌变。由于工业污染的加剧导致水体、土壤不同程度地被污染，鱼类、贝类、农作物等食物链低层的生物便在自身机理作用下将土壤、水体中的有毒物质在自身体内蓄积起来，当被食物链中的上级生物食用时，原先累积的有毒物质便会进一步在上级生物体内累积。在这个食物链中，越往上，有毒物质的积累会越多，而人处于生物链的最顶端，所受的毒害也就最深。②重金属污染。土壤、水体重金属污染产生的原因很多，重金属污染主要表现为镉、铅、汞、砷污染，受污染的多为粮食作物，这些重金属的半衰期较长，可以在人体内长时间蓄积，导致人体急性或慢性病变，甚至癌变。20世纪50年代发生在日本的因为人吃了受汞污染的鱼类和贝类而患上水俣病就是个说明重金属污染对人的危害的很好的例子。③农药残留超标以及激素、抗生素的残留。农民在农作物的种植中，普遍存在着滥用农药现象，导致我国农产品中有机磷含量超标现象较为突出，国家质量监督检验检疫总局在2001年对蔬菜中的农药残留量作过两次抽样检查，合格率分别为72.4％和64.5％。① 为了使蔬菜、瓜果、畜、禽、鱼类尽早成熟上市而使用激素、营养素使其超常成长已经是公开的秘密了。在养殖业中，对患病的畜、禽大量使用抗生素、磺胺类药物是非常普遍的，甚至在牛奶中也含有抗生素。

二 食品行业准入门槛低，小农作坊式的食品生产模式为食品安全问题的产生创造条件

在我国，食品经营单位具有多、小、散、乱的特点，全国100多万个食品生产单位中，约有70％是10人以下的家庭小作坊，缺乏食品安全意识和资金投入，大多不具备生产合格食品的必备条件。全国食品销售单位有300多万户，大多为个体工商户，不具备必要的设施，经营管理水平落后，难以保证食品安全的流通、销售，给造假者以可乘之机。这些小的食品企业食品安全管理制度不健全、自身管理不到位，粗制滥造，食品安全质量达不到国家标准，食品添加剂使用混乱，添加剂含量严重超标，生产车间面积过小，生产环境较差，生产设备陈旧简陋，生产工艺落后。在这些食品生产单位中，2/3没有产品质量检验实验室，产品做不到检验合格后出厂。食品经营从业人员文化素质低，食品安全意识差，流动性大，做不到体检合格持证上岗工作。② 因此，要想从源头上治理食品安全问题就必须把好食品行业准入关。

---

① 崔悦民.2001-09-16.食品安全谁来保证.北京青年报.

② 罗丽.2001.市场经济条件下小型食品加工企业卫生现状及管理对策.中国公共卫生，（2）：100.

三 食品生产环节质量控制、监管不到位产生食品安全问题

这个环节所产生的食品安全问题是我们能够直接感受到的，是最明显的，也是人民群众对食品安全问题最集中关注之处，假冒伪劣食品也都出自这个环节。在这个环节，导致食品安全问题产生的因素主要有三种：①生产环境不合格难以保证生产出合格的食品；②滥用添加剂、防腐剂、色素、香味剂等，在食品中加入有毒、有害的非食品原料，如利用二氧化硫使面粉增白；③使用劣质原料加工食品，如用病死畜、禽加工熟肉制品。

四 食品流通领域混乱导致伪劣食品在市场上畅通无阻

在食品流通领域，我们国家的食品安全监测手段还比较落后，还没有办法防止全部伪劣食品在市场上的流通。同时，我国的一些菜市场等食品流通市场环境也非常恶劣，完全不具备食品的保存和流通条件，特别是在夏季，非常容易导致食品的腐烂、变质。一些食品销售者利欲熏心，出售超过保质期、保鲜期的食品。

五 食品包装不合格在一定程度上加剧食品安全问题的严重性

由于食品的包装直接接触食品，所以对食品包装本身的安全性也应该有严格的控制，倘若食品的包装卫生不合格就有可能造成食品被污染。曾有一些企业使用回收的废旧塑料生产纯净水塑料桶。又如，有些厂家生产的塑料袋，其原料就来自一些大医院附近的垃圾站，包括一次性输血管、输液管、注射器等，而这些塑料袋往往又用于包装食品。目前，市场上用于包装食品的塑料袋几乎都是不合格的。在我国的一些超市里深受人们喜爱的散装食品，在包装方面几乎是零，几乎完全裸露在空气中，这也是不符合食品安全要求的。

六 餐饮消费场所卫生条件不合格是造成食品安全问题不可忽视的因素

公共食堂、餐厅等场所是食品消费者食用食品的重要场所，而有些食堂、餐厅的卫生条件相当恶劣，碗、筷等餐具也不符合卫生标准，很难想象合格的食品在这样的餐具和这样的就餐环境里会发生什么样的变化，而且公共食堂、餐厅卫生不达标往往容易发生群体性食品安全事件，影响更为恶劣。

七 食品安全问题本身的复杂性决定了监管难度较大

食品种类繁多，生产量大，涉及面广，专业性强，若非强大的监管力量，很难保证食品卫生领域的安全状况。食品加工的技术链条已经漫长到让我们大多数食品消费者难以根据简单的生活经验来判断食品是否安全的程度，这就是制度经济学中所讲的"信息不对称"。经验证明，在生产、销售、消费的交易双方存在信息不对称的时候，市场的作用就会大打折扣，单纯依靠市场自身的调节能力已经很难保证食品的安全性。[①]

第五节　我国现阶段食品安全问题的可解决性

笔者在此研究食品安全问题的现状、社会危害性及食品安全问题的成因并不是为了研究这些而研究，而是为了针对上述这些问题找出解决问题的方法，有些问题在现阶段是可以解决的，而有些问题目前还难以解决。对食品安全问题成因的研究为本书后面研究的开展打下了基础。

一 食品行业自律是解决食品安全问题的重要途径

食品安全问题是随着市场经济的发展而显现出来的一个社会问题，在市场经济体制下，政府并不是万能的，政府权力也不能过度膨胀，食品安全问题，有些是可以通过政府权力的干涉来解决的，有些则未必。

国家干预食品安全最直接有效的手段就是规范食品经营行为，打击食品经营者的不法经营行为。打击不法食品经营行为既是国家的权力也是国家的义务，这个权利和义务在原则上是不能转移给社会来享有和承担的。从实践中看，不法食品经营者中确实有一些正规的大中型食品经营企业，但是在数量上还是小企业、个体工商户和不具备食品经营资格的小手工作坊占绝大多数。不可否认，大中型食品经营企业出现的食品安全问题在社会上会引起相对比较强烈的震动，如光明乳业的回炉奶事件、三鹿奶粉事件，使食品消费者对中国乳业产生了信任危机，但是大中型食品经营企业出现的食品安全问题毕竟是少数的。我们日常生活中所见到的那些触目惊心的食品安全问题有很多都是由那些小作坊造成的，食品小经营者虽然不可能在食品经营中占主导地位，但是由于其经营成本

---

① 刘畅 . 2010. 日本食品安全规制研究 . 吉林大学博士学位论文：1.

低、相对占有某种程度上的价格优势、产销环节少、容易直接进入流通领域。虽然就个案来看，其不法经营行为给社会所带来的震动可能会小于大中型食品经营企业的不法行为给社会带来的震动，但是累加的不法行为，其社会危害性则远远超过大中型食品经营企业的不法行为给社会造成的危害。因而，对小型食品经营者和不具备资格的食品经营者的监管是政府对食品安全监管的重点。

但是我们应当看到，这些食品经营小企业，特别是个体工商户、小手工作坊由于规模小、人数少、在实践中往往与执法者"打游击战"，况且他们大多又处于执法盲区的农村地区和城乡结合部，对其打击处理的难度相当大，执法效果非常不理想。可以发动食品行业协会的力量，因为食品行业协会对食品行业的熟悉程度毕竟大于政府部门对食品行业的熟悉程度，可以作为政府部门力量的有效补充。

笔者在前面已经提到过，科学技术的发展所带来的负面效应也是产生食品安全问题的一个不可忽视的因素。解决技术上的负面问题并非国家权力擅长的领域。因此，国家法律及国家权力不应付出太多的努力去解决技术上的负面效应问题，对此，国家所能做的只是对技术的发展加以合理的引导，解决问题还是应当依靠食品行业协会。由于科学技术的发展，在食品行业内部存在着许多食品消费者，包括政府部门也不了解的不安全因素。比如用陈馅做月饼在月饼生产企业早已经是惯例，在行业内部早已经是公开的秘密，而对这些不安全因素，食品经营者是完全知情的。所以，在这方面，食品经营者先天性地较之政府和食品消费者拥有信息上的优势。因而，对这类问题的解决，政府在某种程度上就显得无能为力了，最好的解决办法只有充分发挥食品行业协会的力量，国家权力作为食品行业协会的后盾，或者充分发挥食品市场的自我调节作用。

二 食品安全的相对性

但是需要注意的是，食品安全问题的可解决性并不意味着食品安全的绝对性，也就是说，绝对的食品安全是不存在的。这个世界上是不存在绝对安全的食品的。食品安全是个相对的概念，食品的安全性受到科学技术、特定的食品消费者的特殊身体构造、特定的食品消费者的饮食习惯等各种因素的影响，随着时间、地点和食品消费群体的不同而产生不同的安全性能。因而，任何食品在理论上都存在安全风险。食品安全与否在很大程度上取决于特定评价主体的主观评价，每个食品消费者的身体状况和饮食习惯的不同会造成相同的食品在安全性方面的差异性。例如，海鲜经过科学的加工制作后适量食用，对于绝大多数人来说是安全的，但对于少部分对海鲜过敏的人来说就可能有危险。我们只能说海鲜对某些人是安全的，而对另外一些人是不安全的，所以，食品安全不存在一个绝对的评判标准。因此，食品安全有绝对的食品安全与相对的食品安全之分。绝对安全是指为确保不可能因食用某种食品而危及健康或造成伤害的一种承诺，也就是食品绝对没有风险。不过，由于人类的任何一种饮食都存在风险，绝对安全或零风险在客观上很难达到。相对安全是指一种食品或食品成分在合理食用方式和正常食用量的情况下，不会导致对健康损害的实际确定性。[①] 作为食品消费者自然是希望食品是绝对安全的，并且在出现食品安全事故时总是将原因完全归咎于食品生产者、经营者，在不了解食品安全的绝对性与相对性的情况下，这种认识也是可以理解的。但是食品的生产经营者、食品安全的管理者等则只能在提供具有一定水平的营养和品质的食品的同时，力求把可能存在的任何食品风险降至最低，但是也只能是降到最低限度，而不能完全消除食品安全风险。

---

① 张涛. 2006. 食品安全法律规制研究. 厦门：厦门大学出版社：24.

第二章

中国食品安全法治概述

第一节　中国食品安全法制进程

"民以食为天"，在人民生活水平日益提高的今天，食品质量与食品安全问题越来越引起人民群众和社会各界的关注。在保障食品安全方面，食品安全法律体系起着举足轻重的作用，食品安全法律体系是指由有关食品生产和流通等环节的安全质量标准、安全质量检测标准，以及相关的法律、法规、规范性文件构成的有机体系。^①经过几十年的努力，在我国已经初步建立起了较为完整的食品安全法律体系。

一　食品安全基本法律立法进程

（1）在新中国成立初期，1953 年，卫生部颁布的《清凉饮食物管理暂行办法》是新中国成立以来的第一部有关食品安全的规章。在此之后，卫生部、商业部、轻工业部、对外贸易部、中华全国供销合作总社等部门先后针对粮、油、肉、蛋、酒等食品颁布了一些具体的法律。在此基础上，国务院于 1964 年颁发了《食品卫生管理试行条例》，这是我国最早的有关食品卫生方面的基本规章。随着我国食物中毒事故的不断发生，在 20 世纪 60～80 年代，食品安全立法主要侧重于如何预防和降低食物中毒事故的发生，卫生部等相关部门制定了粮、油、肉、蛋、水产品、乳制品、调味品等 14 项合计 54 类食品卫生标准和 12 个食品卫生管理办法。与此同时，我国的食品安全立法也突破了仅仅针对食品的立法，开始利用法律规制与食品安全密切相关的其他领域的一些问题，扩大了食品安全的保护范围，如 1979 年 3 月 31 日，卫生部颁布了《农村集市贸易食品卫生管理试行办法》，其目的就在于加强农村集市的卫生管理，确保市场上的食品卫生质量。在 20 世纪 70 年代末，国务院在总结几十年的食品安全立法、司法经验的基础上，对《食品卫生管理试行条例》进行完善，颁布了《中华人民共和国食品卫生管理条例》，这是当时食品安全监管的主要法律依据。

---

① 冒乃和，刘波 . 2003. 中国和德国的食品安全法律体系比较研究 . 农业经济问题，（10）：74.

（2）但是随着改革开放的进行，由于新旧体制的转型，一些不法分子利用法律漏洞大肆生产、经营伪劣食品，中国的食品安全问题开始凸显。为了适应新形势下食品安全问题的新发展，1982 年 11 月 19 日，全国人民代表大会常务委员会通过《中华人民共和国食品卫生法（试行）》（简称《食品卫生法》），这是我国首次由最高立法机关颁布的规范食品卫生的基本法律。

（3）1993 年 2 月 22 日，全国人民代表大会常务委员会通过《中华人民共和国产品质量法（修正）》，为加强包括食品在内的产品质量的监督管理，提高产品质量水平，明确产品质量责任，保护消费者的合法权益提供了法律依据。

（4）1995 年 10 月 30 日，全国人民代表大会常务委员会通过《食品卫生法》，这是在 2009 年 6 月 1 日《食品安全法》施行之前，我国关于保证食品安全、预防食品污染和有害因素对人体的危害、保障食品消费者身体健康的基本法律。

（5）2009 年 2 月 28 日，《食品安全法》颁布，2009 年 7 月 20 日《中华人民共和国食品安全法实施条例》颁布实施。《食品安全法》被定位为我国的食品安全基本法，弥补了我国一直以来缺乏食品安全基本法的状况（在《食品安全法》之前的《食品卫生法》对食品规制的重点在食品卫生，而非食品安全，因而很难说《食品卫生法》是食品安全基本法，只能称其为食品卫生基本法）。《食品安全法》共十章，包括总则、食品安全风险监测和评估、食品安全标准、食品生产经营、食品检验、食品进出口、食品安全事故处置、监督管理、法律责任和附则。这部法律是借鉴了发达国家的食品安全监管法制的成功经验，综合我国国情，对食品安全做出的具有突破性意义的法律规定。《食品安全法》大大地改善了之前我国食品安全方面法律相对混乱的局面，在一定程度上解决了长期存在的"立法打架、机构打架、管理打架、标准打架"的问题。《食品安全法》在食品安全法律控制方面的突破有以下几点。其一，规定在国务院成立食品安全委员会，专门负责对负有食品安全监管职责的各个部门之间的工作进行协调指导，在立法上为全国食品安全进行统一管理做出了一个框架，为我国对食品安全进行统筹监管奠定了基础。其二，首次在立法中明确规定建立食品安全风险监测、评估制度及食品召回制度，实施危害分析与关键控制点制度，完善食品标志制度，使得我国的食品安全法律对食品链的覆盖范围进一步扩大，对食品进行全程追踪，更加注重从事前预防的角度控制不安全因素，同时加强事后救济。其三，《食品安全法》取消了食品免检制度，并规范了食品检验的方式和程序，实行检验人员负责制，这个措施是对食品执法行为给予的有力支持。

二 食品安全各环节法治进程

在食品安全基本法律立法之外，针对食品安全各相关环节，国家制定了大量的法律、法规与规章制度，对食品安全基本法律中规定的食品安全法律控制制度与原则进行细化，保障食品安全基本法律能够真正被实施、应用。在数量上，这些食品相关环节法律制度构成了我国食品安全法律体系的主体，是食品安全法律控制不可或缺的组成部分。

（1）对食品原料、添加剂的生产、使用等行为，国家也早就有了相关法律加以规范。例如，1983 年 10 月 1 日，化学工业部、卫生部、商业部、国家工商行政管理局四部（局）联合颁布了《食用化工产品生产管理办法》。1986 年 11 月 14 日，卫生部颁布了《食品营养强化剂卫生管理办法》（卫生部已经于 2010 年 12 月 28 日废止了《食品营养强化剂卫生管理办法》——笔者注），并于 2002 年 3 月 28 日颁布修订了的《食品添加剂卫生管理办法》（卫生部于 2010 年 3 月 30 日发布的《食品添加剂新品种管理办法》已经取代了《食品添加剂卫生管理办法》——笔者注）。2010 年 4 月 4 日，国家质量监督检验检疫总局发布《食品添加剂生产监督管理规定》，这是我国目前对食品添加剂生产行为进行规范的主要法律文件。1994 年 2 月 4 日，农业部颁布《动物性食品中兽药的最高残留限量（试行）》，规范禽、畜饲养中兽药的使用。

（2）2004 年 1 月 8 日，卫生部颁布《食品卫生监督量化分级标示管理规范》，方便公众了解食品生产经营单位的食品生产经营条件和自身食品卫生管理水平，接受社会对食品卫生管理工作的监督。

（3）2003 年 7 月 4 日，国家质量监督检验检疫总局颁布《食品质量安全市场准入审查通则》，切实从源头上加强食品质量安全的监督管理，规范食品企业生产加工过程，提高我国食品质量。

2003 年 7 月 18 日，国家质量监督检验检疫总局颁布《食品生产加工企业质量安全监督管理办法》，目的在于再次从源头加强食品质量安全的监督管理，提高食品生产加工企业的质量管理和产品质量安全水平，保障人身健康和安全，并开始实施"QS"制度，即食品安全市场准入标志管理制度，实施食品质量安全市场准入制度的食品，没有"QS"标志的，不得出厂销售。2005 年 9 月 1 日，国家质量监督检验检疫总局颁布《食品生产加工企业质量安全监督管理实施细则（试行）》，取代《食品生产加工企业质量安全监督管理办法》，更加细化了对食品生产的监督管理。

（4）为了规范食品的销售，2003 年 3 月 10 日，卫生部颁布了《集贸市场食品卫生管理规范》，以法律的形式确保食品安全的销售。2007 年 1 月 19 日，商务部发布《流通领域食品安全管理办法》，目的在于规范食品流通秩序，加强食品流通的行业管理，规范食品经营行为，保障食品消费安全。

（5）1995 年 6 月 20 日，国家技术监督局颁布《查处食品标签违法行为规定》，规范食品标签使用，强化对食品标签的监督管理。1993 年 1 月 11 日，农业部颁布《绿色食品标志管理办法》，强化对绿色食品这一特殊食品标志的管理，确保绿色食品事业的健康发展，促进生态环境的保护与改善，保证绿色食品标志的严肃性与公正性，维护绿色食品信誉及食品消费者的合法权益。国家质量监督检验检疫总局 2007 年 8 月 27 日颁布《食品标识管理规定》，并同时废止了《查处食品标签违法行为规定》，对食品标志做出了更为全面的规定。在《食品安全法》施行后，针对《食品安全法》的相关规定，2009 年 10 月 22 日，国家质量监督检验检疫总局颁布了修订后的《食品标识管理规定》。

（6）对食品的包装安全，1990 年 11 月 26 日，卫生部颁布《食品包装用原纸卫生管理办法》、《食品用塑料制品及原材料卫生管理办法》和《食品容器内壁涂料卫生管理办法》（卫生部已经于 2010 年 12 月 28 日废止了《食品包装用原纸卫生管理办法》和《食品容器内壁涂料卫生管理办法》——笔者注），规范食品包装的卫生，防止食品受到包装的污染，卫生部还于 2003 年 7 月 2 日颁布了《散装食品卫生管理规范》。

（7）对食品消费环节的食品卫生管理，1993 年 7 月 27 日，卫生部和国家工商行政管理局联合颁布了《街头食品卫生管理暂行办法》。2000 年 1 月 16 日，卫生部颁布《餐饮业食品卫生管理办法》，为规范餐饮场所的卫生安全提供了法律依据。2005 年 6 月 27 日，卫生部颁布《餐饮业和集体用餐配送单位卫生规范》，对餐饮业进行细化管理。在《食品安全法》将食品法律规范的重心由"食品卫生"转向"食品安全"后，2010 年 3 月 4 日，卫生部发布了《餐饮服务食品安全监督管理办法》，取代 2000 年 1 月 16 日颁布的《餐饮业食品卫生管理办法》，从食品安全的角度对餐饮服务业进行规范。

（8）对特定的食品，国家还专门制定相应的法规来进行管理。例如，卫生部在 1990 年 11 月 20 日颁布《冷饮食品卫生管理办法》，在 1996 年 3 月 15 日颁布《保健食品管理办法》规范这些特定食品的生产、运输、保藏、销售等。

（9）对已经出现安全问题的食品，国家质量监督检验检疫总局于 2007 年 8 月 27 日发布《食品召回管理规定》，赋予食品生产者按照规定程序，对由其生产因素造成的某一批次或类别的不安全食品，通过换货、退货、补充或修正消费说明等方式，及时消除或减少食品安全危害的义务。食品召回是对食品安全的事后的法律控制，该规定在我国首次建立了食品召回制度。

（10）在我国的食品安全法律体系中还有一个重要的组成部分，那就是食品安全标准（在《食品安全法》施行以前，主要是食品卫生标准）。由于食品安全法律规范具有较强的专业技术性，所以需要有相应的食品安全标准来配套。食品安全标准是各类食品安全法律的配套技术标准。我国目前的食品安全标准按适用对象来分，主要有食品原料与产品安全标准、食品添加剂使用安全标准、食品营养强化剂安全标准、食品容器与包装材料安全标准、食品中农药残留最大限量安全标准、食品中霉菌毒素限量安全标准、食品中环境污染物限量安全标准、食品企业生产安全规范、食品标签标准、辐照食品安全标准、食品卫生检验方法（包括食品卫生微生物检验方法、食品卫生理化检验方法、食品卫生病毒学安全性评价程序及食品卫生营养素检验方法等）、其他安全标准（包括餐饮具消毒卫生标准、洗涤剂和消毒剂卫生标准等）等 13 类，1070 项食品工业国家标准和 1164 项食品工业标准。

改革开放以来，全国人大及其常委会制定的有关食品方面的法律有 20 多部，国务院制定的有关食品方面的行政法规有 40 多部，国务院有关行政部门制定的有关食品方面的行政规章有 150 多部。[①]

为了规范食品卫生安全，国家还专门进行了食品安全信用体系建设，已经初步建立起我国食品安全信用体系的基本框架和运行机制。在制度规范上，初步建立起食品安全信用的监管体制、征信制度、评价制度、披露制度、服务制度、奖惩制度等；在运行系统上，初步建立起食品安全信用管理系统和服务系统，逐步满足社会对食品安全信用服务的需求；在运行机制上，初步建立起食品安全信用运行机制，全面发挥食品安全信用体系对食品安全工作的规范、引导、督促功能，对食品市场中的制假售假等违法行为充分发挥警示和惩戒作用。

对食品安全，国家除了颁布专门的法律予以规范之外，还进行了多次食品安全整治行动。例如，在 2001 年，卫生部、国家质量监督检验检疫总局、国家工商行政管理总局、国家经济贸易委员会、农业部、公安部、国家药品监督管理局、中国人民解放军总后勤部卫生部等部门就联合开展食品打假专项斗争。在 2002 年，卫生部、国家经济贸易委员会、国家工商行政管理总局、国家药品监督管理局联合开展了保健食品专项整治工作。特别是在 2000 年，世界卫生组织通过了《食品安全决议》，制定了全球食品安全战略，将食品安全列为公共卫生的优先领域，并要求成员国制订相应的行动计划，最大限度地减少食源性疾病对公众健康的威胁。我国作为世界卫生组织成员国，也依据该决议的内容和要求，调整了食品卫生监管计划和行动，卫生部专门于 2003 年 8 月 14 日颁布了《食品安全行动计划》，用以指导今后 5 年的食品安全监督管理工作。该行动计划确立了今后 5 年内食品安全工作的目标，即建立较完善的食品卫生法律法规与标准体系，建立和完善食品污染物监测与信息系统，建立和完善食源性疾病的预警与控制系统，建立加强食品生产经营企业自身管理的食品安全监管模式，建立有效的保证食品安全的卫生监督体制和技术支撑体系。这些目标已经基本上得到了实现。

---

① 赵俊强 . 2006. 关于构建食品安全法律体系基本框架的思考 . 安徽医药，(2)：153.

按照《食品安全法》的规定，2010 年 2 月 6 日，国务院设立国务院食品安全委员会，作为食品安全各监管部门的协调机构，为打破食品安全多部门监管，实现食品安全监管的科学化迈出了重要的一步。

三 中国食品安全法制的缺陷

为了进一步加强食品安全监督管理工作，国务院于 2004 年出台了《关于进一步加强食品安全工作的决定》，确立了分段监管为主、品种监管为辅的食品安全监管体制，即"一个监管环节由一个部门监管"和各级政府对食品安全工作负总责。在"分段监管"原则的指导下，形成了由近 10 个同级别的部门共同治理食品安全问题的局面，同时缺少一个在这些机构之上的协调管理机构，基本上是农业部门负责初级农产品生产环节的监管，质检部门负责食品生产加工环节的监管，工商部门负责食品流通环节的监管，卫生部门负责餐饮业和食堂等消费环节的监管，食品药品监管部门负责对食品安全的综合监督、组织协调和依法组织查处重大事故。虽然暂时缓解了食品安全监管工作政出多门、各自为政的混乱局面，但是并没有从根本上解决多头管理的弊端，反而在具体的监管工作中产生了新的职责交叉，而这种职责上的交叉在一定程度上又导致食品安全具体法律的矛盾。例如，农业部《动植物检疫管理办法》和商务部《生猪屠宰管理条例实施办法》都规定了对屠宰活动进行监督检查，但两部法律的规定并不一致，在实践中不可避免地造成了食品安全监管的效率低下。设置食品安全多头监管体制的本意在于通过调动农业、质监、工商、卫生、食品药品监督等多部门的监管力量与执法资源，形成食品安全监管合力，以实现更有力的食品安全控制。然而，目前食品安全监管部门间的合作效能并不理想，多部门分段监管的体制在现实中并没有按照规制者的原意运行。相反，监管职能交叉重叠，职责模糊不清，部门间相互抵触和损耗，相互掣肘与推诿，造成重复监管或无人监管。多头执法、权责不清，监管链条"断裂"，监管资源浪费严重，监管成本居高不下，监管效率低下等一系列问题屡见不鲜。而且这些部门由于系统内部管理方式的不同，与当地政府建立了不同的组织管理关系。其中，工商局、质量监督局、食品药品监督局是垂直管理的，与地方政府没有行政隶属关系，而卫生局、农业局、商务局等则实行属地关系，是地方政府的职能部门。监管部门隶属关系、管理方式及各自情况不同，造成了整个食品安全规制结构难以形成有效整合，解决食品安全问题时经常出现相互推诿的情况。

食品从农产品的生产到消费的过程是一个有机的整体，故对其的监控不能人为地分割开。《食品安全法》虽然提出由国务院设立食品安全委员会，以期从一个更高级别的角度加强各个监管部门之间的协调，做好统筹工作。但这只是在我国现有的相对分散监管的体制框架内的一种微调，《食品安全法》第四条第三款明确规定："国务院质量监督、工商行政管理和国家食品药品监督管理部门依照本法和国务院规定的职责，分别对食品生产、食品流通、餐饮服务活动实施监督管理。"仍然沿用了多个部门分段管理的规定，没有将分散于各部门的权限统一收回，并未彻底改变这种分散的监管模式，不能很好地避免这种体制性的缺陷。可以说《食品安全法》最大的立法遗憾就是没能对我国的食品安全监管体制做出根本性的变革。

另外，国外食品安全立法较为发达的国家和地区一般多采用"以食品安全基本法为基础，多层次立法，多法并行"的立法模式。在日本，就是以《食品安全基本法》为核心，并辅之以《家禽传染病预防法》、《饲料安全法》、《农药管理法》、《牛肉生产履历法》、《食品卫生法》、《禽类处理法》、《牲畜屠宰场法》等12部法律，形成了注重控制源头污染、加强事前监管、覆盖可能出现食品安全问题的各领域的食品安全法律控制体系。我国已经有了作为食品安全法律控制核心的《食品安全法》，那么，在食品安全立法方面，我们所面临的任务就是建立一套以《食品安全法》为统领、由其他具体法律相配合的完整的法律体系。原来我国的食品安全法律控制体系是以《食品卫生法》为核心的，而食品卫生与食品安全是两个不同层面上的概念，食品安全是比食品卫生的要求更高一个层次，卫生的食品未必是安全的食品，而安全的食品则必须达到卫生的要求。我们应当重构我国的食品安全法律控制体系，废除那些与《食品卫生法》配套的行政法规和部门规章，根据《食品安全法》的法律架构，针对其中的具体制度重新制定新法以辅助其实施。负有监管职责的部门出台的相应规章，可待时机成熟时由立法机关制定为法律，提升其法律位阶，从而有效避免规章之间的冲突，同时加快制定有关防止食品源头污染和食品安全监控方面的法律，真正从立法层面上落实，从食品的生产、加工、包装到运输、储藏、销售等各个环节的全过程监管。

第二节　中国食品安全刑法保护

刑法具有其他任何法律所不具备的最严厉的强制性，是其他部门法的保护法，没有刑法作后盾、作保证，其他任何部门法都难以得到彻底贯彻实施。在食品安全领域，《食品安全法》施行后，食品安全状况并没有太大的改观。根据卫生部对2009年第二季度全国食品中毒事件的通报显示，2009年第2季度卫生部共收到全国食物中毒事件报告77起，中毒3063人，死亡48人，与2008年同期相比报告起数增加了 40%，中毒人数增加了 11.3%，死亡人数增加了 65.5%。① 因此，利用刑事手段惩罚食品安全犯罪就显得十分必要，要以刑事手段保证食品安全法律被遵守。2011 年 5 月 26 日，最高人民法院副院长熊选国在接受采访时指出，2008 年，全国共审理生产、销售不符合卫生标准的食品犯罪案件，生产、销售有毒、有害食品犯罪案件 84 件，生效判决人数 101 人。2009 年，共审结 148 件，生效判决人数 208 人。2010 年，共审结 119 件，生效判决人数 162 人。除此之外，还有更多的危害食品安全犯罪案件是依照生产、销售伪劣产品犯罪等罪名追究刑事责任的。② 这说明我国的食品安全犯罪形势十分严峻，强化食品安全刑事法治对食品安全的法律控制尤为重要。

一 食品安全刑事立法进程

食品安全刑法规范是我国食品安全法律体系的重要组成部分，近几十年来，我国的食品安全刑事立法经历了从无到有、从简单到逐步完善的一个过程。

从新中国成立初期到 20 世纪 80 年代初期，我国长期处于食物短缺时期，人们对食品安全的要求自然被置于较次要的一个位置上，吃饱是首要的。加之在这个时期我国实行的是计划经济，所有制形式单一，食品的生产经营主体主要是国有单位。这两个因素共同决定了在这个时期食品安全问题并不十分突出。因此，国家自然也就没有必要运用刑事手段规范食品安全，在 1979 年《中华人民共和国刑法》（简称《刑法》）中就没有规定食品安全犯罪，这也正是刑法立法的适时性问题。所谓刑法立法的适时性原则是指，刑事立法要遵循适应社会现实需要的原则。③ 在这个时期，国家对食品安全问题主要通过行政法律来进行管理，通过行政处罚手段足以预防和制止食品安全问题。但是在改革开放之后，随着经济体制改革的逐渐深入，新旧体制的并存，以及食品生产、经营主体的多元化，一些不法分子利用法律的漏洞制造、销售伪劣食品，严重地危害了广大人民群众的身体健康，甚至造成一些重伤、死亡案件的发生，社会危害性非常严重，仅仅依靠行政处罚手段已经不足以保障食品安全，利用刑事手段保障食品安全在此时不仅是迫切需要的，而且也是必要的。

（1）卫生部早在 1979 年 3 月 31 日就颁布《农村集市贸易食品卫生管理试行办法》，严禁销售腐败变质、霉变、污秽不洁或含有有毒物质（包括污染毒质）

---

① 李东山 . 2011. 食品安全的刑法保护 . 中国政法大学硕士学位论文：12.
② 朱艳菊 . 2011. 关于"瘦肉精"背后涉嫌犯罪的实证分析//朱孝清，莫洪宪，黄京平 . 中国刑法学年会文集（2011 年度）. 北京：中国人民公安大学出版社：1373.
③ 李希慧 . 2005. 中国刑事立法研究 . 北京：人民日报出版社：106.

的食品及原料，病死、毒死或死因不明的禽、畜、兽、肉类、水产品及其制品，未经兽医部门检查合格的肉类，浸过或拌过农药的粮食、油料，添加剂等不符合国家规定的食品，用不符合卫生要求的容器、包装材料盛放的食品，以及其他经卫生部门检查不合格的或法令禁止出售、有害人体健康的食品。该试行办法第十二条规定，违反上述规定情节严重、屡教不改、造成食物中毒者，应提请司法部门依法惩处。从该条规定的内容来看，这里的提请司法部门惩处自然是追究刑事责任的意思。这是党的十一届三中全会以来我国有关食品安全犯罪最早的刑法规范，从刑法立法模式上看该条属于散在型附属刑法规范，即在行政法规、经济法规、民事及其他非刑事法规中规定有关犯罪和刑罚条款的立法方式。① 而且我国的附属刑法规范立法大多属于概括式散在型附属刑法立法模式，在附属刑法规范中既不规定对违反该规范的行为如何定罪处罚，又不指明对该行为应当适用刑法典中何条何款，而仅仅使用诸如"依法处罚"、"依法追究刑事责任"等术语来述明对该违法行为应当予以刑事处罚。② 《农村集市贸易食品卫生管理试行办法》第十二条也不例外，在第十二条中并没有规定如何追究行为人的刑事责任，由于当时我国并没有一部统一的刑法典，所以该条在实践中施行的效果就可想而知了，但是这毕竟是党的十一届三中全会以来我国有关食品安全犯罪最早的刑法规范，其意义并不在于实践效果如何，而在于其首开食品安全刑法立法的先河。

（2）在《农村集市贸易食品卫生管理试行办法》首开食品安全刑法立法的先河之后，再颁布的其他有关食品卫生安全的法律、法规中也开始以附属刑法规范的模式规定食品安全刑法规范。为了对供销合作社（包括属于供销合作社代管的合作饭店）生产、加工、收购、销售的食品、食品原料、食品添加剂和食品包装材料在生产、加工、收购、储存、运输、销售各个环节的卫生监管提供法律依据，国家供销合作总社于1982年1月20日颁布《供销合作社食品卫生管理办法（试行）》，该管理办法第二十四条规定，凡因违反食品卫生管理条例和有关法令规定，引起发生重大食物中毒事故的企业及其领导人和责任者，应当根据情节轻重，分别给予行政处分和经济制裁，情节严重的要追究刑事责任。将食品安全刑法立法调整范围由《农村集市贸易食品卫生管理试行办法》第十二条所规定的食品销售领域扩大到食品生产、销售、储存、消费等各个领域，并且这时候1979年《刑法》早已生效，因此该条的规定相对而言就具备了一定的可操作性。

（3）全国人大常委会于1982年11月19日审议通过了《食品卫生法（试

---

① 李希慧.2005.中国刑事立法研究.北京：人民日报出版社：270.
② 李希慧.2005.中国刑事立法研究.北京：人民日报出版社：271.

行）》，这是我国当时在食品卫生方面的基本法律，对食品的生产、销售、储存、运输、消费，以及食品添加剂、食品包装等各方面做出了规范。《食品卫生法（试行）》第四十一条规定，违反该法规定，造成严重食物中毒事故或者其他严重食源性疾患，致人死亡或者致人残废因而丧失劳动能力的，根据不同情节，对直接责任人员分别依照 1979 年《刑法》第一百八十七条、第一百一十四条或者第一百六十四条的规定以玩忽职守罪，重大责任事故罪或者制造、贩卖假药罪追究刑事责任。《食品卫生法（试行）》第四十一条虽然同《农村集市贸易食品卫生管理试行办法》第十二条和《供销合作社食品卫生管理办法（试行）》第二十四条同属于散在型附属刑法立法模式，但是《食品卫生法（试行）》第四十一条属于明示式散在型附属刑法立法模式，对违反该法律的行为直接标明构成何罪或者直接标明按照某法某条某款来进行处罚。① 因而相对于《农村集市贸易食品卫生管理试行办法》第十二条和《供销合作社食品卫生管理办法（试行）》第二十四条来说就具备更强的可操作性与明确性，避免了适用食品安全附属刑法规范对食品安全犯罪行为定罪方面的混乱性，做到了定罪量刑的统一化和科学化，成为当时我国司法实践中办理食品安全犯罪刑事案件的最基本的刑事法律依据。

《食品卫生法（试行）》第四十一条实际上规定了两类截然不同的犯罪：一类是违反《食品卫生法（试行）》造成严重食物中毒事故或者其他严重食源性疾患，致人死亡或者致人残废因而丧失劳动能力的，依行为主体的不同分别按照玩忽职守罪和重大责任事故罪追究行为人的刑事责任，这是结果犯，且要求行为人对死亡、残废等严重后果的出现在主观上应持过失的心理态度，主要是对食品安全监管渎职行为设定的刑事责任；另一类是生产、销售的食品不符合食品卫生法律规定的按制造、贩卖假药罪追究行为人的刑事责任，在刑法理论界一般认为这实际上是规定了一个新的犯罪，即制造、贩卖有毒食品罪，并将其定义为以赢利为目的，制造、贩卖有毒、有害食品，危害人民身体健康的行为。② 这是个行为犯，行为人的主观方面自然表现为直接故意，适用 1979 年《刑法》第一百六十四条的法定刑，属于对生产、销售领域食品安全犯罪行为模式的设定，这也是典型意义上的食品安全犯罪。

（4）在《食品卫生法（试行）》颁布之后，在一些食品卫生行政法规中也规定了一些食品安全犯罪附属刑法规范，有些附属刑法规范属于对《食品卫生法（试行）》第四十一条的重申，并没有规定什么新的犯罪构成要件。例如，为了加强铁路食品卫生监管，防止食品在铁路运输过程中被污染，铁道部于 1985 年8 月 5 日颁布了《铁路食品卫生监督实施办法》，该办法第 18 条规定，食品生产

---

① 李希慧 . 2005. 中国刑事立法研究 . 北京：人民日报出版社：271.

② 马克昌，杨春洗，吕继贵 . 1993. 刑法学全书 . 上海：上海科学技术文献出版社：375.

经营单位应当严格执行铁路卫生防疫部门做出的控制食品卫生的决定，对造成严重食物中毒事故或者其他严重食源性疾患致人死亡或致人残疾的，应当依法追究责任者的刑事责任。

（5）但是有些附属刑法规范则突破了《食品卫生法（试行）》第四十一条的规定，对食品安全犯罪的构成要件做出了新的规定，扩大了食品安全犯罪的种类和范围。例如，化学工业部、卫生部、商业部和国家工商行政管理局四部（局）于 1983 年 10 月 1 日联合颁布《食用化工产品生产管理办法》，对食品化学添加剂、饮用水净化剂、食品用合成包装材料和食品用橡胶制品等食用化工产品的生产、销售、使用进行规范管理。该办法第十六条第二款规定，在食用化工产品的生产、销售过程中严禁粗制滥造、以次充好、以假充真等不法行为；对违反者，由工商行政管理部门根据情节轻重给予批评教育，直至追究经济责任，情节特别严重者应当提交司法部门依法惩处。只是没有提到如何追究刑事责任。该条将《食品卫生法（试行）》第四十一条所规定的食品安全犯罪的范围加以扩大化，将生产、销售伪劣食品化学添加剂等食用化工产品，情节严重的作为犯罪行为依法追究刑事责任。虽然在《食品卫生法（试行）》中也明确禁止生产、销售伪劣食用化工产品，但是并未将其规定为犯罪行为。由于《食用化工产品生产管理办法》第十六条第二款规定生产、销售伪劣食用化工产品属于情节犯，可以比照《食品卫生法（试行）》第四十一条规定的制造、贩卖有毒食品罪追究行为人的刑事责任，适用 1979 年《刑法》第一百六十四条的法定刑。

（6）1986 年 11 月 13 日，卫生部颁发了《进口寄售食品卫生注册暂行规定》，加强对由中国粮油食品进出口公司代理外国（地区）厂（商）向来华的外国人、外籍华人、华侨、港澳台同胞等销售的进口酒、进口饮料、进口食品等进口寄售食品的监督管理。该暂行规定第十一条规定，进口寄售食品经营者逃避卫生监督检验的，进口寄售食品质量与注册申请或注册证书所标示质量不符的，提供假注册证书和过期注册证书的，在规定范围以外销售不符合我国食品卫生标准、法规的寄售食品的，情节严重的应依法追究刑事责任。该条规定的内容相对于《食品卫生法（试行）》第四十一条规定的内容来说，将食品安全犯罪的范围扩大到进口寄售食品逃避卫生监督检验和进口寄售食品不予注册行为，扩大了食品安全犯罪的范围，是逃避食品安全监管型的犯罪，并不属于对食品本身安全性的犯罪。但是由于该条仍属于概括式散在型附属刑法立法模式，并且无法比照《食品卫生法（试行）》第四十一条适用 1979 年《刑法》相关条款追究行为人的刑事责任，因此同样缺乏司法实践中的可操作性。

（7）最高人民法院和最高人民检察院于 1985 年 7 月 18 日联合下发了《关于当前办理经济犯罪案件中具体应用法律的若干问题的解答（试行）》，在该司法解释的第三部分关于投机倒把罪的几个问题中将在生产、流通中以次顶好、以少顶多、以假充真、掺杂使假作为当时投机倒把行为的主要表现方式之一，并规定情节严重，构成犯罪的，应按投机倒把罪定罪判刑。当然生产、销售伪劣食品也应当被包括在上述投机倒把行为当中。《食品卫生法（试行）》第四十一条规定的两类食品安全犯罪，一类是过失犯罪，以结果的出现作为构成犯罪的必备要件；一类是行为犯罪，以生产、销售有毒、有害及不符合卫生标准的食品作为犯罪的必备要件，与投机倒把罪的犯罪构成要件存在着很大的差别。按照《关于当前办理经济犯罪案件中具体应用法律的若干问题的解答（试行）》的规定，情节严重是刑法规定的投机倒把罪的必要构成要件，认定情节严重应当以非法经营的数额或非法获利的数额较大为起点，并结合考虑其他严重情节。因此该司法解释实际上是扩大了食品安全犯罪的范围，不以生产、销售的食品有毒、有害及不符合卫生标准作为定罪的唯一条件，只要生产、销售的食品不合格且情节严重即可。同时，投机倒把属于1979年《刑法》分则中的破坏社会主义市场经济秩序罪中的一个犯罪，也就是人们常说的经济犯罪，而在以前，理论界则是把制造、贩卖有毒、有害食品犯罪与制造、贩卖假药犯罪一并放入妨害社会管理秩序犯罪中，这也是我国刑法立法中首次将食品安全犯罪放入破坏社会主义市场经济秩序罪中，为以后的食品安全刑法立法打下了基础。在20世纪80年代中期的司法实践中，对生产、销售伪劣食品，严重危害人民群众身体健康的，一般均按照1979年《刑法》第一百零五条和第一百零六条的规定以其他危险方法危害公共安全犯罪和投机倒把罪数罪并罚论处。①

（8）1988年4月15日，最高人民检察院、卫生部、公安部联合下发了《关于查处违反食品卫生法案件的暂行规定》，从刑事实体法和刑事程序法的角度较为全面地规定了如何追究食品安全犯罪行为人的刑事责任，并且强调指出，对需要追究刑事责任的食品安全案件，任何机关和单位均不能以党纪处理或行政处理代替刑事处罚。该暂行规定在相当长的一段时间内成为司法机关办理食品安全刑事案件的主要的法律依据。

（9）1993年7月2日，第八届全国人大常委会第二次会议通过了《全国人民代表大会常务委员会关于惩治生产、销售伪劣商品犯罪的决定》，该决定第三条规定：生产、销售不符合卫生标准的食品，造成严重食物中毒事故或者其他严重食源性疾患，对人体健康造成严重危害的，处7年以下有期徒刑，并处罚金；后果特别严重的，处7年以上有期徒刑或者无期徒刑，并处罚金或者没收财产。在生产、销售的食品中掺入有毒、有害的非食品原料的，处5年以下有期徒刑或者拘役，可以并处或者单处罚金；造成严重食物中毒事故或者其他严重食源性疾患，对人体健康造成严重危害的，处5年以上10年以下有期徒刑，

---

① 刘明祥.2000.假冒伪劣商品犯罪研究.武汉：武汉大学出版社：107.

并处罚金；致人死亡或者对人体健康造成其他特别严重危害的，处 10 年以上有期徒刑、无期徒刑或死刑，并处罚金或者没收财产。这个规定在我国食品安全刑法立法进程中起着举足轻重的作用，是我国现行《刑法》中的食品安全犯罪的直接立法渊源，并且结束了长期以来司法实践中对食品安全犯罪定罪混乱的局面，确立了食品安全犯罪的两个基本罪名，即生产、销售不符合卫生标准的食品罪和生产、销售有毒、有害食品罪，从立法的角度明确规定食品安全犯罪属于经济犯罪的一种。该《决定》第九条还同时规定，生产、销售不符合卫生标准的食品罪和生产、销售有毒、有害食品罪的犯罪主体包括单位，这是在食品安全犯罪刑法立法进程中首次将食品安全犯罪主体扩大到单位，为更好地保护食品安全提供了强有力的刑法保障。

（10）全国人大常委会 1995 年 10 月 30 日通过了《食品卫生法》。《食品卫生法》第三十九条第二款规定，违反《食品卫生法》的规定，生产经营不符合卫生标准的食品，造成严重食物中毒事故或者其他严重食源性疾患，对人体健康造成严重危害的，或者在生产经营的食品中掺入有毒、有害的非食品原料，依法追究刑事责任。该条款的规定其实是对《全国人民代表大会常务委员会关于惩治生产、销售伪劣商品犯罪的决定》第三条的重申，并没有对食品安全犯罪的构成要件做出新的规定。

（11）在《食品卫生法》颁布之后，一些食品卫生行政法规中也规定有食品安全附属刑法规范，但是这些附属刑法规范大多是对《食品卫生法》第三十九条第二款的重申。例如，1996 年 4 月 5 日，卫生部颁布《辐照食品卫生管理办法》，在该办法中规定，凡违反该办法规定造成严重后果，构成犯罪的依法追究行为人的刑事责任。

（12）现行《刑法》首次在刑法法典中规定了食品安全犯罪，第一百四十三条和第一百四十四条分别规定了生产、销售不符合卫生标准的食品罪和生产、销售有毒、有害食品罪，但是内容上基本上是《全国人民代表大会常务委员会关于惩治生产、销售伪劣商品犯罪的决定》第三条的翻版，在犯罪构成要件方面没有什么区别，只是在法定刑上做出了一定的修改。

（13）2009 年 2 月 28 日，《食品安全法》颁布，同《食品卫生法》相比，《食品安全法》在内容上有了很大的变化，在食品安全刑事责任的规定方面，《食品卫生法》只规定了对生产、销售不符合卫生标准的食品和生产、销售有毒、有害食品情节严重的要追究刑事责任。而《食品安全法》则在第九十八条笼统的规定："违反本法规定，构成犯罪的，依法追究刑事责任。"其以附属刑法规范的形式扩大了食品安全犯罪的范围。

（14）随着《食品安全法》取代《食品卫生法》成为我国食品安全基本法律，食品领域的法律控制重点也由"食品卫生"转向"食品安全"，从某种意义上讲，《刑法》第一百四十三条规定的生产、销售不符合卫生标准的食品罪已经失去了存在的行政法前提。在这种情况下，2011 年 2 月 25 日颁布的《中华人民共和国刑法修正案（八）》（简称《刑法修正案（八）》）第二十四条将《刑法》第一百四十三条修改为："生产、销售不符合食品安全标准的食品，足以造成严重食物中毒事故或者其他严重食源性疾病的，处 3 年以下有期徒刑或者拘役，并处罚金；对人体健康造成严重危害或者有其他严重情节的，处 3 年以上 7 年以下有期徒刑，并处罚金；后果特别严重的，处 7 年以上有期徒刑或者无期徒刑，并处罚金或者没收财产。"将生产、销售不符合卫生标准的食品罪修改为生产、销售不符合食品安全标准的食品罪，扩大了刑法调整的范围，与《食品安全法》做到了基本的相互衔接。

同时，《刑法修正案（八）》第二十五条也将《刑法》第一百四十四条修改为："在生产、销售的食品中掺入有毒、有害的非食品原料的，或者销售明知掺有有毒、有害的非食品原料的食品的，处 5 年以下有期徒刑，并处罚金；对人体健康造成严重危害或者有其他严重情节的，处 5 年以上 10 年以下有期徒刑，并处罚金；致人死亡或者有其他特别严重情节的，依照本法第一百四十一条的规定处罚。"强化了刑法对生产、销售有毒、有害食品犯罪的打击力度。

目前，我国食品安全犯罪的法律体系庞大，是以刑法规定的相关犯罪为中心，以行政法律法规、民事法律法规、经济法律法规中的附属刑法规范为外围的辐射状法律体系，行政法律法规、民事法律法规、经济法律法规中的附属刑法规范属于依附型的附属刑法规范，以规定"违反本法规定，构成犯罪的，依法追究刑事责任"为特点。①

二　食品安全犯罪惩治

在我国，不仅通过食品安全刑法立法来规范食品安全，在司法实践中，也非常注重运用刑事手段打击食品安全犯罪行为。

（1）最高人民法院、最高人民检察院、公安部、司法部四部门早在 1985 年 7 月 12 日就联合下发《关于抓紧从严打击制造、贩卖假药、毒品和有毒食品等严重危害人民生命健康的犯罪活动的通知》，在该通知中强调政法机关要从严打击制造、贩卖有毒食品的犯罪活动，将其列入当时"严打"斗争的重点，对情节恶劣、危害严重的典型大案要依法从严惩处。

（2）针对假冒伪劣商品犯罪（包括伪劣食品）日益严重的情况，国务院于

---

① 梅传强，杜伟．2011．食品安全犯罪的立法再完善//朱孝清，莫洪宪，黄京平．中国刑法学年会文集（2011 年度）．北京：中国人民公安大学出版社：1419．

1992 年发出了《关于严厉打击生产和经销假冒伪劣商品违法行为的通知》，该通知发出后，最高人民法院于 1992 年 8 月 3 日发出《关于严厉打击生产和经销假冒伪劣商品的犯罪活动的通知》，对国务院的通知进行贯彻执行，最高人民法院的通知中指出：对生产或经销假冒伪劣商品的单位和个人，凡是触犯刑律的，均应依照刑法和全国人大常委会的有关规定，追究刑事责任，对于生产、经销假冒伪劣商品，坑害消费者，情节严重，构成犯罪的，应按投机倒把罪定罪处刑。这明确了如何追究伪劣食品犯罪行为人的刑事责任。

（3）在全国人大常委会审议通过《全国人民代表大会常务委员会关于惩治生产、销售伪劣商品犯罪的决定》后，最高人民法院于 1993 年 8 月 3 日发出《关于执行〈全国人民代表大会常务委员会关于惩治生产、销售伪劣商品犯罪的决定〉的通知》，强调要组织好审判力量，及时进行审理，对依法应当判处死刑的严重犯罪分子，必须坚决判处死刑。对这类大案要案的审理，要大张旗鼓地公开宣判，并通过新闻媒介公开报道，以惩戒犯罪，弘扬法制。

（4）在各种食品安全专项治理活动中，运用刑罚手段打击食品安全犯罪分子也是历次专项治理活动的一项重要内容。随着保健品市场的快速发展，与保健食品生产有关的技术措施的完善，立法滞后的现象也凸显出来，出现部分保健食品质量低劣，广告宣传名不符实、虚假夸大等混乱现象。为此，国家工商行政管理局于 1996 年 5 月 20 日下发《保健食品市场整治工作方案》，在全国范围内组织开展以保健食品为重点的治理整顿，在该《工作方案》中，国家工商行政管理局明确强调指出，对生产、销售假冒伪劣保健食品，情节严重构成犯罪的，要坚决移送司法机关依法追究其刑事责任。

（5）1998 年以来，山东、甘肃、贵州等地不断发生小学生服用碘制品引起不良反应的事件，江泽民等中央领导同志做出批示要求严惩这些不法分子，国家工商行政管理局专门于 1998 年 4 月 23 日下发《关于对碘制品和饮品、食品市场进行专项整治的通知》，强调对生产、销售假冒伪劣碘制品和饮品、食品的不法分子依法严肃追究其刑事责任。

（6）为了在司法实践中更好地贯彻执行刑法所规定的伪劣商品犯罪，最高人民法院、最高人民检察院于 2001 年 4 月 9 日联合发布《关于办理生产、销售伪劣商品刑事案件具体应用法律若干问题的解释》。该解释中对生产、销售不符合卫生标准的食品罪和生产、销售有毒、有害食品罪中的一些具体问题做出了较为详细的解释，使得这两个刑法条文的规定得以更好执行。

（7）进入 21 世纪以来，随着经济的高速发展，食品安全犯罪也越来越多，国家也加大了针对食品安全犯罪的刑罚力度。针对有些地区私屠滥宰现象较为严重，以及出售病害肉、注水肉的现象也较为严重的情况，国家工商行政管理总局于 2001 年 8 月 6 日发布《关于立即开展肉食品市场专项整治的紧急通知》，该《通知》强调指出，凡没有检疫检验证明或检疫检验不合格的肉食品一律不准上市，对伪造检疫检验证明的要移交公安机关依法处理；要严厉打击销售病害肉、注水肉的违法行为，对销售病害肉、注水肉的要坚决从严从重处罚，构成犯罪的要移送司法机关依法查处。

（8）2001年9月3日，卫生部发布《关于严厉查处违法使用超过保质期的食品原料加工生产月饼等食品的紧急通知》，明确指出对无证、无照生产食品的，在生产过程中违法使用霉变、超过保质期的食品原料和食品的，触犯《刑法》的，要及时移送司法机关处理。

（9）2001年11月23日，卫生部颁布《关于开展食品生产经营卫生许可证专项治理整顿工作的通知》，对食品生产经营卫生许可证进行专项治理整顿工作。食品卫生许可证管理、监督工作中存在着一些问题，这些问题是造成食品污染、食物中毒及其他食源性疾患的重要隐患。运用刑罚手段对食品生产经营卫生许可证进行管理是此次专项治理整顿工作的一项重要内容。该通知规定，食品生产经营不符合条件且拒不改正的；超范围从事食品生产经营的；食品生产经营从业人员未经健康体检和培训，情节严重，触犯刑律的要及时按照规定移送司法机关查处。

（10）为了打击食盐犯罪，最高人民检察院2002年9月4日发布的《关于办理非法经营食盐刑事案件具体应用法律若干问题的解释》规定：以非碘盐充当碘盐或以工业用盐等非食盐充当食盐进行非法经营，同时构成非法经营罪和生产、销售伪劣产品罪，生产、销售不符合卫生标准的食品罪，生产、销售有毒、有害食品罪等其他犯罪的，依照处罚较重的规定追究刑事责任。

（11）为了依法惩治非法生产、销售、使用瘦肉精等禁止在饲料和动物饮用水中使用的药品等犯罪活动，保障食品消费者人身健康，最高人民法院和最高人民检察院于2002年8月16日发布《关于办理非法生产、销售、使用禁止在饲料和动物饮用水中使用的药品等刑事案件具体应用法律若干问题的解释》，这是我国到目前为止关于保障饲料安全的最主要的刑事法律。该解释规定：未取得药品生产、经营许可证件和批准文号，非法生产、销售盐酸克仑特罗等禁止在饲料和动物饮用水中使用的药品，扰乱药品市场秩序，情节严重的，以非法经营罪追究行为人的刑事责任；在生产、销售的饲料中添加盐酸克仑特罗等禁止在饲料和动物饮用水中使用的药品，或者销售明知是添加有该类药品的饲料，情节严重的，以非法经营罪追究行为人的刑事责任；使用盐酸克仑特罗等禁止在饲料和动物饮用水中使用的药品或含有该类药品的饲料养殖供人食用的动物，或者销售明知是使用该类药品或者含有该类药品的饲料养殖的供人食用的动物的，以生产、销售有毒、有害食品罪追究行为人的刑事责任；明知是使用盐酸克仑特罗等禁止在饲料和动物饮用水中使用的药品或含有该类药品的饲料养殖的供人食用的动物，而提供屠宰等加工服务，或者销售其制品的，以生产、销售有毒、有害食品罪追究行为人的刑事责任。

食品违法的风险和食品违法的收益的权衡是决定食品经营者的食品经营行为方向的关键，巨大的经济利益是促使行为人实施食品违法行为的根源，加大食品经营者的违法成本，使食品违法所带来的利益与食品违法成本不成比例，相对于违法成本，违法行为的收益微乎其微，只有这样才能从源头上控制食品违法行为的产生，而这也正是食品安全法律制度所要解决的关键问题。在这个问题上，食品违法的刑事惩罚手段具有其他惩罚所不能替代的优势和严厉的惩罚性，能否充分重视和充分运用刑事手段是决定食品安全法治建设成败的重要因素。

三 食品安全刑法保护的缺陷

食品安全犯罪（也有学者称之为食品犯罪①）原本只是学理上的一个概念，是指在食品生产、加工、运输、销售等食品安全相关环节发生的，对食品安全造成危害的行为。最高人民法院、最高人民检察院、公安部、司法部 2010 年 9 月 15 日公布的《关于依法严惩危害食品安全犯罪活动的通知》中正式使用了危害食品安全犯罪这个概念，该通知强调依法遏制和从严打击危害食品安全犯罪活动，必须依法严惩相关的职务犯罪行为，对包庇、纵容危害食品安全违法犯罪活动的腐败分子，以及在食品安全监管和查处危害食品安全违法犯罪活动中收受贿赂、玩忽职守、滥用职权、徇私枉法、不履行法定职责的国家工作人员，要排除一切阻力和干扰，加大查处力度，依法从重处罚，对与危害食品安全相关的职务犯罪分子一般不得适用缓刑或者判处免予刑事处罚。在认可食品安全犯罪这个学理概念的同时，还扩大了食品安全犯罪的外延，将涉及食品安全的渎职行为也纳入食品安全犯罪的范畴。2011 年 1 月 28 日卫生部、公安部、农业部、国家工商行政管理总局、国家质量监督检验检疫总局、国家食品药品监督管理局共同发布的《关于依法严惩危害食品安全犯罪活动的通知》中再次认可并强调了食品安全犯罪这个概念。

有学者认为可以依据是否直接侵犯了所保护的食品安全制度这个客体为标准将刑法中的危害食品安全犯罪分为基本犯罪和延伸犯罪。基本犯罪，是指犯罪行为直接侵害了食品安全制度的犯罪，即生产、销售不符合食品安全标准的食品罪和生产、销售有毒、有害食品罪，这两个犯罪直接反映了刑法规范的设立目的和所保护的社会关系；与之相应的延伸犯罪，是指那些并未直接侵犯食

---

① 蒋冰冰.2009.食品犯罪立法问题研究.上海社会科学院硕士学位论文：2.

品安全制度，但是与侵犯食品安全制度有间接关系的，与基本犯罪共同构成危害食品安全刑法规范体系的其他犯罪，如生产、销售伪劣产品罪，危害食品安全渎职罪，非法经营罪等。[①] 笔者赞同这种食品安全犯罪的分类方式，没有必要将食品安全犯罪的范围扩展得过大，食品安全犯罪的核心就是直接危害食品安全、直接侵犯食品消费者人身健康的行为。因此，本书中所说的现行刑法中的食品安全犯罪，也就是我国刑法中目前对食品安全起到直接保护作用的条款有两个，分别是《刑法》第一百四十三条和第一百四十四条，涉及的罪名也是两个：生产、销售不符合食品安全标准的食品罪和生产、销售有毒、有害食品罪。这两个条款规制的重点在于食品的安全性。

我国现行《刑法》于 1997 年颁布施行，而当时，在食品领域，我们关注的重点还在于食品卫生，食品安全方面的基本法还是《食品卫生法》，食品卫生的责任主体也就只能限于食品的生产者和销售者，不能作扩大处理。因此，在当时，《刑法》对食品安全相关犯罪的配置应当说与《食品卫生法》是基本相适应的。在司法实践中，司法机关一般也将生产、销售的食品的卫生性作为判断行为是否成立上述两个犯罪的一个关键依据，最高人民法院、最高人民检察院 2001 年 4 月发布的《关于办理生产、销售伪劣商品刑事案件具体应用法律若干问题的解释》第四条就规定：经省级以上卫生行政部门确定的机构鉴定，食品中含有可能导致严重食物中毒或者其他严重食源性疾患的超标准的有害细菌或其他污染物的，应认定为《刑法》第一百四十三条规定的"足以造成严重食物中毒事故或其他严重食源性疾患"。根据这个规定，行为人生产、销售的食品中是否含有超标准的有害细菌或其他污染物成为判断行为人的行为是否成立生产、销售不符合卫生标准的食品罪的前提条件，从严格的罪刑法定的角度来看，只要行为人生产、销售的食品中不含有超标准的有害细菌或其他污染物是不可能成立生产、销售不符合卫生标准的食品罪的。而早年发生的阜阳劣质奶粉导致大头娃娃事件中，奶粉中并不含有任何有毒、有害物质，也没有被污染，只是奶粉中蛋白质含量严重不足，导致婴幼儿严重营养不良，从严格的罪刑法定的角度看，是不能追究行为人的刑事责任的。而在《食品安全法》中，对食品的要求则高于《食品卫生法》对食品的要求，将营养成分不符合食品安全标准的专供婴幼儿和其他特定人群的主辅食品界定为不具备安全性的食品而予以禁止。从更好地保护食品安全的立法目的出发，刑法中的食品安全犯罪规制的重点也应由"食品卫生"向"食品安全"转变，定罪标准应由不符合卫生标准的食品（从某种角度看，有毒、有害食品属于不符合卫生标准的食品的特殊表现形式）

---

① 胡洪春 . 2011. 浅论危害食品安全犯罪的完善//朱孝清，莫洪宪，黄京平 . 中国刑法学年会文集（2011 年度）. 北京：中国人民公安大学出版社：1458.

转向涉及面更广的不安全的食品，即不符合食品安全标准的食品，凡是不符合安全性要求有可能造成食品消费者人身健康受到侵害的食品在达到可罚的违法性程度的情况下，均可以考虑成立食品安全犯罪。基于此，笔者认为《刑法修正案（八）》将生产、销售不符合卫生标准的食品罪修改为生产、销售不符合食品安全标准的食品罪是及时的、正确的。

生产、销售不符合食品安全标准的食品罪和生产、销售有毒、有害食品罪规制的行为主体是食品的生产者和销售者，但是，由于《食品安全法》已经由"食品安全"取代了《食品卫生法》中的"食品卫生"，食品安全的责任主体必然要大于食品卫生的责任主体，所以决定了在《食品安全法》中对食品安全责任主体做出了扩大规定，不限于食品的生产者和销售者。根据《食品安全法》第二条的规定，食品安全的责任主体包括食品生产和加工者，食品流通服务者，餐饮业经营者，食品添加剂的生产经营者，用于食品的包装材料、容器、洗涤剂、消毒剂和用于食品生产经营的工具、设备的生产经营者，对食品、食品添加剂和食品相关产品的安全管理者。在这种情况下，刑法在食品安全方面的规制仍然将食品安全责任主体限于食品的生产者和销售者，就与《食品安全法》不相适应，存在规制的滞后性，可以考虑扩大食品安全犯罪刑事责任主体的范围。

另外，食品安全所涉及的环节并非仅局限于食品本身，"从农田到餐桌"任何一个环节都同样程度地决定了食品的安全性，危害食品安全的行为虽然主要是发生在生产、销售两个环节，但是食品的种植、养殖、储存、运输等环节同样会出现严重程度的食品安全问题，刑法对这些食品安全相关环节同样要提供保护。在《食品安全法》中已经对食品安全相关环节给予了同等程度的重视，在这种情况下，刑法将食品安全犯罪仅局限于食品的生产和销售环节，应该说与《食品安全法》的规定是不相符的，建议扩大食品安全犯罪行为模式，考虑对食品种植、养殖、储存、运输等环节中严重危害食品安全的行为予以犯罪化。

笔者主张扩大食品安全犯罪的范围，但是并不主张在条款的设置上过于细化。例如，有学者主张增设"生产、销售不符合安全标准的婴幼儿食品罪"，认为生产、销售不符合安全标准的婴幼儿食品罪，是指违反国家食品安全法规，生产、销售不符合安全标准的婴幼儿食品的行为，主张增设该罪的理由在于婴幼儿是特殊群体，法律需要对其加以倾斜保护。① 其实不必将法条内容设计得这么细化，法条内容过于细化，会给司法实务中法律适用带来障碍和不必要的麻烦，完全可以将生产、销售不符合安全标准的婴幼儿食品行为作为量刑从重处

---

① 任毓佳.2009.论食品安全的刑法保护.湖南师范大学硕士学位论文：43.

罚的酌定情节之一。

还有学者主张，在《刑法》第一百四十三条生产、销售不符合食品安全标准的食品罪和第一百四十四条生产、销售有毒、有害食品罪之后分别再设一款，即"生产、经营不符合安全标准的食用农产品的，依照前款的规定处罚"。"生产、经营有毒、有害的食用农产品的，依照前款的规定处罚。"① 这种立法建议也大可不必，因为将食用农产品解释为食品通常不会超出社会一般人对食品的理解范围的，我们完全可以将食品作扩张解释，将其外延扩大，包括食用农产品。由于解释结论尚未超出社会一般人的理解，所以不属于类推解释。况且，《食品安全法》规定，供食用的源于农业的初级产品（即食用农产品）的质量安全管理，遵守《中华人民共和国农产品质量安全法》的规定，但是，制定有关食用农产品的质量安全标准、公布食用农产品安全有关信息，应当遵守《食品安全法》的有关规定。从这些相关规定中，我们可以得出这样的结论：在《食品安全法》中，已经将食品的外延扩大至食用农产品。实际上，食品安全法律将养殖业和种植业排除在"食品"的概念之外，其立法本意在于表明养殖业和种植业应当属于农业行政管理部门管理，而不属于食品卫生行政部门管理，并非表明养殖业和种植业在客观上不生产食品。② 在罪状的分类上，《刑法》第一百四十三条生产、销售不符合食品安全标准的食品罪和第一百四十四条生产、销售有毒、有害食品罪均属于空白罪状。在空白罪状的情况下，刑法条文不直接地具体规定某一犯罪构成的特征，但是指明确定该罪构成特征需要参照的其他法律、法规的规定。对空白罪状必须与其他相关法律、法规相结合，才能够正确地认定该种犯罪的特征。③ 因此，在刑法上，将食品的外延也扩大至食用农产品是符合空白罪状犯罪构成认定上的要求的。

在现行刑法中还存在食品安全刑法保护的空白之处。食品安全现在已经上升为涉及不特定的广大食品消费者人身安全的重大问题，食品安全问题一旦发生，其社会危害性不亚于现行刑法中规定的一些危害公共安全犯罪的社会危害性。因而，完全可以将食品安全作为公共安全的一个组成部分。甚至有学者建议将食品安全犯罪置于《刑法》分则第二章危害公共安全犯罪中，认为制定食品安全管理制度的目的在于保障食品安全，保障广大群众的身体健康和生命安全是食品安全管理制度的首要职能，并认为食品安全犯罪行为的本质是危害公共安全的行为。④ 笔者认为该观点有其合理性。最高人民法院、最高人民检察

---

① 罗德慧.2010.食品安全的刑法规制研究.贵州民族学院硕士学位论文：41，42.
② 王玉珏.2008.《刑法》第144条中"有毒有害非食品原料"的合理定位.法学，(11)：154.
③ 高铭暄，马克昌.2007.刑法学.第3版.北京：北京大学出版社，高等教育出版社：358.
④ 李静.2010.论食品安全的刑法保护.华东政法大学硕士学位论文：29，30.

院、公安部、司法部 2010 年 9 月 15 日公布的《关于依法严惩危害食品安全犯罪活动的通知》中明确指出："危害食品安全犯罪活动严重危害人民群众生命健康安全，严重破坏社会主义市场经济秩序，人民群众对此深恶痛绝。"这说明我们对食品安全犯罪社会危害性的认识发生了根本的转变，认为食品安全犯罪的社会危害性主要体现在对广大食品消费者健康的侵害，而非对市场秩序的破坏。基于食品安全事故的严重社会危害性和食品行业的高风险性，刑法应当赋予食品安全相关责任主体更高的责任，以避免食品安全事故的发生。但是在刑法中只规定了食品安全故意犯罪的刑事责任，没有配置食品安全过失犯罪的刑事责任，应当说是与食品行业的高风险性不相适应的。在司法实践中，食品安全过失犯罪缺失的弊端已经表现了出来。2003 年 3 月在辽宁省海城市发生的"豆奶中毒"案，就是生产者疏忽大意未将活性豆奶粉中的胰蛋白酶抑制素等抗营养因子彻底灭活而导致中毒事故的。食品生产经营者对危害结果的发生并非出于故意，而是一种过失行为。但是生产者的这种业务过失所造成的是 292 名师生中毒的严重后果。依照刑法规定，过失并不能构成食品安全犯罪，只需要承担民事赔偿责任和行政责任。但是因为该案影响和社会危害性都比较大，"海城豆奶中毒"事件的两名责任人最终被辽宁省高级人民法院以"生产、销售不符合卫生标准的食品罪"分别判处拘役 6 个月，并处罚金 3 万元；有期徒刑 3 年，罚金 15 万元。① 此案即暴露出食品安全犯罪主观罪过的不完善造成司法实践中的障碍与尴尬。

笔者建议可以考虑在刑法中设立食品安全事故罪。食品安全事故罪，是指违反食品安全监督、管理法规，因而发生重大事故，对人体健康造成严重危害的行为。将食品安全事故罪作为刑法中与食品安全故意犯罪相对应的过失犯罪。建议食品安全事故罪的客体是不特定的食品消费者的生命权和健康权。食品安全事故罪在客观方面表现为违反食品卫生监督、管理法规，使生产、销售的食品不符合食品安全标准，对人体健康造成严重危害的行为。食品安全事故罪的犯罪主体是一般主体，是达到刑事责任年龄并具有刑事责任能力的自然人，主要是食品领域的生产者、销售者，单位也可以成立食品安全事故罪的主体。在过失犯罪的分类方面，可以考虑将食品安全事故罪划入业务过失犯罪的范畴。

另外，刑法对食品生产经营者的责任的追究都是针对作为行为的，对以不作为方式表现出来的食品安全危害行为不追究刑事责任。《食品安全法》对食品安全责任主体除了规定食品安全禁止行为之外，也规定了食品安全命令行为，《食品安全法》第五十三条规定食品生产者发现其生产的食品不符合食品安全标

---

① 刘宁，张庆，等.2005.透视中国重大食品安全事件.北京：法律出版社：249-251.

准，应当立即停止生产，召回已经上市销售的食品，通知相关生产经营者和消费者，并记录召回和通知情况；食品经营者发现其经营的食品不符合食品安全标准，应当立即停止经营，通知相关生产经营者和消费者，并记录停止经营和通知情况；食品生产者认为应当召回的，应当立即召回。并且，食品生产者应当对召回的食品采取补救、无害化处理、销毁等措施，并将食品召回和处理情况向县级以上质量监督部门报告。这就是关于食品召回制度的原则性规定，如果相关召回义务主体不履行食品召回义务，其社会危害性应当说与生产、销售不符合食品安全标准的食品行为和生产、销售有毒、有害食品行为没什么实质性区别。因此，刑法应当对不履行食品召回义务的不作为行为配置相应的刑事责任。

第三章　国外食品安全法律控制概述

食品安全问题已经成为危及民生、阻碍经济发展的一个重要因素。在这种形势下，完善并规范我国食品安全法律控制体系就显得刻不容缓，在完善我国的食品安全法律控制体系时，借鉴其他发达国家在食品安全法律控制方面的经验是非常必要的。

第一节　美国食品安全法律控制

一　美国食品安全法律体系

在美国，涉及食品安全的主要法律有《联邦食品、药品和化妆品法》（FFDCA）、《食品质量保障法》（FQPA）、《联邦肉类检验法》（FMIA）、《禽类产品检验法》（PPIA）、《蛋类食品检验法》（EPIA）、《联邦杀虫剂、杀真菌剂和灭鼠剂法》（FIFRA）、《公共卫生服务法》（PHSA）等。

《联邦食品、药品和化妆品法》是美国现行食品安全法律体系的核心，根据该法律的规定，食品生产企业的责任是生产安全和卫生的食品，政府对食品行业的监督管理不是强制性的售前检验，而是通过市场监督来实现的，法律对各个食品管理部门相应的管理权限做出了明确的划分。《联邦食品、药品和化妆品法》是美国食品药品监督管理局制定食品技术法规的最主要依据，是美国关于食品和药品的基本法，经过多次修改后，已经成为目前世界上关于食品安全法律中最全面的一部法律。所有销往美国的食品必须满足《联邦食品、药品和化妆品法》的要求。

为了执行《联邦食品、药品和化妆品法》，美国食品药品监督管理局制定了大量技术法规，对其管辖范围内的食品的质量标准、标签、生产加工程序等进行详细的规定，所有的法规都刊登在《联邦法规》第二十一篇上。其中有关食品的是第七十至第九十八章、第一百至第一百九十九章，主要涉及五个方面的内容：①有关有色添加剂和食品添加剂方面的规定[①]；②有关食品标签方面的规定[②]；

[①]　《联邦法规》第二十一篇第七十至第八十二章和第一百七十至第一百八十六章分别对有色添加剂和食品添加剂进行了详细的规定，包括一般性条款（通则、包装和标识、安全性评估等）、申请、品种名单、认证等内容。

[②]　《联邦法规》第二十一篇第一百零一章对食品标签做出了极其详细的规定，包括标签应包括的内容、标签字体的大小和印刷格式、营养标签内容、健康声明的具体要求等。

③有关生产操作规程方面的规定①；④有关危害分析与关键点控制系统方面的规定②；⑤有关食品标准方面的规定③。

《联邦肉类检验法》、《禽类产品检验法》、《蛋类食品检验法》是美国食品安全法律体系的重要组成部分，根据法律规定，所有的肉类、禽类和蛋类产品必须经美国农业部检验合格后才允许销售和运输。同时要求向美国出口肉类、禽类和蛋类产品的国家必须具有具备相应检验能力的检测机构。

《联邦杀虫剂、杀真菌剂和灭鼠剂法》和《联邦食品、药品和化妆品法》共同授权美国环境保护署（EPA）对用于特定农作物的杀虫剂的核准审批权，同时制定食品中最高残留限量标准。

1996 年颁布的美国《食品质量保障法》进一步加强了 EPA 的上述职能。该法除了规定杀虫剂残留的卫生标准外，还对保护婴儿和孩子做出了额外的规定，并授权国家环境保护署监督累积风险。

美国的食品安全法律在调整对象方面覆盖面相当广，涉及食品的生产加工过程、产品包装、存储等各个环节。同时，对涉及食品安全的一些问题规定得相当严格和明确，以食品包装上的标签为例，《联邦法规》第二十一篇第一百零一章规定如果食品中加入了维生素、矿物质或蛋白质等，或者标签和广告上声称具有某种营养价值（如"富含维生素 A"），那么该食品包装上必须专门印出食品的营养信息，并对所列出的信息做出详细说明。一般来说，这些信息应当包含如下一些内容：每份食品量的大小，每包或每个容器内含有几份，每份所含的热量、蛋白质、碳水化合物及脂肪的量，蛋白质、维生素及矿物质所占的比例，胆固醇含量，饱和与不饱和脂肪酸的含量，以及每份食品中含钠的毫克数等。一般不允许含糊的宣称食品中所含营养"高"或"较多"之类。

二　美国食品安全监管体系

在食品安全的行政监管方面，美国联邦和各州具有食品安全监管职能的机构有 20 个之多，其中主要的有 5 个，即美国食品药品监督管理局（FDA）、农

---

① 《联邦法规》第二十一篇第一百一十章对食品的制造、包装或存放过程中的生产操作规程（GMP）进行了规定，确定了相应的准则以判断食品是否属于《联邦食品、药品和化妆品法》规定的掺杂食品范围。低酸性食品、酸化食品、鱼类和水产品、瓶装饮用水及膳食补充剂的生产过程都必须符合GMP 的要求。

② 《联邦法规》第二十一篇第一百二十章对应用于食品企业的危害分析与关键点控制（hazard analysis and critical control point，HACCP）体系的相关定义、标准进行了详细说明，规定蔬菜和果蔬汁、水产品、所有酸化罐装食品的加工过程必须符合 HACCP 体系的要求。

③ 《联邦法规》第二十一篇第一百三十至第一百六十九章规定了各种标准食品的质量要求，包括配料含量、加工过程、食品添加剂含量、标签等方面。

业部的食品安全检验局（FSIS）和动植物健康检验局（APHIS）、环境保护署
（EPA）、海关与边境保护局（CBP）。美国食品药品监督管理局主要负责除肉类
和家禽产品外美国国内和进口的食品安全；食品安全检验局主要负责肉类、家
禽产品和蛋类加工产品的监管；动植物健康检验局主要负责保护和促进美国农
业的健康发展、执行动物福利法案及处理伤害野生动植物行为的案件；环境保
护局主要监管饮用水和杀虫剂；海关与边境保护局主要与联邦管制机构合作执
法，确保货物在进入美国时都符合美国法律的要求。[①] 可以说美国的食品安全监
管体系和监管模式是"品种监管"，每个监管部门仅对一类或几类特定食品进行
全程追踪监管，这种模式有利于各部门针对其所负责的食品进行专业性研究；
在反复处理同类问题的过程中能够发现每类特定食品惯常出现的违法行为；在
食品出现问题时，也能够及时发布相关警示信息，避免了各部门之间相互推诿，
从而提高监管效率。

第二节　欧盟食品安全法律控制

一　欧盟食品安全法律体系

　　欧盟的食品安全保护在全世界范围内被公认为是最严格的，也是食品安全
壁垒最高的地区之一。欧盟的食品安全法律体系拥有一个从指导思想到宏观要
求，再到具体规定的非常严谨的内在结构。欧盟的食品安全法律体系贯穿风险
分析、从业者责任、可追溯性，以及高水平的透明度这四个基本原则，形成了
一个包括食品化学安全、食品生物安全、食品标签、食品加工及对部分重要食
品实行垂直型管理在内的完善的食品安全法律控制体系。

　　第二次世界大战之后，西欧各国就开始通过法律手段保障食品安全，但是
当时对食品安全认识的重心是在食品数量的供给方面，这是数量安全角度的食
品安全，与本书讨论的食品安全没有太大的关系。这种追求数量安全的食品安
全法律政策从一个侧面刺激了化肥等化学物质在农业中的广泛使用，使水环境
和土壤环境遭到破坏。为了降低成本、增加产量，有病动物的内脏、骨粉等被
大量作为饲料使用，导致疯牛病、口蹄疫等动物性疾病频繁发生。

　　自 20 世纪 80 年代开始，西欧各国开始改变单一追求数量安全的食品安全
法律政策体系。1987 年《单一欧洲法令》将"环境保护必须成为欧洲共同体
其他政策的一个组成部分"写入《罗马条约》，要求欧洲委员会在做出有关健

① 徐楠轩 . 2007. 外国食品安全监管模式的现状及借鉴 . 中国卫生法制，（2）：58-60.

康、安全、环境和消费者保护的提案时应当设立一条高标准的保护基线。1992 年，欧洲共同体批准了当时负责农业的欧洲委员会委员麦克萨里提出的改革计划，进一步减少价格保护，增加对休耕或把农业用地改为种植树木等方面用途的补贴，采用有利于保护生态环境的技术。同年，欧洲共同体正式批准实施农业环境项目，并且第一次对推广有机农业的农场给予财政支持，鼓励各国农民生产高质量的食品。

疯牛病事件及口蹄疫事件促使西欧各国深入反思追求数量安全的食品安全政策弊端，将食品安全政策的重心放在食品卫生安全上。

1997 年 4 月，欧盟委员会发表了关于欧盟食品法规一般原则的《绿皮书》，为欧盟食品安全法规体系确立了基本框架，为欧洲共同体的食品法规确立了 6 个基本目标：①确保为公众健康及安全提供高水平的保护；②确保食品在欧盟内部市场自由流通；③确保食品法规以科学证据及相关机构的风险评估为基础；④增强欧洲食品产业的竞争力及出口能力；⑤让食品生产者、食品加工者及食品供应商承担食品安全的主要责任，推行 HACCP 管理体系；⑥确保法规的连续性、一致性、合理性并简明易懂，以及保证与有关利益方充分协商。

在完成《绿皮书》预期工作内容的基础上，2000 年 1 月 12 日，欧盟正式发表《食品安全白皮书》。《食品安全白皮书》长达 52 页，包括执行摘要及 9 章的内容，用 116 个条款对食品安全问题进行了详细阐述，制定了一套连贯和透明的法规，增强了欧盟食品安全法律控制的能力。《食品安全白皮书》提出了一项根本性的改革计划，即食品安全法律应以控制"从农田到餐桌"全过程为基础，包括普通动物饲养、动物健康与保健、污染物和农药残留、新型食品、添加剂、食品包装、辐射、饲料生产、农场主和食品生产者的责任，以及各种农田控制措施等。在这个框架体系中，食品安全法规成为一系列连续、透明的规则，易于理解，便于所有执行者执行与遵守。同时，在《食品安全白皮书》中还规定，欧盟委员会应当通过立法改革和完善"从农田到餐桌"的一系列食品安全保证措施，并建立新的欧盟食品管理机制。此外，《食品安全白皮书》提出，对食品生产链的所有环节必须进行官方监控，并且要求各成员国权威机构加强工作，以保障各项措施能够合理、可靠地予以执行，保证公众健康及对食品消费者的保护。虽然这本白皮书并不是规范性法律文件，但它确立了欧盟食品安全法律体系的基本原则，并且首次整合了整个食物链中有关食品安全的所有方面，奠定了具体的食品安全法律立法原则和基本框架内容。

在《食品安全白皮书》规定的框架下，欧盟于 2002 年 1 月制定了欧洲议会和理事会第 178/2002 号法律，该法律就是著名的《通用食品法》。其立法目的在于：订立欧盟境内通用的定义，包括食品的定义等；制定食品安全法律指导准则及合理目标，确保人类生命及健康得到高水平的保护，同时考虑对动植物健康及环境的保护；赋予食品消费者获得安全食品及精确信息的权利；协调各成员国现有的食品安全标准，确保食品和饲料在欧盟境内能够自由流通。第178/2002 号法律确定了食品安全法律的基本原则和要求，明确了欧洲食品安全管理机构的基本职责及有关食品安全的管理程序，建立了欧洲食品安全局（European Food Safety Authority，EFSA），是欧盟历史上首次采用的通用食品法律。该法律所确立的"从农田到餐桌"的管理方法已经成为欧盟食品安全政策的一般原则。第 178/2002 号法律包含 5 章 65 个条款，主要包含以下几个部分。

（1）范围和定义部分，主要阐述法规的目标和范围，界定食品、食品法律、食品商业、饲料、风险、风险分析等 20 多个概念。

（2）一般食品法规部分，主要规定食品法规的一般原则、透明原则和一般要求，以及食品贸易的一般原则等。

（3）EFSA 部分，详细叙述了 EFSA 的任务和使命、组织机构、操作规程；EFSA 的独立性、透明性、保密性和交流性；EFSA 财政条款及其他条款等方面。根据第 178/2002 号法律的规定，EFSA 的主要职责是：根据欧盟委员会、欧洲议会及各成员国的要求，就食品安全问题及其他相关事宜，如动植物健康、转基因食品和营养问题等方面提供独立的科学建议；收集并分析有关食品潜在风险的所有信息，监督整个欧盟食物链的安全状况；确定和预报紧急风险；通过快速反应机制及时制止风险；向公众提供其权限范围内的所有信息等。EFSA 由四个部分组成，即管理委员会、执行主任及相关职员、咨询论坛，以及科学委员会及其下属的食品添加剂、调味剂、加工助剂及与食物接触材料小组（AFC），动物饲料中包含的添加剂及其他物质小组（FEEDAP），植物健康与植物保护产品及其残留物小组（PPR），转基因生物小组（GMO），营养品、营养学及过敏症小组（NDA），生物有害物小组（BIOHAZ），食物链污染物小组（CONTAM），以及动物健康与福利小组（AHAW）等 8 个专门科学小组。

（4）快速预警系统、危机管理和紧急事件部分，主要阐述快速预警系统的建立和实施、紧急事件的处理方式和危机管理程序等。

（5）程序和最终条款部分，主要规定委员会的职责、调节程序及一些补充条款。此外，在第 178/2002 号法律中还规定，欧盟委员会应当考虑国际标准，根据形势适时调整和发展该法律，除非某些国际标准降低了欧盟对食品消费者的保护水平。2004 年 4 月，欧盟公布了《通用食品法》的四部补充性法律，组成了欧盟"食品卫生系列措施"，这四部补充性法律内容如下。

（1）欧洲议会和理事会第 852/2004 号法律，即《食品卫生条例》，规定了食品经营者确保食品卫生的通用规则，并明确其个人责任，对欧盟各成员国的食品安全法律进行了适当协调，并从各生产环节统一标准，以保证整体安全。该法律对食品卫生尤其是动物源性食品和用于人类消费的动物源性产品的卫生进行了较为严格、明晰的规定；要求所有食品供应者（包括食品运输方和仓储方）均必须遵守其附件一（即"一般卫生规范"）的规定，包括食品卫生证、运输条件、生产设备、供应水、人员卫生、食品包装、食品热处理及食品加工人员培训等；该条例第五条还要求食品供应者均必须采用国际食品卫生法典委员会所颁布的 HACCP 体系的相关要求。

（2）欧洲议会和理事会第 853/2004 号法律，也就是《供人类消费的动物源性食品具体卫生规定》。该项法律是欧盟第 852/2004 号法律的补充，确立了动物源食品生产、销售的卫生及动物福利等方面的特殊规定。该法律规定生产、销售有关奶乳制品、蛋及蛋制品、水产品、软体贝类、肉类、禽类及其产品等的工厂和设施必须在欧盟获得主管机关的批准和注册，若是从第三国进口的产品则必须是欧盟许可清单中的产品，还必须要加贴符合法律要求的食品识别标志。

（3）欧洲议会和理事会第 854/2004 号法律，即《供人类消费的动物源性食品的官方控制组织条例》，主要规定了对肉类、软体动物、水产品、奶及乳制品的官方控制规范。该法律使欧盟食品的微生物标准更加符合时代的需求。

（4）欧洲议会和理事会第 882/2004 号法律，即《确保符合食品饲料法、动物健康及动物福利规定的官方控制》。该法律属于对食品与饲料、动物健康与福利等法律的实施进行监管的法律。该法律提出了官方监控的两项基本任务，即预防、消除或减少通过直接方式或环境渠道等间接方式对人类和动物造成的安全风险；严格食品和饲料标准的管理，保证食品消费者的安全。官方监管的核心任务是通过抽样与分析方法检查成员国或第三国履行 HACCP 体系、饲料及食品管理标准等的情况，确保其对食品饲料法和动物卫生与动物福利法的有效遵循。

上述四个法律涵盖了 HACCP 体系、可追溯性、食品及饲料控制，以及从第三国进口食品的官方控制等方面的内容。

2005 年 2 月，欧盟委员会提出新的《欧盟食品及饲料安全管理法规》，并递交欧洲议会审议并获得批准，于 2006 年 1 月 1 日起实施。新法律对欧盟各成员国生产的及从第三国进口到欧盟的水产品、肉类食品、肠衣、奶制品和部分植物源性食品的官方管理，以及加工企业基本卫生等方面提出了新的要求，适用于所有成员国，所有成员国都必须遵守。如果不符合该法律要求的产品出现在欧盟市场，无论该产品由哪个成员国生产，一经发现立即取消其市场准入资格。欧盟以外国家的产品要输入欧盟市场，也必须符合该法律所规定的标准，否则不准进入欧盟市场。与原有的食品安全法律相比，新出台的该法律有以下几个特点：①将食品安全与贸易分开，重点关注食品安全、动物健康与动物福利问题，同时大大简化了食品生产、流通及销售的监督检测程序；②突出强调了食品"从农田到餐桌"全过程的管理控制，强调了食品生产者在保证食品安全方面的重要职责，对食品从原料到成品储存、运输及销售等环节提出了具体明确的要求，更加强调食品安全零风险；③大大提高了欧盟食品市场准入标准；④突出食品生产过程中的可追溯性管理，强调食品（尤其是动物源性食品）的身份鉴定标志与健康标志；⑤强调官方监管部门在保证食品安全中的重要职责，官方监管工作涉及保护公众健康的所有方面，包括保护动物健康和福利等方面。

以上就是欧盟食品安全法律体系的基本框架内容，在这个框架下，欧盟各国针对自己本国的特点也制定了一系列的食品安全法律体系，不再赘述。

二 欧盟食品安全法律的特点

1. 在食品安全事故中可以清晰地追溯到相关责任主体

欧盟第178/2002号法律将食品安全的可追溯性定义为在生产、加工及分配的所有阶段追踪食品、饲料及其成分存在情况的能力。第178/2002号法律包含了可追溯性原则的一般性条款，条款中涵盖了所有的食品和饲料，以及所有食品和饲料的经营者。该法律中还规定，有关可追溯性的要求仅限于确保经营者可以确定问题产品的直接供应商及直接采购者。

为了实现食品安全的可追溯性，欧盟及其主要成员国建立了统一的数据库，包括识别系统和代码系统等，详细记载了食品生产链中被监控对象移动的轨迹、被监测食品的生产和销售状况等。欧盟还建立了食品追踪机制，要求饲料和食品经销商对原料来源和配料保存进行记录，要求农民或养殖企业对饲养牲畜的过程进行详细记录。比如，欧盟规定，牲畜饲养者必须详细记录包括饲料的种类及来源、牲畜患病情况、使用兽药的种类及来源等信息，并妥善保存。屠宰加工厂收购活体牲畜时，养殖方必须提供上述信息的详细记录。屠宰后被分割的牲畜肉块，也必须有强制性标志，包括可追溯号、出生地、屠宰场批号、分割厂批号等内容，通过这些信息，可以追踪到每块畜禽肉的来源。

例如，在德国的超市里，每一枚鸡蛋上都有一行红色的数字，举例说，"2—DE—0356352"，第一位数字用来表示产蛋母鸡的饲养方式，"2"表示是圈养母鸡生产；"DE"表示出产国是德国；第三部分的数字则表示产蛋母鸡所在的养鸡场、鸡舍或者鸡笼的编号，食品消费者可以根据红色数字传递的食品信息来选购鸡蛋，如果出现食品安全问题，也可以通过该红色编码迅速找到问题食品的生产者，并迅速找出食品安全问题的成因。① 例如，2010 年，德国市场上一些鸡蛋中被发现含有二噁英，德国食品安全管理机构就是通过鸡蛋上的数字标志追查，将污染源头锁定在石勒苏益格——荷尔施泰因州的一家饲料原料供应商。②

2. 在食品安全链条中，各食品环节参与者责任明晰

农业生产者、家畜饲养者、食品加工者、食品安全管理者、食品消费者是食品安全主要环节的参与者，欧盟的食品安全法律对这些食品安全主要环节的参与者均规定了明确的责任。要求农业生产者对农产品的安全直接负责，农作物种植者要严格按照欧盟的安全标准选择和使用农药，保证农药残留不超标。要求家畜饲养者要严格按照规定选择饲料，切实遵守动物检疫防疫制度，保证动物健康。对食品加工者，则要求其严格按照食品加工卫生管理规定从事加工生产。要求各成员国成立专门的食品安全监督和指导机构，定期对食品生产企业进行卫生检查，协助食品企业分析化验新产品的安全指数，对存在问题的产品实行封存、销毁或者停产等措施。要求食品消费者不得消费形式上就已经存在安全缺陷的食品，食品消费者应当按照正确的方法储藏、消费食品。

3. 保护食品消费者的安全是欧盟食品安全立法的出发点

食品安全立法其实是在食品消费者安全保护和食品产业发展之间寻求最佳平衡点。从短期看，强化对食品消费者的保护必然会对食品企业的生产、经营提出更高的安全要求，增加食品企业的成本，不利于食品企业的发展。但是从长期来看，保护食品消费者的安全和促进食品产业发展之间是不矛盾的，只有得到食品消费者认可的食品企业才会得到发展，保护食品消费者的安全最终也是为了保护食品产业的健康发展。

4. 对食品安全事故以预防为主

针对食品风险不可明确性的特点，欧盟采取了预防性的法律措施来控制食品安全风险，将仅仅从产品终端进行控制的事后检测发展到从源头开始、以预防为主的事先检测，并贯穿食品生产的整个过程。欧盟的食品与饲料快速预警制度就是欧盟"防患于未然"的食品安全法律理念的一个突出表现。相比非要用科学方法证明食品安全事故的因果关系或者食品危机事实产生之后才可以认定食品不安全的做法，欧盟预警机制提高了对潜在的危害食品安全因素的预防

---

① 李广森，雷振刚 . 2011. 国外如何保障食品安全 . 检察风云，(21)：16.
② 王振家 . 2011. 国外食品安全制度概览 . 光彩，(8)：34.

程度，政府对疑似问题食品采取措施具有合法的依据，能够尽量将食品安全危机化解在萌芽状态，充分保证食品消费者的健康不受威胁。

HACCP 体系是欧盟食品安全法律中创设的一种以预防食品安全事故为基础的食品安全控制策略，其核心是通过制定一套包含风险评估和风险管理的控制程序来评估和预防食品在生产过程中可能出现的影响健康的危害，防患于未然。这套制度涵盖了整个食品链，包括原材料的生产、食品加工、产品流通与消费各个环节中的物理性、化学性和生物性危害的分析、控制及控制效果检验，适用于对影响食品安全的微生物、化学和物理危害进行鉴别。相比传统的只能对最终产品进行安全检测但并不能解决根本的食品安全问题的方法，HACCP 体系的优势在于转变了以往事后检查的不可转变性，将潜在的食品危害控制在生产过程中。国际食品法典委员会已经将 HACCP 体系确定为控制食源性疾病最有效的方法，国际标准组织 ISO 也已经依据"危害分析和关键控制点"的检查结论制定了食品安全管理系统的特定标准。

5. 对食品安全法律依据社会现实频繁的修正

欧盟食品安全法律体系始终保持一种动态的、紧跟社会发展的机制，从建设"食物链"的法律开始，就将欧盟的食品安全制度和相应的执行管理措施随着市场的发展变化而跟进。一般先是制定出关于某个领域或某个环节的法律规范后，根据社会情况和法律实施效果逐步制定相应的条例对该法律规范进行补充和调整，以增加法律的可执行性、切实实现法律的社会效果。欧盟对其制定的食品安全法律修订的频率之快是世界上少有的，因而在欧盟的食品质量安全法律制度中会出现针对同一对象有不同时期制定的法律同时在适用的情况，旧的法律规范不断被风险评估后的新的法律规范替代，体现出欧盟制定法律的延续性和创新性。这种动态性对完善欧盟整个食品安全法律制度起到了很重要的作用，用最先进的标准衡量食物链中的各个细节，可以降低潜在危害的发生，实现最大程度保护食品消费者健康安全的立法目的。

6. 法律监管方式的综合性和全过程性

在《食品安全白皮书》中，欧盟明确提出要加强和巩固"从农田到餐桌"的整个过程的法律监控。这是一种以食品质量安全为中心目标，综合考虑经济、社会、生态环境等因素，贯穿了整条食物链和生态链，以法律控制为基础、其他方式为补充的食品安全全过程监控模式。现有的欧盟食品安全法规几乎涵盖了食品生产和流通的各个环节，包括食品的生产、收获、加工、包装、运输、储藏和销售等，监控对象更是包含化肥、农药、饲料、食品包装材料、食品运输工具、食品标签等各个方面，针对每个环节都设定了严格的标准。通过全过程、全方位的监管，对可能给食品安全造成危害的潜在因素加以预防，避免重要环节监管缺失导致不可控的食品安全事故发生。

第三节　日本食品安全法律控制

一 日本食品安全法律体系

在日本，关于食品安全的基本法律有《食品卫生法》和《食品安全基本法》。第二次世界大战后，日本国内粗劣食物和不卫生食物大量流通，为了扭转这个局面，复兴和改善农业及食品产业，日本厚生劳动省公共保健科起草了《食品卫生法》，于1947年12月经国会讨论通过并予以颁布。其内容主要包括四个部分：一是强化对食品添加剂的管理，限制含有添加剂的食物的生产、销售，对有毒、有害、危及人身健康的物质、化学合成品和有毒的器具、包装、容器，限制其销售和使用；二是对食品、添加剂、容器、包装的标志进行产品检查和监督；三是规定饮食店营业许可资格和营业设施标准；四是设置食品卫生委员会，搜集民间对食品卫生行政工作的意见。此后，"森永奶粉事件"等一系列食品安全事故诱发了对《食品卫生法》的一系列修改，1949～1995年，日本对《食品卫生法》先后进行了八次修改，每次修改都以解决当时所面临的紧迫的食品安全危机和食品安全问题为宗旨。

2003年是日本食品安全法制发展进程中具有标志性意义的一年，在2003年，日本《食品安全基本法》开始实施，该法律的实施标志着日本食品法制的重点由保障食品的卫生性转变为保障食品的安全性，注重在整个食品供给流通中采取措施确保食品的安全，而不仅仅是食品的卫生。这种转变具体体现为以下三个方面。一是引入风险分析机制，设立直属于内阁的食品安全委员会，执行原本由厚生劳动省和农林水产省履行的风险评估职能，同时，制定相应的措施确保食品安全委员会、厚生劳动省、农林水产省、食品消费者、食品从业者之间信息的有效沟通和交流。二是引入HACCP制度、GAP方法和食品安全追溯系统等，确保食品生产、消费全过程管理的科学性；完善食物中毒报告制度；建立食品安全委员会、厚生劳动省和农林水产省的应急处理机制；完善食品安全危机的整体应对体系。三是以保障国民健康理念为指导，明确国家、地方公共团体、食品消费者的责任与职能，并鼓励食品相关从业者发挥其应有的社会使命，构建一个全方位的，以食品消费者利益为核心的食品安全控制体系。

《食品安全基本法》为日本食品安全法律控制提供了基本理念和基本原则，是一部以保护食品消费者利益为根本，以确保食品安全为目的的法律。在基本理念的基础上制定了食品安全实施政策的基本方针，明确了国家、地方公共团体、食品相关从业者在保障食品安全方面的义务和责任，以及食品消费者对保障食品安全的参与作用，为确保食品安全提供了最为根本的法律依据。但是《食品安全基本法》作为一部保障食品安全的基础性法律，其内容不可能详细地规定食品安全领域中的全部问题，这就要求必须同时建立起以该法为基础的，全面而完善的食品安全规制法律体系。

在 2003 年之前，日本就已经制定了《食品卫生法》、《家畜规制法》、《制造过程的综合卫生管理法》、《牛海绵状脑病对策特别措施法》(《BES 法》) 等一批保障食品安全的法律，但是这些法律都是针对某个具体领域或某个具体的食品过程而进行食品安全控制的法律。《食品安全基本法》的制定弥补了上述各部门法对食品安全全过程化控制的不足。从另一个方面来讲，根据《食品安全基本法》中规定的基本理念和基本原则，上述各部门法的具体措施得以更好发挥其控制作用。在 2003 年之后，《屠宰场法》、《关于家畜处理业的规制和家畜检查法律》、《农药取缔法》、《家畜传染病预防法》、《药事法》、《关于农林物规格化及品质表示适当化法律》(JAS 法) 等 10 多部相关法律根据《食品安全基本法》规定的食品安全法律控制理念和基本原则进行了修改和制定，这些法律共同构建起了日本新型的食品安全法律控制体系。

在 2003 年，日本对《食品卫生法》再次进行了大的修改，此次修改体现了日本食品安全法律控制的三个新的理念：一是从预防的角度出发，为确保国民健康采取积极的措施；二是促进食品从业者进行自我管理；三是加强农畜水产物生产阶段的规制。在内容上明确国家、地方公共团体、食品相关从业者在保障食品安全方面各自的责任，重新修改并制定食品安全规格和基准，强化对食品安全的监督、检查，强化食物中毒的危机管理体制，继续加大并强化对违反食品标签标注规定、违反营业停止命令和违反废弃命令等违法行为的处罚力度。

二 日本食品安全法律的特点

1. 国民健康至上是日本食品安全法律的核心

日本《食品安全基本法》第三条规定："保护国民健康至关重要。要在这一基础下，采取必要的措施确保食品安全。"该条的规定确立了国民健康至上的食品安全法律核心。在这个核心理念下，日本《食品安全基本法》明确了食品消费者的三大基本权利：第一，购买到安全食品的权利；第二，选择安全食品的权利；第三，参加食品安全行政的权利。这三项基本权利包含了五个方面的内容：一是确保食品消费者的安全；二是确保食品消费者自主地、合理地选择安全食品的机会；三是相关责任主体有义务向食品消费者提供必要的信息和教育机会；四是将食品消费者的意见反映在食品安全行政行为和食品安全监管中；

五是当发生食品安全事故致食品消费者被害时，政府或相关责任主体能够采取恰当而又及时的救济措施。

2. 食品安全保障全过程规范化

"从农田到餐桌"的食品全过程化控制理念是欧盟2000年《食品安全白皮书》中首先倡导的，2003年日本《食品安全基本法》吸收了该理念，《食品安全基本法》第四条规定：鉴于从生产农林水产品到销售食品等一系列国内外食品供给过程中的一切要素均可能影响到食品的安全，应当在食品供给过程中的各个阶段适当地采取必要措施，以确保食品安全。确保食品生产者、加工者、运输者、销售者和消费者在确保食品安全和质量方面都发挥其应有的作用。为了实现食品安全保障全过程的规范化，日本主要采取了以下三项具体措施。①

第一，设立安全阀，实现对每个食品的每个供给环节进行规制。所谓安全阀，就是在食品供给的各个环节设计一些保障食品安全的控制点。1995年，日本在修改《食品卫生法》时，引入了一个以危害分析和临界控制点系统为基础的全面的卫生控制系统，即HACCP承认制度，确保食品在生产、加工、储藏、运输和食用等过程中的安全。该系统通过识别食品生产过程中可能发生危害的每一个环节，从而采取适当而及时的控制措施来预防危害的发生。但是日本的HACCP制度与欧盟的HACCP制度不同，日本的HACCP制度不是强制性的，是基于食品相关企业自发性申请的任意性制度。在HACCP承认制度中，厚生劳动省对生产食品的卫生设备经过检查确认之后，认为符合要求的，根据食物的分类，批准该制造或加工设施的使用。制造商或加工商根据危害分析和临界控制点系统确定对象食物的制造或加工方法，以及卫生控制方法，最后由厚生劳动省确认这些方法是否符合审批标准。在HACCP承认制度中，每一个生产商或加工商都可以就其采用的制造或加工方法申请确认，这就意味着该系统可以使生产商或加工商针对不同的食品生产采用不同的可行的规制方法，而不是必须遵循统一的标准。目前，在日本共有六大类食品成为该系统的规制对象，主要包括牛奶、乳制品、肉类产品、鱼酱产品、非酒饮料和食品，以及这些食品所使用的容器或包装袋等。

第二，明确食品过程化规制中的各方主体的职能和责任，实现各方主体的通力合作。在"从农田到餐桌"的全过程中，只有明确国家、地方公共团体、食品相关企业和食品消费者等食品安全相关主体的职能和责任才能保障食品安全。例如，按照日本《食品及饲料安全管理法规》的规定，饲料生产者、农民和食品运输者拥有对食品安全最基本的责任，政府通过国家监督和控制

---

① 刘畅. 2010. 日本食品安全规制研究. 吉林大学博士学位论文：46-48.

系统的运作来执行其监视指导的职责，食品安全委员会则独立承担食品安全评估的责任，食品消费者必须认识到他们对食品的妥善保管、处理与使用的责任。

第三，详细记录饲料、食品成分及食品在各个供给环节的情况，确保食品具有可追溯性。可追溯性是通过输入食品的基本信息，如追溯码、生产批号等可以查询到的食品在种植作业环节、原料运输环节、基地加工环节、成品运输环节的所有信息，通过实现自下而上的信息追溯，使食品生产流通的每个环节的责任主体得以确定。我国有记者在日本的超市里体验了日本的食品可追溯性制度，记者随手抓起一袋番茄，发现包装袋标签的左上角有一个十位数的 ID 号码，下方几行字写道"福岛县耶麻郡猪苗代地区，石田宣崇的番茄"，标签的右下角有一个正方形的二维 QR 码（这种二维空间条码比普通条码可储存更多的资料），记者掏出手机打开读码器对准 QR 码，手机屏幕上出现一行链接信息，按下确认键，就可以看到该袋番茄的种植者石田夫妇在自己家蔬菜大棚里的合影，下方的文字介绍所栽培的番茄的品种、简要栽培方法、商品特征等信息，还有以番茄为原料的推荐菜品的烹调方法。[①] 在 2001 年 6 月，国际标准组织成立专门小组并制定了《食品和饲料链可追溯系统的设计和开发指南》，指出：一个成功的食品安全政策需要确保原材料、食品及它们的成分的可追溯性。以足够的过程化管理来实现追溯是必须引进和采用的。这其中包括规定食品原材料供应商与食品企业应当承担的责任，并要求操作者保存原材料和配料供应商的生产记录，以此来确保该制度作用的充分发挥。一旦确定出现危害食品消费者健康的食品，根据追溯制度不仅需要将该类食品撤出市场，同时还要将有可能引起该食品安全问题的原材料一同撤出市场。食品安全追溯制度的实行会增加食品生产企业的成本，目前，只有欧盟和日本采取了强制性食品安全追溯制度。在日本，根据 2003 年 6 月制定的《关于识别牛肉个体的信息管理和传达的特别措施法》，开始在牛肉生产供应体系中全面强制采用该项制度。日本《食品卫生法》在 2003 年修改时增加了食品安全追溯制度，但是在《食品卫生法》中，食品安全追溯制度并不是强制性规定，牛肉生产企业之外的其他食品生产企业可以自主决定其是否采用该项制度。日本政府为了促进食品生产企业能主动采用该项制度，也采取了各项引导和资助措施。例如，2003 年，农林水产省为了促进追溯制度的普及，专门实行了食品安全追溯补助制度。

---

① 钱铮.2009.日本的食品安全保障方法.刊授党校,（2）：55.

第四节　德国食品安全法律控制

一 德国食品安全法律体系

德国是世界上的四大食品出口国之一，食品出口额在欧洲一直稳居榜首。在欧洲，德国食品往往也是"优良品质"的代名词，其最主要的原因当然是德国食品质量的安全性。德国食品的安全性之所以能够得到全世界的赞誉，德国健全的食品安全法律体系功不可没。

德国的食品安全法律立法始于 1879 年，当年，德国制定了《食品法》。目前，德国的食品安全法律体系几乎覆盖了整个食品产业链条，对食品生产前动植物的培育方式、食品生产过程中的操作流程乃至食品出售后的事后监管都有明确的法律条文予以规范。德国的食品安全法律控制体系是以《关于确定食品法原则与要求、建立欧洲食品安全机构和确立食品安全程序条例》、《食品、日用品与饲料法典》(LFGB)（又被称为《食品、烟草制品、化妆品和其他日用品管理法》)、《危害分析与关键控制点方案》为基础，以《食品、日用品与饲料法典》为核心。《食品、日用品与饲料法典》立法的主要目的是"全面保护消费者，避免食品、烟草制品、化妆品和其他日用品危害消费者健康，损害消费者利益"[①]。德国政府在此基础上颁布了一系列法规和标准，对食品添加剂、农药最高残留、食品标签等进行了具体的法律规范，如《畜肉卫生法》、《畜肉管理条例》、《禽肉卫生法》、《禽肉卫生管理条例》、《混合碎肉管理条例》等，这些专门性法律更为具体地就各种食品的具体情况及相关特点进行了详尽的规范。在德国，只有在法律明文规定并允许的情况下才能够在食品中加入添加剂，食品添加剂的使用以对人体无害并且是必需的为前提条件。这些法律文件有《纯净度标准》、《关于限制食品添加剂许可的临时法案》、《欧洲议会指导性法案》等。此外，德国还对食品中的残留物，如农药、化肥及其他污染物做出了规定。

德国食品安全法律规定，在食品链上的每个参与者都要承担与自己相应的健康保护、信息保护和防止欺诈保护的责任。从食品产业链上[②]的食品生产者到最终食品消费者各环节所涉及的主体都有义务遵守相关法律的规定。德国在适用欧盟条例的基础上，结合原有立法将食品安全责任进行细化，即饲料产业、畜牧

---

① 曹丽萍，包大越.2005.德国与瑞士食品安全管理考察报告.中国卫生监督杂志，(5)：365.

② 欧盟立法中的食品产业链是指从饲料产业、畜牧业、食品生产和经营者、成员国的有关部门、非成员国的有关部门、欧盟委员会到食品消费者。

业和食品生产经营者承担食品安全的主要责任，国内的相关部门检查监督并保证前者的责任落实，欧盟委员会的主要职责是促使欧盟成员国的相关行政部门能够依法履行食品安全监管责任；食品消费者自身必须对食品的正确保存、拿取、备制负责。这样就能保证食品链上"从生产者到消费者"，从饲料生产、原料初级加工、食品加工、仓储、运输直至销售的所有步骤都得到安全性的保证。①

二 德国食品安全监管体系

德国的食品安全法律在具体实施过程中，主要依托于政府职能部门和食品行业组织共同努力推行，形成了一个严密的法律执行与监督体系，不仅从源头上杜绝了不安全食品的产生，即便不安全的食品不慎流入市场也可以及时地得到事后救济。

德国食品和农业部是德国食品安全管理最高行政主管部门，负责颁布相关法律法规和技术性法规，在食品和农业部之下设立了联邦消费者保护和食品安全局、联邦风险评估局，前者的职能在于负责与食品消费者健康相关的食品安全风险管理，并负责协调和欧盟之间的相关事务；后者则负责进行风险评估和风险信息交流。具体的食品安全监督执法工作则由德国各州负责。在微观操作层面主要以卫生防疫局为主导，并辅之以警方的协助共同规范食品市场的运作。以首都柏林为例，每个街区均设有卫生防疫局，专门负责食品质量检查工作，对易变质的肉类、牛奶、鸡蛋、水果、蔬菜等，每月检查 1~2 次，对面包、酒、饮料、罐头等食品，每年检查数次，此外，还经常进行突击检查。德国政府对食品安全一直予以高度重视，处罚措施也较为严苛。

德国食品安全法律管理的一个特色就是德国的食品行业组织在保障食品安全方面起到了很大的作用。一般而言，德国的食品工会都会派出人员进驻食品生产和加工企业，对食品生产的各个环节严格把关。相较于政府职能部门的介入，由食品工会自主发起的协作行为具有前者无法比拟的优势：其一，从其行为性质上分析，这显然是一种自律行为，自我的主动约束一般来讲比外在的强制规范更为合理有效；其二，食品工会对食品生产流程的了解有着得天独厚的优势，由其监督食品的生产，一方面可以杜绝伪劣食品的产生，另一方面亦可为改进食品质量提出建议，能收到事半功倍的效果，契合提高行政效率的现代法治理念；此外，食品工会的合作在一定程度上也降低了行政成本，缓解了相关职能部门的工作压力，充分发挥了民间互动机制的效能。②

---

① 何丽杭.2008.德国食品安全立法经验及其对我国的启示.德国研究，(4)：31.

② 田成刚，倪妮.2009.德国食品卫生法律制度刍议.南京工业大学学报（社会科学版），(1)：66，67.

第五节　澳大利亚、新西兰食品安全法律控制

一　澳大利亚、新西兰食品安全法律体系

2005 年，澳大利亚和新西兰联合颁布了《澳大利亚新西兰食品标准法典》（Australia New Zealand Food Standards Code），适用于澳大利亚各州，部分适用于新西兰。

《澳大利亚新西兰食品标准法典》是单个食品标准的汇总，按顺序整理成为四章。第一章是一般食品标准，涉及的标准适用于所有食品，包括食品的基本标准，食品标签及其他信息的具体要求，食品添加物质的规定，污染物及残留物的具体要求，以及需要在上市前进行申报的食品，但是，由于新西兰有自己的食品最大残留限量标准（Maximum Residue Limits，MRL），所以，第一章中所规定的食品标准中的最大残留限量仅在澳大利亚适用。第二章是食品产品标准，具体阐述了特定食物类别的标准，涉及谷物、肉、蛋和鱼、水果和蔬菜、油、奶制品、非酒精饮料、酒精饮料、糖和蜂蜜、特殊膳食食品及其他食品共十类具体食品的详细标准规定。第三章是食品安全标准，具体包括了食品安全计划、食品安全操作和一般要求、食品企业的生产设施及设备要求，但是该章的规定仅适用于澳大利亚的食品卫生安全，因为新西兰有其特定的食品卫生规定，该食品卫生标准不属于澳大利亚新西兰共同食品标准体系的组成部分。第四章是初级产品标准，也仅适用于澳大利亚，内容包括澳大利亚海产品的基本生产程序标准和要求、特殊乳酪的基本生产程序标准和要求，以及葡萄酒的生产要求。

《澳大利亚新西兰食品标准法典》具有法律效力。凡不遵守该法典规定的食品标准的行为在澳大利亚均属于违法行为，在新西兰则属于犯罪行为。销售那些被损坏的、品质变坏的、腐烂的、掺假的或不适用于人类消费的食品的行为同样也属于犯罪行为。[1]

二　澳大利亚、新西兰食品安全监管体系

澳大利亚、新西兰食品安全管理机构的核心部门是澳大利亚、新西兰食品

---

[1]　戴晶. 2006.《澳大利亚新西兰食品标准法典》对我国食品安全立法的启示. 河南省政法管理干部学院学报，（3）：38.

管理部长理事会，这个理事会是由澳大利亚和新西兰两个国家组成的，该理事会的主要职责是制定这两个国家的食品管理政策及用于制定食品标准的政策指南，并且具有采纳、修改或拒绝标准，以及要求对标准进行审查的权力。在部长理事会之下是它的常设机构，即食品管理常务委员会，该委员会负责向部长理事会提出政策建议，确保实施和执行的食品标准在全国是统一的。同时，它也就常务委员会的行动目的和发展等向部长理事会提出建议。此外，还设置有食品标准局（负责制定标准）、制定和实施分委员会（负责执行标准）和技术顾问组（负责提出建议和提供咨询）。

澳大利亚的食品安全监管机构由食品标准局和检验检疫局、海关、卫生和老年保健部、农渔林业部等组成，根据各自的职责分管食品链中的各个环节，以确保食品安全。根据澳大利亚宪法规定，有关食品的具体管理事务由各州（区）负责，具体执行食品标准和安全，它们还拥有对违反这些法律法规的企业或个人采取惩罚措施的权力。

第六节　俄罗斯食品安全法律控制

一　俄罗斯食品安全法律体系

目前，俄罗斯在食品安全方面的基本法律是 2000 年 1 月颁布的《俄罗斯联邦食品质量和安全法》，该法在 2005 年 12 月被修订。除此之外，俄罗斯联邦的食品安全法律体系还包括 1995 年颁布的《俄罗斯联邦酒精及酒类产品的生产与流通调控法》（该法律于 1999 年经修改、补充并被更名为《俄罗斯联邦酒精、酒类产品及含酒精产品的生产与流通调控法》）、1999 年 3 月颁布的《俄罗斯联邦居民卫生防疫安全法》、2002 年颁布的《俄罗斯联邦食品安全和食用价值的卫生要求》等。

二　俄罗斯食品安全监管体系

在俄罗斯，农业部是食品安全主管机关，俄罗斯农业部主要负责对农产品生产、加工到销售的全过程进行监控，代表政府起草保障食品安全方面的联邦法律法规、拟定与之相关的总统及政府命令、制定国家政策等。隶属于俄罗斯农业部的联邦兽医和植物卫生监督局负责监管动植物领域的食品安全问题，隶属于俄罗斯卫生和社会发展部的联邦消费者权益保护和公益监督局主管维护食品消费者权益等相关工作。

俄罗斯联邦兽医和植物卫生监督局成立于 2004 年，是在对俄罗斯联邦农业部狩猎资源保护及发展司、兽医司、作物栽培司、畜牧及育种司、植物保护及农业化学管理局等机构进行合并改组的基础之上成立的国家权力执行机关。对俄罗斯联邦兽医、植物检疫与保护、育种，以及对被列为狩猎对象的动物对象及水生生物资源对象的保护、实施检查和监督职能。其主要职责：实施或撤销检疫措施的相关提案；发放兽医、检疫、植物卫生和其他许可证和证明；监督和检查动物源性产品（肉类制品）按兽医卫生安全要求的执行情况；监督和检查进口蔬菜、水果，以及国内蔬菜、水果销售市场的检疫情况。

俄罗斯联邦消费者权益保护和公益监督局是于 2004 年设立的主管食物和营养并行使行政执法职能的行政部门，其具体职责：检查食品制造和销售场所的卫生防疫情况；对进口食品进行登记备案；在新食品上市前进行食品安全鉴定；对市场上出售的食品进行安全及营养方面的鉴定和科学研究，必要时邀请专家对所辖范围的问题进行研讨；制止损害消费者权益的行为。联邦消费者权益保护和公益监督局局长兼任俄罗斯国家总防疫师。①

俄罗斯自 1993 年 1 月 1 日起就开始实施食品及粮食原料强制认证制度，根据认证制度的规定，在俄罗斯，食品及粮食原料属于强制认证商品，不论是在俄罗斯国内生产还是进口的食品及粮食原料，都必须通过认证并获得 GOSTR 证书，GOSTR 认证由俄罗斯国家标准化与计量委员会和俄罗斯海关联合进行监控，GOSTR 证书是进口食品及粮食原料办理海关手续和在俄罗斯市场销售时必不可少的文件，没有 GOSTR 证书的食品及粮食原料，既不能通过海关，也不能在俄罗斯市场上销售。②

第七节　国外食品安全刑法保护

一 国外食品安全犯罪刑事立法概况

同我国刑法中的食品安全犯罪条款基本情况一样，国外刑法典中涉及食品安全犯罪的条款也很少，在食品安全犯罪的归属方面，不同国家的食品安全犯罪立法还是存在认识上的差异的。第一种立法模式是将食品安全犯罪规定在危害公共卫生犯罪中，这是较为常见的食品安全犯罪立法模式，有西班牙、冰岛、挪威、新加坡、印度、尼日利亚、土耳其、喀麦隆等国家。第二种立

---

① 王淑珍，于天祥，奚奇辉 . 2001. 俄罗斯食品安全法规体系研究 . 检验检疫学刊，(2) 59，60.
② 高空 . 2009. 俄罗斯食品安全法与食品市场整治 . 俄罗斯中亚东欧市场，(7)：50.

法模式认为食品安全犯罪属于危害公共安全或造成公共危险的犯罪，如丹麦、意大利、阿尔巴尼亚、希腊、泰国、越南等国家。第三种立法模式是将食品安全犯罪规定为损害公民健康的犯罪，采取这种食品安全犯罪刑法立法模式的国家有俄罗斯、芬兰、保加利亚、马其顿共和国等，这种立法模式的意义在于强调公民身体健康的刑法保护。虽然公众健康也属于公共安全的重要组成部分，但是第三种立法模式和第二种立法模式还是有所区别的：第二种立法模式更重视对社会秩序的维护，是通过维护秩序来保障公众健康的；而第三种立法模式则突出了公众健康对社会整体的积极意义，立足点与前者恰恰相反；第四种立法模式对食品安全犯罪的规定与我国刑法类似，将其视为经济犯罪，如《蒙古国刑法典》第七部分危害经济的犯罪当中就规定了销售不符合公共卫生要求食品罪。①

具体来看，国外食品安全犯罪刑事立法比较有代表性的立法例有以下一些。

（1）《德意志联邦共和国经济刑法》（简称《1954 年经济刑法》）第一条规定，违反食品保障法第二十二条的规定，处 5 年以下自由刑或罚金刑；情节特别严重的，处 6 个月以上自由刑。一般认为情节特别严重是指三种情况。第一，行为严重危害供应，即使此等危害仅仅涉及某个地区的特定领域；行为危害他人的生命或自由，或未能及时采取必要措施，以防止对他人的生命或自由构成的现实危险。第二，行为人在行为时严重滥用其在经济生活或经济管理中有影响的地位，以谋取财产上的重大利益；行为人违背良知，利用物资供应或生活必需品供求关系上出现的严重短缺局面，以谋取财产上的重大利益；行为人以获取高额利润为常业。另外，《德意志联邦共和国经济刑法》第一条还规定，过失实施上述危害食品安全的行为也构成犯罪，处 2 年以下自由刑或罚金刑。② 可以看出，危害食品质量上安全的行为在德国刑法中构成犯罪，危害食品供应安全的行为在德国刑法中同样也构成犯罪，可见德国刑法不仅注意到了食品质量好坏关系到社会安全问题，还注意到食品供应安全问题，不能否认，食品供应安全问题也很重要，但是本书中所研究的食品安全只是指食品在质上的安全。另外，在德国的《食品和日用品法》中也规定了一些食品安全犯罪。

（2）无论是英国的普通法还是制定法均将食品安全方面严重的犯罪行为规定在危害公共安全、公共秩序犯罪里面。在英国普通法上将食品安全方面的犯罪看做是"公共妨害罪"的一种表现形式，认为公共妨害是："一种不为法律认可的行为，这种行为或未履行某一法律责任，或未履行对公众行使陛下的所有臣民共同拥有的权利造成了妨碍、不便或损害。"例如，"将食品投入市场，知

① 陈烨，李森 . 2012. 国外刑法典中食品安全犯罪的考察及启示 . 江南社会学院学报，（1）：20.
② 徐久生 . 2004. 德国刑法典 . 庄敬华译 . 北京：中国方正出版社：227.

道这种食品将被人消费和知道这种食品不适合人消费"。这种情况就构成了公共妨害罪。[1] 英国 1986 年的《公共秩序法》里亦提到存放、使用、出卖已经污染或有损害性的货物（包括食品），意图造成公众恐慌、焦虑或他人损害的行为，构成犯罪。对一般情节的食品安全犯罪行为，根据英国《1990 年食品安全法》的规定，对一般食品安全犯罪行为，根据具体情节处以最高 5000 英镑的罚款或 3 个月以内的监禁；销售不符合质量标准要求的食品或提供食品致人健康损害的，处以最高 2 万英镑的罚款或 6 个月监禁；犯罪情节严重或者造成后果十分严重的，对违法者最高处以无上限的罚款或 2 年监禁。

（3）在日本，食品安全问题主要是私法和行政法所关注的问题。在刑法中并没有专门的关于食品安全方面的犯罪，如果生产、销售的食品有致人死伤的危险的，按照日本刑法一般理论，可以以"业务上过失致死罪"或"业务上过失致伤罪"受到刑事制裁。[2] 日本《刑法典》第二百七十二条第一款规定："懈怠业务上必要的注意，因而致人死伤的，处 5 年以下惩役、监禁或者 50 万元以下罚金；因重大过失致人死伤的，亦同。"[3] 该条就是对业务过失致人死伤罪的规定，这里的业务是指："人们基于社会生活上的地位而反复实施继续实施的行为，并且该行为必须有可能对他人的生命身体造成危害，但是，行为人的目的是据此获得收入，还是满足其他欲望，则在所不问。"[4] 在日本刑法理论中，也有观点认为食品安全犯罪是公害犯罪的一种。[5] 除此之外，根据日本《食品安全基本法》的规定，对违反《食品安全基本法》的犯罪行为，个人最高可判处 3 年有期徒刑和 300 万日元的罚款，对企业法人最高可处以 1 亿日元的罚款。在日本的《食品安全基本法》中，除了通过食品安全犯罪立法保护食品本身的安全外，还将食品安全犯罪立法调整的范围扩展至不符合标准和规格的添加剂、有毒器具等与保障食品安全密切相关的环节中。

（4）《俄罗斯联邦刑法典》第二百三十八条规定了生产、销售不符合安全标准的商品罪，并且于 1999 年 6 月 9 日通过了《1999 年俄罗斯联邦第一百五十七号法律》，该法律对《俄罗斯联邦刑法典》第二百三十八条进行了大幅度修改和补充。主要内容如下：生产、销售不符合安全标准的食品罪的行为方式不再局限于生产、销售，还明确补充上"储存"和"运输"两种行为方式；在犯罪对象上，原来的表述只是笼统地说是"不符合安全标准的商品"，现在修改为"不符合安全标准的食品和商品"，这说明立法者将食品已经看做是一种特殊的商

① 史密斯 J C，霍根 B. 2000. 英国刑法. 李贵方，马清升，王丽，等译. 北京：法律出版社：882.
② 芝元邦尔. 2002. 日本经济刑法. 金光旭译. 北京：法律出版社：89.
③ 张明楷译. 2006. 日本刑法典. 北京：法律出版社：78.
④ 黎宏. 2004. 日本刑法精义. 中国检察出版社：304.
⑤ 杨琼. 2010. 食品安全犯罪刑事责任的研究. 贵州民族学院硕士学位论文：13.

品，对食品安全犯罪已经给予了特殊的重视。^① 可以说俄罗斯联邦刑法对食品安全犯罪规定得比较详细，对"运输"、"贮藏"不符合安全标准的食品的行为也规定为犯罪，对我国严厉打击食品安全犯罪，完善我国食品安全犯罪刑事立法有重要的借鉴意义。

（5）《丹麦刑法典》将危害食品安全犯罪规定在第二十章引致公共危险犯罪中。在行为方式上，不仅包括销售行为，还包括"试图扩散"对人类有害的食品。^②《丹麦刑法典》将危害食品安全犯罪安排在引致公共危险犯罪中，可见是意在强调此类犯罪对公共安全的破坏比对经济秩序的破坏更为严重。同时将无偿提供危害人体健康的食品的行为也纳入危害食品安全犯罪的领域，这些都是我国在完善食品安全刑事立法时可以借鉴的。

（6）《泰国刑法典》第六章关于公共安全的犯罪第二百三十六条规定："对食品、药品或其他人类消费或者使用的物品掺假，足以损害健康，或者出售或为出售而陈列这样的掺假物品的，处 3 年以下有期徒刑，并处或单处 6 000 铢以下罚金。"^③ 可见《泰国刑法典》在体系上与《丹麦刑法典》相似，也将危害食品安全犯罪规定在关于公共安全的犯罪中，在行为方式上，明文规定陈列有损健康的食品的行为也是犯罪。

（7）美国是食品安全立法比较发达的国家之一。在美国，非常重视利用刑事手段保证食品安全。在犯罪的分类上，美国将食品安全犯罪称之为食品安保事件，将食品安全犯罪视为恐怖袭击式的刑事案件的一种。^④ 美国《联邦食品、药品和化妆品法》第一条明确规定，任何人在任何州或哥伦比亚特区生产任何一种本法规定的掺假或错误标识的食品或药品，都属于违法行为，任何人违反本条规定即构成轻罪，一经定罪，法院将对行为人处以 500 美元以下的罚款，或监禁 1 年，或两者并处；数次犯本罪的，法院将处以 1 000 美元以下的罚款，或监禁 1 年，或两者并处。针对食品安全的违法犯罪行为，《联邦食品、药品和化妆品法》第三百零三条规定，任何人在依本条最后定罪之后实施了这类违法行为，或以欺骗或误导为目的实施了这类违法行为，应被处以 3 年以下监禁或 1 万美元以下罚款，或者两者并处；同时还规定，任何人将第四百零二条规定的掺假食品引入州际贸易或者通过运送引入州际贸易的，处以 5 万美元以下罚款，对同一诉讼程序中判决的所有违法行为，处以总计 50 万美元以下的罚款。^⑤

---

① 赵薇.2003.俄罗斯联邦刑法.北京：法律出版社：384，385.
② 谢望原译.2005.丹麦刑法典与丹麦刑事执行法.北京：北京大学出版社：53，54.
③ 吴光侠译.2004.泰国刑法典.北京：中国人民公安大学出版社：49.
④ 杨琼.2010.食品安全犯罪刑事责任的研究.贵州民族学院硕士学位论文：13.
⑤ 袁曙宏，张敬礼.2008.百年 FDA：美国药品监管法律框架.北京：中国医药科技出版社：114-134.

（8）《西班牙刑法典》将食品安全犯罪放在分则"危害公共安全罪"中的
"违反公共卫生之罪"中。《西班牙刑法典》第三百六十三条规定："实施以下制
造、销售行为，对消费者生命构成危险的，处 1 年以上 4 年以下徒刑，并处 6～
12 个月罚金，同时剥夺其从事与工商业相关的职业及任务 3～6 年的权利。第一
项：提供不足量、违反法规更换组成成分或者过期的食品。第二项：生产或者
公开销售含有对健康有害物质的食品、饮料。第三项：销售腐烂食品。第四项：
未经批准，生产、销售和使用会对健康造成损害的产品。"第三百六十四条规
定：在食品饮料中掺杂对健康有害的物质，以供销售，按第三百六十三条的规
定处罚；罪犯是犯罪工厂拥有人的或者负责人的，另将同时剥夺其从事与工商
业相关的职业及任务 6～10 年的权利。^①

（9）《芬兰刑法典》同样将食品安全犯罪置于刑法分则"危及健康和安全的
犯罪"中。《芬兰刑法典》第四十四章第一条（健康犯罪）规定：故意或重大过
失违反食品法（361/1995），或者来源于动物的食品卫生法（1195/1996），或者
在此基础上颁布的规章或者命令，或者基于个案而发布的命令，生产、处理、
进口或者故意试图进口、自己保存、存储、运输、为出售而保存、转让或者提
供货物或者物品，以致该行为将会危及他人的生命或者健康的，构成健康犯罪，
判处罚金或者最高 6 个月的监禁。^②

（10）韩国《关于取缔保健犯罪的特别处置法》第二条（制造不卫生食品等
的处罚）规定：未按韩国《食品卫生法》第二十二条第一项及第二项规定取得
许可或不申告，制造、加工食品或者添加物的，伪造、假冒已经许可或申告的
食品或添加物的，知情贩卖或者以贩卖为目的取得及斡旋贩卖的，若食品或添
加物对人体显著有害的，处无期或者 5 年以上劳役；食品或添加物年零售价额
为 5000 万元以上的，处无期或者 3 年以上劳役；致人死伤的，处死刑、无期或
者 5 年以上劳役。^③

二 国外食品安全犯罪刑法立法特点

相比较我国食品安全犯罪刑事立法，国外食品安全犯罪刑事立法的一个突
出特点就是许多国家食品安全犯罪刑事立法中都有过失危害食品安全犯罪的规
定。例如，德国《食品和日用品法》第五十一条规定，以足以危害健康的方式
生产和加工食品，使对健康有害的物质当做食品被投入流通的应当处以 1 年以

---

① 潘灯译．2004．西班牙刑法典．北京：中国政法大学出版社：135．
② 于志刚译．2005．芬兰刑法典．北京：中国方正出版社：165．
③ 金永哲译．1996．韩国刑法典及单行刑法．北京：中国人民大学出版社：79，80．

下监禁或者罚金。《意大利刑法典》第四百五十二条规定对过失生产、销售掺假、腐败、有毒或不符合质量、营养标准的食品予以相应的惩处。美国在涉及食品、乳制品、药品、酒类等经济管理和社会管理方面甚至规定了严格责任，不考虑行为人主观上是否具有传统刑法理论所要求的故意、明知、轻率或过失等心理状态，以便更好地保护社会的公共福利，维护社会的基本秩序。

严格责任制度在食品安全犯罪中被引入也是国外食品安全犯罪立法的一个特点。严格责任制度原本就是英美刑法的一个特色。美国对违反食品安全法规的案件的处罚是，不论是否知道食品的污染情况，出售有毒或危害健康的食品都应负刑事责任，而不管这种行为程度的轻重，都按犯罪处理。英国在《1990年食品安全法》的前 20 条中规定了严格责任犯罪的条文。英国著名刑法学教授米切尔·杰菲逊在其所著刑法学教科书中举了这样一个例子：某个法律禁止出售不适于人类食用的肉类，如果某人违法出售了这种肉，即使该人并不知道所出售的是变质的肉类，法院仍然可以对他定罪。可见，这里并不是不要求犯意的存在，而是不要求具备行为人对肉的不可食用性的认识。但是，行为人对自己实施的行为其他各个方面的内容必须有认识，比如他必须认识到自己所实施的是卖肉这个行为。不过，如果他能够证明自己已经采取了所有合理的注意和作了所有正当的努力以避免自己所管理的其他人实施有关犯罪，则可以作为辩护理由。[①] 日本《公害法》将食品安全犯罪作为公害犯罪的一种，日本《公害法》规定当控方根据一定的推定性证据认定就是由于某家企业的活动引起了某种灾害时，如果垄断了科学知识的企业一方提不出适当的反驳和举不出适当的反证来，就要承担刑事责任。日本《公害法》的这个规定是大陆法系国家刑法在食品安全犯罪中引入严格责任制度的一个范例。

在国外刑法典规定的食品安全犯罪中，大多将食品安全犯罪行为模式规定得比较宽泛。大多数国家刑法典中的食品安全犯罪行为模式是"出售"或者"销售"，类似的表述还有"投放市场"、"进行流通"、"为消费而分发"等用语，因为不具备安全性的食品只有进入流通领域才有可能危害公共安全和公众健康，进行交易则是最为直接的方式。但是为了贯彻预防性原则，避免损害后果的发生，很多国家同时将有害食品的生产、进口、储存、运输等各个环节都纳入刑法的调整范围之内，其中，将"进口"有害健康食品的行为与国内的生产、销售、运输、储存行为规定在一起，并未置于海关犯罪或者其他经济犯罪当中，仍然作为危害公共健康犯罪来看待，可以说进一步扩大了食品安全犯罪行为方式的范围，采取类似立法模式的国家有芬兰、阿尔巴尼亚等。规定单纯地"持有"或"占有"有害食品的行为同样构成犯罪的国家有尼日利亚、芬兰、喀麦

---

① 杨琼 .2010. 食品安全犯罪刑事责任的研究 . 贵州民族学院硕士学位论文：30.

隆，只不过"持有"或"占有"一般是以销售为目的。

资格刑的广泛适用是国外刑法典中食品安全犯罪立法的又一个特点。国外食品安全犯罪资格刑立法内容主要是：对因食品安全犯罪受到处罚的个人，往往会在一定期限内禁止其从事相关职业或贸易、担任相关企业或法人的领导职务；如果犯罪主体是法人，则会给予一定期限的停业整顿直至永久关闭。对此，有的国家采取必须剥夺相应从业资格的立法态度，如意大利、西班牙，而有的国家则由法官根据具体情况决定是否剥夺其从业资格，如越南。[①]

第八节　对国外食品安全法制的借鉴

在我国，2009 年 6 月 1 日起开始实施的《食品安全法》构建了"从农田到餐桌"的全过程的食品安全法律控制框架，但是，仅仅依靠一部《食品安全法》是不可能实现食品安全法律控制目标的，必须以《食品安全法》为核心，构建一个食品安全法律控制体系。在《食品安全法》实施以来出现的"双汇瘦肉精事件"等重大食品安全事件从一个侧面说明了构建以《食品安全法》为核心的食品安全法律控制体系的重要性和紧迫性。根据我国食品安全法律体系目前存在的问题及与国外食品安全法律控制方面的差距，食品安全法制应当以社会分工和社会协作的辩证统一为原则来设计各项法律制度。食品安全保障责任的中心应当落在食品生产经营企业，使食品生产经营企业真正成为食品安全的责任保障主体。从我国的实际情况看，解决食品安全问题，可以借鉴国外食品安全法制经验，从以下几个方面着手。

一　树立食品消费者至上的食品安全法律控制理念

食品消费者至上是欧盟、日本等食品安全法律控制较为发达的国家和地区食品安全法律的立法核心，也是食品安全执法的核心。尽管我国的《食品安全法》还没有明确将"食品消费者至上"写进法律条文，但是，食品消费者至上也是为《食品安全法》所认同的。因而，我们在今后的食品安全法律体系完善中就要将食品消费者至上的理念体现在具体的法律规定中，可以考虑食品消费者参与食品安全法律控制的某些环节。

食品消费者至上理念也是对食品企业经营管理理念的一次变革，能够有效地促使食品企业提高自我约束的积极性和主动性。近年来，中国发生的几起

①　陈烨，李森 . 2012. 国外刑法典中食品安全犯罪的考察及启示 . 江南社会学院学报，(1)：21.

重大食品安全事件，究其原因，除了政府监管规制不力之外，主要还是食品企业自我道德意识和自我约束能动性的缺失，扭曲了食品企业与食品消费者之间的关系。从经济学的角度看，虽然采取食品安全规制措施会在一段时间内增加食品企业的生产成本从而影响其经济效益。但是如果是在一个以食品消费者利益为先的较为成熟和完善的食品市场机制中，食品消费者就会优先选择那些质量好的产品，从而使企业获得良好的品牌效应，进而提高产品的销售价格和数量，这样就弥补了食品企业因采取食品安全规制措施而额外增加的成本，进而最终达到食品消费者和食品企业双赢的目的。应该说，食品消费者至上理念是目前中国食品安全法律控制最为基础、最为根本的立足点，只有在该理念的指引下，才能真正构建起一个完整而有效的食品安全法律控制体系。

二　进一步清理法律法规与国际接轨

在加入 WTO 的过程中，我国已经清理了大量的法律法规，对我国与国际接轨起到了重要作用。但是，目前我国还有很多法律与国际差距较大，应进一步清理。与食品安全有关的主要是食品安全标准、食品检测等方面的法律法规。应根据与国际接轨的需要，进一步清理现行法律中的不协调之处，然后结合具体国情，出台有关规定。根据我国目前食品安全国际采标率低的情况，应当清理出我国食品安全相关标准中与 CAC、ISO 等国际标准化组织制定的食品安全相关标准不一致之处，然后决定如何根据我国具体情况制定具体标准。目前中国食品安全标准的国家标准中，只有 40% 左右等同或等效采用了国际标准，早在 20 世纪 80 年代初，英国、法国、德国等国家采用国际标准就已经达到 80%，而日本在制定本国食品安全标准时，其 90% 以上的内容直接或间接采用了国际标准。可见，我国食品标准要达到国际标准还有很长一段路要走。食品安全标准的国际采标率低，除了会造成食品安全标准缺乏必要的科学性和严格性外，还会直接导致中国在食品出口贸易中的劣势地位，造成国际食品市场占有份额的萎缩，近年来发生的"烟台草莓出口事件"和"毒饺子事件"，都是由国内食品安全标准与国际通行食品安全标准不一致而造成的。国家标准与国际标准接轨将有助于保证安全食品的供应。同时，也将促进我国食品进入国际市场，有利于制定和完善我国食品生产和流通过程的有关标准，将管理纳入法制化轨道。

三　整合法律资源，完善已有法律法规体系

从 20 世纪 80 年代开始，我国政府就已经制定了一系列与食品安全有关的法

律法规和管理条例（办法）。这些法律法规中，以法律形式出现的有 30 多部，以行政法规或部门规章形式出现的有 100 多部。同时，各地也配套出台了许多食品安全管理办法。但在实际运行中，不同的食品安全监管部门只强调自身的法律依据，而忽视各法律之间的协调性和灵活性。例如，农业部门依据的是《动植物检疫法》和《农业法》，工商部门依据的是《消费者权益保护法》，质监部门依据的是《产品质量法》等。这些法律法规各自为政，有时甚至会发生相互冲突、相互制约的情况，影响了食品安全控制的整体效果。很难将分散在各有关机构之间的执法职能进行统一和整合，不可避免会出现法律监管上的盲区和误区，为再次发生食品安全规制不力现象留下隐患。

《食品安全法》施行后，这种食品安全法律体系冲突、混乱的局面并没有得到根本的改观。我们在食品安全立法方面，目前的主要任务就是，在《食品安全法》的框架下对现有的法律法规进行认真清理、补充和完善，对那些与《食品卫生法》相配套的旧法进行废止、修改和整合，将散存于各法律法规中有关食品监管的内容整合，尽可能减少或避免立法和执法上的相互冲突，解决法律体系的混乱，规范内容冲突问题，保持法制的统一性和完整性。

四　加强法律法规惩罚力度，赋予执法部门更充分的权力

我国近些年出现的一些重大食品安全事件和层出不穷的各类小的食品安全事件虽然有其产生的自身原因，但是不可否认的是，食品安全法律中对食品安全违法行为处罚力度较弱、食品企业违法成本过低与食品安全事件的出现有一定的关系。国外经验表明，对食品生产相关企业实行强制性管制是提高食品安全水平的基础。食品安全监管比其他任何一种与健康相关的政府活动更需要连续性和强制性。但是，目前我国在食品安全监管方面普遍存在执法不严、违法不究或处罚较轻等问题，在对食品的追踪检查及问题食品的召回方面还存在不少薄弱之处。[①] 为此，要扩大执法部门检查权，包括检查食品生产和销售记录，强制受管理企业把有关不符合法律规定的食品信息向管理机关通报，要求有关组织提供农药、兽药使用的记录，要求食品企业向食品管理部门登记并报送产品清单，要求食品企业保存与食品安全有关的食品生产和销售记录等。

综合来看，目前，我国在食品安全处罚方面主要存在以下三个方面的问题：首先，法律法规中对违法者的制裁规定较轻，降低了其制假、销假的成本；其次，对食品企业和负责人的责任规定不明确，很难做到责任的有效追究；最后，

---

① 葛少锋 . 2002. 关于加强我国食品安全的几点思考 . 社科纵横，（10）：34.

食品安全执法机关的职能和处罚标准不统一，从而造成执法尺度的模糊。

综观食品安全法律控制较为成功的国家在对食品安全违法行为的处罚方面力度都是比较大的。例如，美国对制假、售假行为，处以 25 万美元以上 100 万美元以下的罚款，并处以 5 年以上的监禁，如有假冒前科，罚款额可高达 50 万美元。[①] 2000 年，日本发生"雪印牛奶中毒事件"，是停电导致原材料变质，出现细菌超标所导致的，当时受影响的只是"低脂肪乳"一种产品，对问题食品回收也非常及时，因为停电时间不到 3 个小时，发生了几千人的中毒，到底是真中毒还是感觉，并无准确证据，即便如此，这家有着 70 年历史的知名大厂还是不得不宣布关门。还有日本蛋糕制造业最大的连锁店"不二家"，2006 年，因为一家下属的工厂使用过期原料制造蛋糕，导致少部分人食物中毒，整个企业就面临巨大的市场问责。可以说，当日本的食品企业出现食品安全问题时，很有可能会破产。

在我国，应当说《刑法修正案（八）》在强化对食品安全违法犯罪者的处罚力度方面向前迈出了很大的一步，《刑法修正案（八）》对《刑法》第一百四十三条和第一百四十四条的修正的一个很重要方面就是加大了对生产、销售不符合食品安全标准的食品犯罪和生产、销售有毒、有害食品犯罪的惩罚力度。但是这也只是对食品安全违法犯罪行为的刑事惩罚手段力度的加大，对食品安全违法行为，大量适用的应当说还是行政处罚，我们所要做的是加大行政处罚的力度，加大食品安全违法成本。

五 依法加强对食品安全监管机构的监督

在对"双汇瘦肉精事件"、"三鹿奶粉事件"等重大食品安全事件的反思中，可以看出食品安全监管机构的监管不力是造成这些重大食品安全事故的一个不可忽视的因素。但是，我国的食品安全控制法律中对食品安全监管机构违反监管职责的行为要么是没有规定法律责任，要么是规定的法律责任力度不够。例如，《食品安全法》第九十五条和《食品安全法实施条例》第六十一条都规定了食品安全监管部门不依法履行监管职责所要承担的法律责任，但是惩罚力度较轻，只是对直接负责的主管人员和其他直接责任人员给予记大过或者降级的处分；造成严重后果的，给予撤职或开除的处分；其主要负责人应当引咎辞职。构成犯罪的，依法追究其刑事责任。2011 年 5 月出台的《关于严厉打击食品非法添加行为切实加强食品添加剂监管的通知》中对失职、渎职行为加大了责任追究力度，规定了对情节严重的，依法依纪开除公职；涉嫌徇私舞弊、渎职犯

① 王富兴.2009.我国食品安全现状及问题研究.河南农业大学硕士学位论文：19.

罪的，移交司法机关追究刑事责任。但是在这些法律中只是对具体监管人员规定了法律责任，而没有对监管机构失职规定法律责任，建议除了对具体监管人员规定违反监管职责要承担相应的法律责任之外，对监管机构也应该配置相应的法律责任。

《刑法修正案（八）》在强化食品安全监管责任的履行方面做出了相应的规定，《刑法修正案（八）》第四十九条规定：负有食品安全监督管理职责的国家机关工作人员，滥用职权或玩忽职守，导致发生重大食品安全事故或造成其他严重后果的，处5年以下有期徒刑或者拘役；造成特别严重后果的，处5年以上10年以下有期徒刑。徇私舞弊犯前款罪的，从重处罚。在刑法中新增加了一个罪名——食品监管渎职罪。单纯从法定刑的配置来看，食品监管渎职罪的法定刑还是比较重的，可以看出，国家是希望通过重刑来督促食品安全监管者能够尽职尽责保障食品安全，希望通过重刑的宣告来实现对食品监管渎职犯罪一般预防的目的。但是我们应当注意到，法律一般预防目的的实现不在于法定刑的轻重，而在于执法必严，在于刑罚的必定性，对发生的食品监管渎职犯罪行为一定要追究行为人的刑事责任，不能给行为人留下逃避法律制裁的侥幸心理，只有这样才能真正实现《刑法修正案（八）》设立食品监管渎职罪的立法目的。

六 建立较为完善的食品安全应急处理体系

目前，我国在对食品安全的监管中尚未建立起较为完善的、系统的食品安全应急处理制度。从现实来看，一旦发生了食品安全事故，往往是监管部门事后仓促应对，相关部门匆匆召开联席会议，确定彼此的职责、工作分工和工作步骤。这种事后的应急处理方式已经不能及时控制日趋复杂的食品安全事故，也不能满足公众对政府高效处理此等事故的期望，更可能发生部门之间的互相推诿，以及信息沟通迟缓与不力。建立并不断完善食品安全应急处理机制，不仅有助于上述问题的解决，还可以加强食品安全执法部门的队伍建设。

《食品安全法》原则性地规定了食品安全处置制度：国务院组织制订国家食品安全事故应急预案。县级以上地方人民政府应当根据有关法律、法规的规定和上级人民政府的食品安全事故应急预案，以及本地区的实际情况，制订本行政区域的食品安全事故应急预案，并报上一级人民政府备案。食品生产经营企业应当制订食品安全事故处置方案，定期检查本企业各项食品安全防范措施的落实情况，及时消除食品安全事故隐患。发生食品安全事故的单位应当立即予以处置，防止事故扩大。县级以上卫生行政部门接到食品安全事故的报告后，应当立即会同有关农业行政、质量监督、工商行政管理、食品药品监督管理部门进行调查处理，并采取下列措施，防止或减轻社会危害。①开展应急救援工作，对由食品安全事故导致人身伤害的人员，卫生行政部门应当立即组织救治；②封存可能导致食品安全事故的食品及其原料，并立即进行检验；对确认属于被污染的食品及其原料，责令食品生产经营者依照《食品安全法》第五十三条的规定予以召回、停止经营并销毁。③封存被污染的食品用工具及用具，并责令进行清洗消毒。④做好信息发布工作，依法对食品安全事故及其处理情况进行发布，并对可能产生的危害加以解释、说明。发生重大食品安全事故的，县级以上人民政府应当立即成立食品安全事故处置指挥机构，启动应急预案。

《食品安全法》对食品安全事故应急处理机制的规定只是原则性的，食品安全应急管理过程一般由三个阶段（事故发生前、发生中和发生后）组成，在每一个阶段，都需要建立相应的应急管理机制。应急管理机制的建立应当围绕 5 个主要环节进行：应急信息收集、应急预防准备、应急演习、损害控制处理及事后恢复。因此，需要建立应急计划系统、应急训练系统、应急感应系统、应急指挥中心（包括决策者、应急处理小组和应急处理专家）、应急监测系统和应急资源管理系统。事故发生前的管理活动要努力将事故化解在爆发前。事故发生中的管理活动要注意将危害控制在最小范围内。事故发生后的管理活动重在恢复原状，汲取教训。不可否认，应急预案在及时控制和减轻乃至于消除食品安全突发事故的危害、保障人民群众的生命安全和身体健康方面能够发挥一定的积极作用。但是，食品安全应急预案不同于食品安全应急处理机制，结合前面的分析，食品安全应急预案同食品安全应急处理机制的主要区别是："预案"应对事后，"机制"管理事前、事中及事后，是一个完整的系统；"预案"具有可变性，"机制"则具有长期性和稳定性；"预案"以事先沟通为保障，"机制"以制度建设为保障；"预案"强调分工和职能，"机制"强调协作和职责；"预案"各地做法不一，"机制"则应全国统一，便于上令下达，下情上报。建议在各地现有的应急预案的基础上，逐步总结国内外相关经验，在国家层面上形成较为完善的、系统的食品安全应急处理机制，在全国统一执行。建立食品安全应急处理机制的前提是有法可依，因此，国家在建立食品安全应急处理机制的同时，应抓紧出台相关的法律法规，明确食品安全应急处理机制的具体内容。

七 完善食品安全预防体系

目前，在欧盟和日本，一般是通过构建整体的风险预防体系来达到预防食品安全事件发生的目的的。食品安全风险监测和评估制度是一种预防性的前瞻防控体系，是为了防止食品安全问题的发生及后果蔓延而设计的。食品安全风险评估就是评价已经知道的或潜在的对人类构成危害的食品安全因素，包括对食物中的生物性、化学性、物理性因素的分析；对某些物质的摄入量的分析等。

通过分析，最终要对风险特征进行描述，包括危害因素的识别，分析对人有哪些不利影响等。[①] 中国在 2006 年 11 月 1 日开始施行的《农产品质量安全法》中首次提出对农产品安全进行风险评估，要求"国务院农业行政主管部门应当设立由有关方面专家组成的农产品质量安全风险评估专家委员会，对可能影响农产品质量安全的潜在危害进行风险分析和评估"。《食品安全法》第十三条规定："国家建立食品安全风险评估制度，对食品、食品添加剂中生物性、化学性和物理性危害进行风险评估。"并且，由卫生部组建的国家食品安全风险评估专家委员会也已经组建并开始工作，表明我国已经开始构建作为食品安全预防体系中重要组成部分的食品安全风险评估制度。但是作为食品安全预防体系的另外一个重要组成部分——食品安全风险监测制度，在我国还是空白。应当建立食品安全风险监测体系，对食源性疾病、食品污染，以及食品中含有或可能含有的有害物质进行监测。将监测结论和风险评估结论共同作为以后修订、制定食品安全标准和采取食品安全措施的重要依据。

　　与欧盟和日本的食品安全风险评估机构相比，我国的食品安全风险评估机构还是存在一些系统性缺陷的。我国的食品安全委员会在法律上是个议事协调部门，既有食品安全风险评估职能也兼有食品安全风险管理职能，并没有将食品安全风险评估职能和食品安全风险管理职能分由两个独立的部门行使。而在欧盟和日本，食品安全风险评估职能和食品安全风险管理职能是分别由两个独立的部门行使的，这样可以保证食品安全风险评估的科学性和中立性。食品安全风险管理就是针对食品安全风险评估结果中提及的食品安全风险采取适当措施，尽量避免、减少、降低食品安全风险的一种政策性行为。具体地讲，食品安全风险管理的工作就是：首先，风险管理者要科学严谨地把风险评估的结果用来指导决策；其次，就是风险管理选项的评价，在得出的一些风险管理的选项当中，权衡各种因素，做出最适当的选择；再次就是执行选择；最后是不断检测，总结执行的效果，及时修改，完善食品安全措施。[①] 我国应当建立独立的由专家组成的食品安全风险评估机构，这个机构直接对国务院负责，其评估报告将是卫生部、食品药品监督管理机构等具体的食品安全风险管理部门制定食品安全管理措施的重要依据。

八　整合各食品安全管理部门职能，建立高效的食品安全管理部门

　　我国食品安全监管的多头管理、效率低下、监管不力一直被认为是造成食品安全事件的一个重要因素。《食品安全法》的实施也并没有改变这种多头管理

[①]　潘圣飞. 2009. 中日食品安全管理的比较分析. 吉林大学硕士学位论文：20.

的局面，按照《食品安全法》第四条的规定，国务院下设的食品安全委员会，国务院卫生行政部门承担食品安全综合协调职责，负责食品安全风险评估、食品安全标准制定、食品安全信息公布、食品检验机构的资质认定条件和检验规范的制定，组织查处食品安全重大事故。国务院质量监督、工商行政管理和国家食品药品监督管理部门依照本法和国务院规定的职责，分别对食品生产、食品流通、餐饮服务活动实施监督管理。这依然没有改变食品安全法律控制的多部门分段式管理模式。有学者研究认为，日本历史上的历次重大食品安全事故的发生，无不例外是行政部门之间的合作不足导致损害的发生甚至扩大。[①] 研究国外食品安全法律控制就是为了汲取国外食品安全法律控制的经验和教训、避免重蹈国外食品安全法律控制缺陷的覆辙，因此，消除部门之间的人为分割，建立高效的食品安全管理机制就是我国食品安全法律控制的一项重要内容。

我国现行的食品安全分段监管模式存在着分段监管体制中存在的诸多弊端。首先，食品的生产、加工、运输、销售等环节本身就存在一定的交叉或空白，这是现实中客观存在的，法律难以对其进行硬性的划分，因此便容易在监管部门之间出现重复监管行为或监管缝隙。其次，负有监管职责的部门要面对食品市场上所有的食品，在人力、物力、财力有限的情况下难以实现全方位监管，同时在市场经济条件下，食品流通速度之快也使得各部门应接不暇。最后，监管部门在履行职责时，要同时负责检查和处罚两项任务，因而难以实现信息专业化，并且要求各监管机关掌握各种食品的专业知识也是不现实的。

在国外，基本上是不存在对食品安全多头监管的模式的。加拿大于1997年成立了由农业部部长负责管理和指导的食品检验局，将原分别隶属于农业部、渔业海洋部、卫生部等部门的有关业务纳入该局统一监管之下。澳大利亚将卫生部的食品安全管理职能划入新成立的农渔林业部，统一协调农、牧、渔、林产品管理安全的综合管理。日本于2003年7月成立了食品安全委员会。该委员会直属内阁，由7位公认"能不受他人左右"的专家组成，均由民间选举产生，下设一个专门调查协会。食品安全委员会有权独立对食品添加剂、农药、肥料、食品容器，以及包括转基因食品和保健食品等在内的所有食品的安全性进行科学分析、检验，并指导农林水产省和厚生劳动省的有关部门采取必要的安全对策。他们还拥有向农林水产省、厚生劳动省提出建议，并对其进行监督和检查的权力。而我国的食品安全委员会较之日本的食品安全委员会则是一个虚设机构。美国的食品安全监管模式是品种监管，一个部门负责全过程地监督一类食品，涉及食品安全的所有环节，具体的内容在前面已经论述过，不再赘述。

---

① 刘畅 . 2010. 日本食品安全规制研究 . 吉林大学博士学位论文：132.

建议可以考虑确立国务院食品安全委员会在保障食品安全工作中的统率地位，其职能应由协调转变为管理，即统一领导和管理全国的食品安全工作，将卫生部的食品安全风险评估、食品安全标准制定、食品安全信息公布、食品检验机构的资质认定和检验规范的制定、组织查处食品安全重大事故等具体工作转由国务院食品安全委员会负责。同时对食品的分类、食品安全长期发展计划的制订、信用体制建设、国务院及各部委提出的有关食品安全的行政法规和规章的研究、各部门之间的职权关系的协调等问题的处理对于国务院食品安全委员会来说也应当是责无旁贷的。在食品安全委员会之下的各监管部门应根据"品种管理"的模式，分门别类地负责各种食品"从农田到餐桌"的全过程监管，并在地方一级也按照类似体制进行设置，从而形成一个从中央到地方的严密的食品安全监管网络。

第四章

食品安全犯罪因果关系

刑罚止于一身，即罪责自负原则是中外刑法共同的基本原则，行为人只能对自己的危害行为所造成的危害结果承担刑事责任，这就要求司法机关在对行为人追究刑事责任时，首先必须要确定行为人的危害行为与危害结果之间存在刑法上的因果关系，因果关系的存在即成为对行为人追究刑事责任的客观归责基础，食品安全犯罪也不例外。食品安全犯罪中有相当一部分属于刑法理论中所指的实害犯，以客观实害结果的发生作为犯罪既遂的必要要件，但是相对于其他普通的实害犯，食品安全犯罪中的因果关系又具有一定的独特性和复杂性，确定食品安全犯罪中危害行为与危害结果之间的因果关系在中外刑法理论与实践中均是一个难题，但这也是认定食品安全犯罪的成立所必须要解决的一个大前提。在此，本书仅就食品安全犯罪中因果关系的独特性进行重点研究。

第一节　刑法因果关系理论概述

一　英美法系国家刑法因果关系理论

英美法系国家刑法因果关系理论采用双层次原因说，将原因分为两层：第一层是事实原因（cause in fact），第二层是法律原因（cause in law）。事实因果关系的判断是依据"but——for"公式来进行的，即如果符合无 A 则无 B，则 A 就是 B 发生的事实原因，事实原因的成立仅是刑法因果关系成立的基础，成立事实原因并不意味着刑法因果关系的成立，在成立事实因果关系的基础上，依据一定的标准从事实原因中筛选出一部分形成法律原因，作为刑事责任追究的客观基础。[①] 事实原因是基础，法律原因才是真正的刑法意义上的因果关系，法律原因的提出是为了弥补事实原因的缺陷、限定事实原因的范围，从而限制犯罪的成立。"刑法因果关系是作为刑事责任的客观根据而存在于刑法之中的，它既是行为与结果之间一种客观存在的事实因果关系，同时又是为法律所要求的法律因果关系，是事实因果关系与法律因果关系的统一。其

---

① 储槐植.1996.美国刑法.第 2 版.北京：北京大学出版社：64，65.

中，事实因果关系是刑法因果关系的基础，而法律因果关系则是刑法因果关系的本质。"① 在美国刑法学界，关于筛选的标准主要有近因说、预见说和刑罚功能说三种观点。行为人的行为只有成为结果发生的法律原因才能对结果的发生承担刑事责任。

二　大陆法系国家刑法因果关系理论

在大陆法系国家的刑法理论中，认为因果关系是一个特定的发展过程。② 大陆法系国家刑法因果关系理论大致可以分为条件说（平等说）、原因说和相当因果关系说三种。条件说认为在实行行为与结果之间只要存在"无前者就无后者"（条件关系的公式）的条件关系就具有刑法上的因果关系。条件说是德国审判司法实践与刑法理论中的通说，同时该说也是日本司法实践中的主流观点。③ 原因说是在批判条件说的基础上形成的，该说认为为了防止条件说不断扩大因果关系的范围，主张从导致结果发生的条件中以某种规则作为标准挑选出应当作为原因的条件，只有在这种原因与结果之间才存在因果关系，其他条件与结果之间不存在因果关系。相当因果关系说认为，根据社会生活，在通常情况下某种行为产生某种结果被一般人认为是相当的场合，该行为与该结果之间就具有因果关系。相当因果关系说是日本刑法理论界关于因果关系的通说。④ 上述三种观点可以简单归纳为：条件说认为使一定事实发生的所有条件都是平等的，都是原因；原因说则主张区分条件和原因，诸条件中特别重要的、有力的或必需的即为原因；相当因果关系说认为所谓原因和条件并无实质上的区别，应当把法律上的因果关系限定在"于一般的观察中认为可以使一定事实结果发生的条件"的范围之内。⑤

传统的刑法因果关系理论均是构建于自然科学的因果法则基础之上的，但是由于因果关系的自然科学的范畴只能提供外部的框架，而不能提供结论性的答案，完全可能出现这样的情况，即某人对结果的发生不负刑事责任，尽管其

---

① 张绍谦.1998.刑法因果关系研究.北京：中国检察出版社：111.

② 张明楷.1999.大陆法系国家的因果关系理论//高铭暄，赵秉志.刑法论丛.第2卷.北京：法律出版社：271.

③ 张明楷.1999.大陆法系国家的因果关系理论//高铭暄，赵秉志.刑法论丛.第2卷.北京：法律出版社：275，276.

④ 张明楷.1999.大陆法系国家的因果关系理论//高铭暄，赵秉志.刑法论丛.第2卷.北京：法律出版社：288.

⑤ 小野清一郎.2004.犯罪构成要件理论.王泰译.北京：中国人民公安大学出版社：104.

行为与结果的发生之间存在因果关系。① 为了弥补这一传统刑法因果关系理论固有的缺陷，在德国刑法理论界出现了一种替代因果关系理论的客观归责论，该理论在德国刑法理论界的影响正在逐渐扩大，得到越来越多学者的首肯。客观归责论认为：①行为人对行为客体制造了不被容许的危险；②在结果中实现了由行为人所制造的不被允许的危险；③该结果存在于构成要件的效力范围之内。只有完全满足上述三个条件时，由这个行为所引起的结果才能作为行为人的结果，从而归责于行为人。客观归责论认为因果关系是客观归责的第一个条件，所以客观归责论包括三个层次的判断：①因果关系论；②危险增加论；③规范的保护目论。在因果关系论中，客观归责论采取的是传统因果关系理论中的条件说，其特色在于危险增加论和规范的保护目论。② 也就是说，当结果的发生是由行为人所制造的被法律所不允许的危险造成的时候，该结果对于行为人而言才是可归责的。③

三 中国刑法学理论中的因果关系理论

我国刑法理论界一般认为因果关系通常应当表现为必然因果关系，即两种现象之间存在着内在的、必然的、合乎规律的引起与被引起的联系，通常也只有在存在必然因果关系的情况下才能让行为人对其引起的结果承担刑事责任。同时我国刑法理论界还认可偶然因果关系的存在，即某种行为本身并不包含产生某种危害结果的必然性，但是在其发展过程中偶然又有其他原因加入其中，偶然地同另一原因的展开过程相交错，由后来介入的这个原因合乎规律地引起了这种危害结果。我国刑法理论界认为必然因果关系对犯罪的成立及犯罪既遂的成立具有意义，偶然因果关系通常对量刑具有一定的意义，在个别情况下对定罪也有一定的影响。④ 因果关系的必然性与偶然性之争长期以来是我国刑法理论界在因果关系方面争论的热点问题。针对刑法因果关系的必然性与偶然性之争，有学者提出了折中意见，提出了一个半因果关系的观点，认为一个因果关系是指必然因果关系，半个因果关系是指一部分偶然因果关系，即高概率的偶然因果关系是刑法中的因果关系。⑤

在我国刑法学界，也有学者采纳条件说，认为在行为与结果之间存在没有

---

① 汉斯·海因里希·耶塞克，托马斯·魏根特.2001.德国刑法教科书·总论.徐久生译.北京：中国法制出版社：338.

② 童德华.2005.规范刑法原理.北京：中国人民公安大学出版社：163，164.

③ 汉斯·海因里希·耶塞克，托马斯·魏根特.2001.德国刑法教科书·总论.徐久生译.北京：中国法制出版社：350.

④ 高铭暄，马克昌.2007.刑法学.第3版.北京：北京大学出版社，高等教育出版社：89，90.

⑤ 储槐植.1997.刑事一体化与关系刑法论.北京：北京大学出版社：263.

前行为就没有后结果的条件关系时，前者就是后者发生的原因；在数个行为导致一个结果发生的情况下，如果除去一个行为结果将发生，除去全部行为结果将不发生，则全部行为都是结果发生的原因。这种观点是在介绍国外有关条件说的基础上表明自己的立场的，基本主张和国外刑法学界所说的条件说是一致的。[①] 还有学者坚持事实因果关系和法律因果关系区分说，认为因果关系是行为与结果之间的一种客观关系，属于事实因果关系的范畴，在英美法系国家刑法中是根据"but——for"公式加以判断的，而在大陆法系国家刑法中是根据条件和原因两分说加以判断的。但是，刑法因果关系不仅是一个事实问题，更为重要的是一个法律问题。其判断应当建立在事实关系的基础上，从刑法的角度加以考察。该学者进一步指出，我国传统刑法学理论在哲学因果关系的指导之下，对事实因果关系进行了深入的研究，然而没有从价值层面上研究法律因果关系，因而使因果关系理论纠缠在必然性与偶然性这样一些哲学问题的争论上，造成了相当混乱的局面。[②]

第二节　食品安全犯罪因果关系概说

一　食品安全犯罪因果关系特点

食品安全犯罪因果关系在表面上表现为食品安全犯罪行为与危害结果之间的因果关系，但是食品安全犯罪刑事责任在本质上应当属于产品侵权责任的补充，从刑法的补充性的特点来看，食品安全犯罪刑事责任在内涵上与产品侵权责任应当具有同一性，与此相适应，食品安全犯罪因果关系与产品侵权责任因果关系在内涵上也应当是同一的。产品侵权责任的因果关系表现为产品缺陷与损害后果之间的相互牵动，即在产品侵权责任中，产生损害的原因是产品缺陷，只有产品缺陷与损害事实之间存在因果关系时，侵害者才承担法律责任，也就是说产品责任中的因果关系是产品缺陷与损害后果之间的相互联系，而不是某种具体的侵害行为与损害后果之间的必然联系。[③] 因此，食品安全犯罪因果关系与一般刑事案件因果关系在研究对象方面有所区别，但是二者在本质上是没有什么不同的，食品安全犯罪因果关系研究对象，仍然也只能是行为人的危害行为与危害结果之间的因果联系，只是这里的行为人的危害行为包含对存在缺陷

---

① 张明楷．2003．刑法学．第二版．北京：法律出版社：178.
② 黎宏．2004．刑法因果关系论反思．中国刑事法杂志，(5)：29.
③ 王丽华，张友滨．2000．关于产品侵权责任的几个问题．黑龙江省政法管理干部学院学报，(1)：72.

的食品的评价，如果食品不存在缺陷，我们也很难说行为人的行为属于刑法意义上的危害行为。还应当注意到，虽然食品安全犯罪因果关系与产品侵权责任因果关系在内涵上是同一的，但是由于刑事责任还不完全等同于民事责任，在刑法因果关系中存在着原因和条件的区分，如果行为人的行为仅仅只是危害结果发生的条件，则行为人不必对危害结果的发生承担刑事责任；但是在民事责任方面并不存在原因和条件的区分问题，只不过是原因力程度的不同而已，即使行为人的行为只是造成危害结果的条件，行为人仍然是要对危害结果的发生承担民事赔偿责任的。①

在通常情况下，食品安全犯罪中的因果关系并不难认定。例如，出售假酒致人死亡、出售变质食品致人死亡等。但是食品安全犯罪中的因果关系远非如此简单。在一般的实害犯罪中，危害行为与危害结果之间的事实因果关系大多比较明了。食品安全犯罪行为与实害结果之间的因果关系，依照一般人的经验很难对事实因果关系做出判断，其因果联系过程具有一定程度的隐蔽性。同时，食品安全犯罪实害结果的发生具有一定的潜伏性，食品安全犯罪行为作用于被害人后，其实害结果往往并非立即发生，而要经过一定的潜伏期，由于潜伏期的存在就更难以追查被害人的实害结果是否是由食品安全犯罪行为所引起的。而且在自然科学方面至今仍然存在着不少疑难问题没有答案，加之作为食品安全犯罪对象的受害人的个人特异体质问题，都为事实因果关系的判断增加了难度，事实因果关系的判断困难是食品安全犯罪因果关系的一大特点。

我们可以将作为因果关系证明对象的事实分为直接事实和间接事实，在食品安全犯罪中有关因果关系的直接事实是指由于行为人的食品安全犯罪行为而发生致受害人伤、亡的结果等；而间接事实则是指除了直接事实以外的行为人的食品安全犯罪行为同受害人的重伤、死亡结果发生的时间上的接近性，以及食品安全犯罪行为的发生与受害人身体状况变化的对应性等事实。在一般的人身伤害实害犯罪案件中，应以依直接事实对因果关系进行确定为必要，但是食品安全犯罪行为与实害结果之间因果关系的复杂性，使得在食品安全犯罪中往往不得不依靠间接事实对因果关系进行认证。

刑法中的因果关系是对已经发生的事实的证明，以通常社会经验证明足矣，在一般的人身伤害实害犯罪案件中，以社会生活的一般经验作为判断行为与结果的联系程度是否达刑法因果关系程度的标准即可，无须专门的科学证明。但是在食品安全犯罪中，由于食品行为的高度科学性，往往需要运用专门的科

---

① 许洪臣.1998.论侵权行为的因果关系.当代法学，(2)：43.

学知识对因果关系进行证明，专门的技术鉴定的一个很重要的内容就是对事实因果关系的确定。这些特殊性是在对食品安全犯罪中的因果关系加以认定时不能不考虑的。

在食品安全犯罪的因果关系中经常表现出原因的竞合，而这也是其他普通实害犯罪案件所不具备的。原因的竞合表现为受害人的因素与食品安全犯罪行为人的食品安全犯罪行为的竞合。在竞合情况下因果关系认定的难点在于在因受害人的特异体质与食品安全犯罪行为人的食品安全犯罪行为共同造成实害结果的发生时如何认定因果关系的存在。在食品安全犯罪行为与受害人方因素共同作用导致危害结果发生的情况下如何确定因果关系，在国外刑法理论中对此问题存在两种主要的观点：一种观点主张认定部分因果关系的存在，即依食品安全犯罪行为人的食品安全犯罪行为对危害结果发生的原因力来确定食品安全犯罪行为人是否对危害结果承担刑事责任，以及承担什么样的刑事责任；另一种观点则主张这个问题应由法官以自由心证予以解决。

二　食品安全犯罪因果关系表现形式

在食品安全犯罪因果关系中，因果关系的表现形式是多种多样的。其中最简单的当然要数一因一果的表现形式，原因和结果均为单数，行为人的一个危害行为造成了被害人一个单纯的危害结果。例如，销售的食品严重变质导致被害人死亡等，在一因一果的情况下，因果联系形式相对而言比较简单，承担刑事责任的主体和要承担刑事责任的危害结果的范围均比较清晰，易于对行为人追究刑事责任。

在食品安全犯罪因果关系中，另一种比较常见的因果关系表现形式是多因一果的表现形式。原因是多数的，而危害结果是单一的，但是应当明确的是，在多因一果的因果关系中，多数的危害行为对于危害结果而言均是不可缺少的，即缺乏任何一个因素的作用均不可能导致危害结果的出现。

根据食品安全犯罪行为的特点，在食品安全犯罪的因果联系形式中还有一种助成的因果关系，即食品安全犯罪行为人的食品安全犯罪行为和受害人自己的因素共同导致了危害结果的产生，对于危害结果的产生来说，这两点同样是不可或缺的。在助成的因果关系中，尽管受害人自己的因素对危害结果的产生存在着某种程度上的因果联系，但是我们也不能否认在犯罪行为人的危害行为与危害结果之间存在因果关系，且行为人对危害结果的产生在主观上亦持故意或过失的心理态度。因此，行为人应对危害结果的产生承担刑事责任，但是由于存在受害人自己的因素，可以减轻犯罪行为人的刑事责任。

根据传统的刑法因果关系理论，如果某行为的发生必然会导致某结果的发生，并且没有该行为的发生就必然不会有该结果的发生，那么在这种情况下我们就可以认为某行为是某结果的原因。[①] 也可以称其为"充分必要条件说"。但是在食品安全犯罪因果关系中，情况往往是，无论作为原因的现象是一个还是多个，它们各自单独作用均不足以导致结果的产生，而只有它们共同作用、尽数完成时始有结果的相应而生[②]，即大多表现为复合因果关系，对这种复合因果关系，一般认为在某种条件下，只要某行为的发生是某结果发生的充分条件，该行为即为该结果发生的原因，可以称其为"充分条件说"，这是在外国刑法理论中解决食品安全犯罪中的因果关系常用的方法。

三 传统因果关系理论应用于食品安全犯罪中的局限性

由于食品安全犯罪因果关系的上述特点和特有的表现方式，现有的因果关系理论难以胜任对食品安全犯罪案件中因果关系的认定。现有的因果关系理论都属于科学法则的因果关系理论，即因果关系的认定必须依赖于人类已经掌握的科学经验予以证明。无论是我国刑法传统因果关系理论中的必然因果关系说或偶然因果关系说，还是大陆法系国家刑法因果关系理论中的条件说、原因说或相当因果关系说都强调危害行为或介入因素能够"合乎规律"的引起危害结果的发生，而所谓的"合乎规律"实际上就是要做到自然科学上的证明。食品安全犯罪因果关系认定中的难题恰恰在于其因果关系难以用已有的科学法则予以证明，从原本意义上讲，食品安全犯罪中因果关系的认定必须依靠生物学、医学技术的证明，但以人类有限的技术经验来看，目前往往很难做到这一点。

至于我国刑法理论中所说的必然因果关系与偶然因果关系则更是难以满足解决食品安全犯罪因果关系的需要。其实是无法在刑法范畴内区分必然性与偶然性的，只有到哲学的范畴里去寻求区分必然性与偶然性的思路，这样一来就与我们长期坚持的刑法因果关系不同于哲学因果关系的观点相矛盾。其实在哲学领域内，必然性与偶然性也只是相对的概念，无法清楚地加以区分，必然性的实现也有赖于大量偶然性的因素，"被断定为必然的东西，是由纯粹的偶然性构成的，而所谓偶然的东西，是一种有必然性隐藏在里面的形式"[③]。况且必然性与偶然性的区分也只是宏观意义上的，而刑法中所讨论的因果关系都是针对

[①] Hart H L A. 1985. Causation in the Law，Oxford：Oxford University Press：19.

[②] Mill J S. 2002. A System of Logic. Book I. Chap. v. s. 3. Stockton：University Press of the Pacific.

[③] 中共中央马克思恩格斯列宁斯大林著作编译局．1972. 马克思恩格斯选集．第4卷．北京：人民出版社，240.

具体个案而言的。所以，当某一事物所蕴涵的可能性已经转化为现实性时，那么这种现实性不但是必然性和偶然性统一的产物，而且也是必然性的最终反映，所以现实的都是必然的，因果关系是一种现实的联系，所以因果关系是一种必然的联系。[①] 也就是说在具体个案中原本就没有必要区分必然性与偶然性。因此，要确定食品安全犯罪中的因果关系，就必须跳出科学法则因果关系论的樊篱，寻求有别于现有因果关系理论的因果判定方法。

第三节　食品安全犯罪受害人特异体质与因果关系

特异体质，从医学上来讲仅指胸腺淋巴性特异体质。但是在从法律角度考虑特异体质对因果关系的影响时，对特异体质作如此狭窄的界定是不合适的，无论是在我国，还是在外国，法学界均从法学研究的角度出发对特异体质的内涵与外延进行界定，并将特异体质作为俗语来使用。严格来讲，特异体质乃完全之个人因素，人人皆有，只是程度不同而已，在考虑因果关系时，对因果关系的认定有影响的特异体质主要有渗出性体质、胸腺淋巴性体质、出血性体质、过敏性体质、肝脏机能低下症及实质性脏器脂肪变性症等。特异体质的存在对因果关系的确定也有影响，具体来说，受害人的特异体质对因果关系认定的影响比较复杂，需要区分不同情况来处理。

一　行为人无罪过的情形

如果行为人履行了自己应尽的注意义务，并没有违反食品安全法律、法规，单纯因受害人的特异体质而致危害结果发生的，在行为人的食品相关行为与危害结果之间并不存在因果关系。因为不存在刑法上的危害行为，自然就不存在刑法中的因果关系。当然，在事实上如果没有行为人的食品相关行为，受害人的特异体质也不会自动使危害结果发生，必须在行为人的食品相关行为这一条件的作用下才能引发受害人的特异体质起作用，从而导致危害结果的发生，但这并不是刑法因果关系所要研究的问题。

二　行为人有罪过的情形

如果行为人没有履行自己应尽的注意义务，违反食品安全法律、法规，并在受

---

① 杨兴培.2000.刑法新理念.上海：上海交通大学出版社：186，187.

害人存在特异体质的情况下发生了危害结果。这种情况比较复杂，我们可以分为两种不同的情况分别来判断行为人的危害行为与危害结果之间是否存在因果关系。

一种情况是，尽管存在行为人的食品安全犯罪行为，但是即使是不存在行为人的食品安全犯罪行为，只要有该食品因素的存在，就受害人的特异体质而言仍然会发生同样的损害结果。在大陆法系国家的刑法理论中，将这种情况称为假定的因果关系，即指虽然某个行为导致结果发生，但是即使没有该行为，也会产生同样的结果①；也属于合义务的择一的举动，即指行为人虽然实施了违反法律的行为，发生了某种结果，但是即使遵守法律，也不能避免相同的结果的发生。② 当然，合义务的择一的举动也是假定的因果关系的一种情况。对合义务的择一的举动，有观点认为，即使遵守法律也会发生相同的结果，因此行为人的行为与结果之间不具备因果关系。③ 也有观点认为，既然行为人的行为实际上导致了危害结果的发生，那么就不能否认其与危害结果之间的因果关系。④ 英美法系国家的刑法理论认为，必要条件理论为适用单一式因果关系中事实上原因之认定的权威理论。该理论之要义乃表现为"如果没有 X 之发生就必然不会有 B 之发生"这样一个通常被称为"要不则无"（but——for）的逻辑推断。其在原因认定时首先建立这样一个反诘，如果没有行为人的危害行为，那么危害结果有无发生之可能性，如果答案是否定的，则危害行为是危害结果发生的原因，反之，则危害行为与危害结果的发生之间不存在因果关系。例如，医师未对患者之病灶进行细致检查而导致患者最终死亡，后来证明确认，患者所患为不治之症，即使医师在当时没有过失，该死亡结果亦无法避免，于此情况下医师对患者的死亡则不负刑事责任。⑤ 但是在英国也有人采取预见力说来认定因果关系的存在，认为，如果危害结果是在行为人能够预见的范围之内，则该行为人的危害行为就可以成为法律上的原因，作为可预见性确定的标准是"理智人的预见力"，在预见力说的适用中因"鸡蛋脑袋"一案确立了著名的"蛋壳脑袋规则"，按照该规则，行为人只要违反了其对他人的通常的注意义务，就必须承担由受害人的个人体质易受伤害的弱点（也即特异体质或者疾病状态等）所带来的危险和伤害。⑥

---

① 张明楷 . 1999. 大陆法系国家的因果关系理论//高铭暄，赵秉志 . 刑法论丛 . 第 2 卷 . 北京：法律出版社：281.

② 张明楷 . 1999. 大陆法系国家的因果关系理论//高铭暄，赵秉志 . 刑法论丛 . 第 2 卷 . 北京：法律出版社：285.

③ 内田文昭 . 1986. 刑法 I（总论）. 东京：青林书院：146.

④ 大塚仁 . 1992. 刑法概说（总论）. 改订增补版 . 东京：有斐阁：170.

⑤ Barnett V. 1967. Chelsea and Kensington Hospital Management Committee. Oxford：Oxford University：428.

⑥ 王家福 . 1991. 民法债权 . 北京：法律出版社：486，487.

笔者认为，在这种情况下，行为人的食品安全犯罪行为与损害结果的发生之间没有因果关系。从刑法因果关系的角度分析，对事实因果关系的判断标准应当是必要要件，凡是对危害结果的产生起必要要件作用的就应当认为两者之间存在因果关系，不论行为对结果所起的作用的方式及程度如何，也不论这种结果产生的概率的大小，均认定存在事实因果关系，简单用公式表示即"有 A 才有 B"，凡是危害行为与危害结果之间具有此种关系的均可以认为存在事实因果关系。根据事实因果关系，在行为人的食品安全犯罪行为与危害结果之间存在因果关系。但是事实因果关系的存在只是一种前提判断而已，并不能决定刑法因果关系的存在，要确认行为人的过失行为与危害结果之间存在刑法意义上的因果关系，除了进行"有 A 才有 B"的积极认定外，还必须进行消极意义上的"无 A 即无 B"的排除性认定。正是因为即使不存在行为人的食品安全犯罪行为，由于受害人的特异体质的存在，严重的结果仍然不可避免地要发生，不符合"无 A 即无 B"的条件，所以其行为与严重结果之间不存在刑法上的因果关系。但是我们也不能以不进行食品安全犯罪行为就不会发生损害结果为由认为在行为人的食品安全犯罪行为与损害结果之间存在刑法意义上的因果关系，诚然，受害人的特异体质不会自动引发损害结果的产生，其实在这种情况下受害人的伤害结果的出现实系客观不可避免，当某种结果不可避免地要发生时，我们就很难说该结果属于刑法意义上的危害结果。

另一种情况是，行为人的食品安全犯罪行为与受害人的特异体质共同作用导致危害结果的发生，但是对于其他不具备此种特异体质的食品消费者而言，行为人的该食品安全犯罪行为并不会导致该危害结果的发生。该种情况与上述第一种情况的区别即在于若无行为人的食品安全犯罪行为，则没有该危害结果的发生，即危害结果的发生具有可避免性，而在第一种情况下，危害结果的发生具有不可避免性。笔者认为，在这种情况下，应当认定在行为人的食品安全犯罪行为与危害结果之间存在刑法上的因果关系，因为正是行为人的食品安全犯罪行为造成了危害结果的发生，同时若没有该食品安全犯罪行为的存在，危害结果也不会发生。在这里，受害人的特异体质只不过是促成危害结果发生的条件而已，我们不能因为受害人的特异体质的存在而否认行为人的食品安全犯罪行为与危害结果之间的因果关系。

三 特异体质使危害结果扩大的情形

受害人的特异体质对食品安全犯罪中因果关系认定的影响还表现为受害人的特异体质的存在使危害结果扩大的情形。行为人的食品安全犯罪行为对一般的不具备此种特异体质的受害人将造成一般的危害结果，但是受害人的该特异体质的存在却在一般的危害结果的基础之上使危害结果在量上或质上加以扩大化。该食品安全犯罪行为与一般的危害结果之间存在刑法上的因果关系自然是毫无争议的，对食品安全犯罪行为与扩大化的危害结果之间，笔者认为亦存在刑法上的因果关系，毕竟，在不存在行为人的食品安全犯罪行为的情况下，扩大化的危害结果也不会自动发生，受害人的特异体质只不过是为危害结果的扩大化提供了条件而已，无论是一般的危害结果还是扩大化的危害结果，其发生的内因都是行为人的食品安全犯罪行为。

第四节　食品安全犯罪因果关系的盖然性

一　盖然性的内涵

应当注意到，在不符合食品安全标准的食品致人伤害领域内还大量地存在着人们未知的领域，因而食品安全犯罪中因果关系的认定具有极大的困难性。食品安全犯罪中的因果关系不可避免地要具备程度不等的或然性（或称为盖然性）的特点。要成立食品安全犯罪的结果犯或食品安全犯罪的结果犯的既遂，就必须证明危害结果是由行为人的危害行为所造成的，或者可归因于行为人的危害行为。然而，并不总是需要用直接的证据来证明伤害或损失的真实原因是食品安全犯罪行为，该原因可借助雄辩的事实用推理的方法予以证实。在许多食品安全犯罪案件中，因果关系的吻合并不是易于清晰地观察到的或显而易见地能加以确定的，换句话说，在直接的证据中可能会有缺陷，不过，直接证据中的这种缺陷可以合法地用从实际中观察到的和验证过的事实中所作的推论加以弥合。

但是需要明确的是，食品安全犯罪因果关系中的或然性与有些学者所说的或然的因果关系并不是一个概念，这些学者所说的或然的因果关系，是指危害行为中包含着发生危害结果的或然性，在一定条件的配合下，此种或然性变为现实性之后所形成的一种因果关系。[1] 或然的因果关系中的或然性是指通常意义中的可能性，是与绝对性相对应的概念，是指行为并非必然地导致结果的发生，而只是可能会导致结果的发生。但是在危害结果已经现实地发生的时候，我们可以毫无疑问地确认在危害行为与危害结果之间存在着因果关系。而食品安全犯罪因果关系的或然性则是指在危害行为与危害结果之间是否存在因果关系这一事实本身并不是确定的，危害结果可能是由该危害行为所造成的，也可能不

---

[1]　侯国云 . 2000. 刑法因果新论 . 南宁：广西人民出版社：198.

是，食品安全犯罪因果关系中的或然性是针对因果关系是否存在这一事实本身而言的，因而两者的含义并不相同，不能混淆。

在外国法学理论中，盖然性理论并非完全意义上的因果关系之认定理论，它只不过是一种因果关系的证明方式[①]。盖然性理论的出现是学者们为适应社会发展的需要对因果关系理论所做出的发展，该理论对现代社会中大量存在的产品责任犯罪、医疗犯罪、公害犯罪等高发性案件中所涉及的复杂的因果关系的认定具有重要的实用价值。

盖然性理论起源于日本。日本刑法理论中的因果关系理论大量地吸收了大陆法系国家，特别是德国法学理论中的经典思想，同时又极大地采纳了英美法系理论中的法律技术，具有极强的混合性的特点。在刑法因果关系理论中，相当因果关系理论为日本学术界和司法实践部门所普遍接受。但是自 20 世纪 50 年代中期起，伴随着日本经济的复兴，以水污染和大气污染为主要表现形式的公害案件大量出现，公害案件具有致害时间及空间延展性较强、致害机理高度专业性的特点，有时候即使是运用全部现有之科学技术手段也难以准确地揭示其中的因果联系，如果遵循传统的因果证明原则，公害案件中的因果关系的成立几乎是不可能的，由于公害案件涉及具有高难度的自然科学知识，所以，要求对因果关系的环节一一加以科学的证明无异于放弃对行为人的责任的追究。自 20 世纪 70 年代初，日本司法实践中开始逐步在公害案件中采用盖然性原则用以证明因果关系的成立。在日本，盖然性理论主要适用于涉及人身伤害的公害案件的因果关系的证明。所谓公害案件，在美国法律中又被称之为毒物侵害，是指人因长期暴露于低浓度的有害物质中而患有非特异性疾病损害的案件。[②] 盖然性理论认为，对公害案件，控诉方即使无法提出严格的科学证明，但是只要其能够证明暴露于有害物质中与疾病的生成之间存在因果关系的盖然性大于不存在因果关系的盖然性，就可以认定有害物质的排放与患病的损害之间存在法律上的因果关系。日本的加藤一郎教授称这种方法为"优势证据"[③]。盖然性的证明主要是集中于对达成因果关系和病因因果关系的证明上。达成因果关系的证明是指对有害物排放对受害者所在的地理环境的破坏程度的证明。达成因果关系的证明主要依据现存的对有关有害物质排放的基本方式，以及当时的风向、频度等环境状况的观测数据和相关科学知识，测算出由有害物质排放所引起的环境污染在受害人所在地区究竟达到了何种程度，也即确定有害物质大致的浓

① 王旸 . 1999. 侵权行为法上的因果关系理论研究//梁慧星 . 民商法论丛（第 11 卷）. 北京：法律出版社：526.

② 新美育文 . 1995. 日本的产品责任中的赔偿范围与责任限制//加藤一郎，王家福 . 民法和环境法的诸问题 . 北京：中国人民大学出版社：193.

③ 加藤一郎 . 1968. 公害法的生成与发展 . 东京：岩波书店：29.

度。病因因果关系的证明是指运用疫学（也可称之为流行病学）的方法认定有害物质的排放浓度是否对疾病的生成起到足够的促成作用，一般来说，只要认定受害人所患疾病为有害物质可能引发的疾病，就疫学观点查实有害物质浓度达到了致害水平，并且排除了其他因素致病的可能性后，在法律上则认为病因因果关系成立，在此种情况下要否定病因因果关系的成立，除非加害人有力的反证，证明有害物质的排放与疾病的生成无关。在医疗犯罪、公害犯罪案件中的因果关系的证明一般采用病因因果关系的证明。

二 疫学因果关系的提出

在认可因果关系盖然性的基础上产生了刑法因果关系理论中的疫学因果关系理论。疫学，即传染病学或流行病学，研究传染病的产生、传播等，影响传染病产生、传播的各种自然因素、社会因素，以及传染病的传播对社会的危害；在上述研究的基础上研究抑制、防止传染病的蔓延，消除传染病对社会的危害的科学就是疫学。[①] 疫学方法论认定因果关系成立时，仅证实该原因很有可能引起该结果发生即可，即使因果联系过程无法做到科学的验证亦不影响因果关系成立。[②] 在医学上，疫学与临床医学、病理学一并被称为医学研究方法。疫学的主要研究方法是，将有关的某疾病发生的原因，就疫学上可考虑的若干因素，利用统计学知识，调查各个因子与疾病的发生之间的关系，选出关联性、盖然性较大的因素，对其进行综合性的研究和判断。"所谓疫学上的因果关系，是指疫学上所采用的因果的认识方法，某因子与疾病之间的关系，即使不能够从医学、药理学等观点进行详细的法则性证明，但根据统计的大量观察，认为其间具有高度的盖然性时，就可以肯定存在因果关系。"[③]

近几十年来，科技迅速发展，公害现象严重地威胁到社会公众的生命安全与身体健康，经过长期的多种因素复合累积之后对公众的生命安全与身体健康造成侵害。在这些案件中，有毒物质的检验及其危险程度的确定常常涉及高深的科学技术，非专家无法了解，然而纵使经过科学的专门研究也很难准确无误地确定因果关系的存在。在因果关系的认定方面既困难又复杂，如果严格遵循传统的因果关系理论，因为无法做到因果关系认定上的确定性与排他性，对事实上的大部分公害犯罪现象将无法追究有关责任人员的刑事责任

---

① 吉田克已. 疫学的因果关系と法的因果关系. ジュリスト，(440)：104；曾田长宗. 公害と疫学// 戒能通孝. 公害法の研究. 东京：岩波书店：236.

② 杨素娟. 2003. 论环境侵权诉讼中的因果关系推定. 法学评论，(4)：137.

③ 大塚仁. 1993. 犯罪论的基本问题. 冯军译. 北京：中国政法大学出版社：104.

而只能坐视公害犯罪的日益扩大。为了解决这个矛盾，便不能使因果关系的证明达到传统刑法因果关系理论所要求的标准，为了降低因果关系认定的标准，在公害犯罪中首先引入疫学的因果关系。自20世纪50年代起，联邦德国许多在妊娠期间服用了联邦德国一家名为"库里尤年达尔"的公司出售的名为康泰尔甘的安眠药的妇女生下的孩子都先天性畸形，并且四肢异常，1970年12月18日，法院终审判决认定这是一起刑事案件，构成业务过失致人伤害犯罪。在日本熊本县水俣湾周围的居民多患有发病原因不明的水俣病，在医学上及药理学上无法找到病因，但是地处水俣市的肥料公司的工厂所排放的含有汞的废水污染了水俣湾的鱼类和贝类，吃了这种鱼类和贝类的人极有可能患上水俣病，日本熊本县地方裁判所1979年3月22日判决认为该公司的经理和工厂厂长犯有业务上过失致死伤罪。① 这是在西方国家刑事案件中引入疫学因果关系的两个典型案例。

疫学在某种意义上属于统计学的范畴，疫学方法论在原则上分为三个阶段：第一是观察、记录、考察在自然界的流行状况及其特征（记载疫学）；第二是对此考察结果基于回顾的乃至于预见的调查，检讨关于疾病发生原因的假设，进行因果关系的概括性检讨（分析疫学）；第三是对此假设加以验证（实验疫学）。从疫学的观点确认因果关系时，应当就危害结果的表现来探索医学上可考虑的因子，选择与危害结果的发生具有较为密切关系者加以调查。一般而言，具备以下四点就可以认为存在疫学上的因果关系：①该因子于疾病产生的一定期间之前曾发生作用；②该因子的作用程度越显著，则该种疾病的罹患率就越高，有所谓的"量和效果"的关系；③该因子的分布与流行病学观察记录的流行特征并不矛盾；④该因子作为原因起作用与生物学并不矛盾，由于实验条件等技术条件的困难，不要求严密的动物实验，只需要就其生物原理可以做出合理的说明即可。全部满足上述条件的，肯定存在疫学因果关系，在不能满足某一项条件时也不能一概地否定疫学因果关系的存在。② 也就是说在成立疫学因果关系时，某因子无须是必要条件，认定某因子与某结果之间具备因果关系并不排除其他原因也可能导致该结果的发生，只要证明在众多可能的原因之中，该因子对结果的发生具有远远超过其他原因的高度的可能性即可。

在判断疫学因果关系的存在时，以下五点是需要考虑的：①关联性的一致性或普遍性，即某因子的分布与危害结果的发生在时间、空间等方面的分布具

---

① 参见日本熊本地方裁判所1979年3月22日判决，《刑事裁判月报》第11卷第3号，第168页。

② 吉田克已.1971.公害の疫学//谷口知平，泽井裕，淡路刚久.公害の法律相谈.东京.有斐阁：24.

有一致性时，则该因子与该危害结果之间可能存在因果关系；②关联性的强度，即在某因子存在的情况下，某危害结果发生的可能性越大则该因子与该危害结果之间存在因果关系的可能性也越大；③关联性的时间性系列关系，即被怀疑是原因的因子应当作用于危害结果发生之前，作用于危害结果发生之后的可以否定其为该危害结果发生的原因；④关联性的整合性，即因果关系的认定能够合乎现有的生物学知识，不与现有的生物学知识发生矛盾，尽管现有的科学知识未能证明其致危害结果发生的机理，但是因果关系的推定起码不能违反现有的科学知识，如果因果关系的认定将违反现有的科学知识，则应当否认因果关系的成立；⑤关联性的特异性。① 总之，根据大量的统计、观察，能够说明某种因子对产生某种疾病或危害结果具有高度的盖然性时，就可以肯定因果关系的存在，没有必要再去弄清楚为什么会是这样，也没有必要再去从严格的生理学或药理学上去证明这种认定的正确性，只要从流行病学上能够证明该因子的有害性即可。但是也绝不允许以人体内没有进入该因子也会发生这种危害结果为借口而否定该因子与危害结果之间的因果关系，也就是说没有必要说明只有该因子才是危害结果产生的唯一的原因。②

在日本的公害犯罪因果关系理论中还有一种"密室犯罪原理"。所谓"密室犯罪原理"是指在密室里可能进行犯罪活动的某些人当中肯定有一个人是犯罪人，在这种情况下，只要把和被害人有可能接触的人都列举出来，然后再从这些人当中把不可能成为犯罪人的人一个一个地排除，最后就可以断定剩下的那个人就是犯罪人。③ 如果在"密室调查"中发现还有其他因素可能导致该结果的发生，那么，危害结果发生的原因存在两种以上的可能性，无法确定其真正的原因，根据"疑罪从无"的原则，应当认定被告人的行为与危害结果之间没有因果关系。④ 可以看出"密室犯罪原理"其实也是建立在因果关系的盖然性的基础上的。

在日本，有许多学者赞同在刑事案件中引入疫学因果关系理论，认为可以用传统的因果关系理论解释疫学因果关系理论的合理性。吉田克已教授认为，采用疫学方法分析产生某疾病的原因时，应从医学角度出发，调查该疾病发生的原因（对此情形大多使用统计学方法），选择与该疾病相关性高的因素综合分析，通常必须检查是否满足四个条件（即上文中所列举的认定存在疫学因果关系的四个条件——笔者注），如果四个条件存在，就可以认定存在因果关系。⑤

---

① 新美育文.1986. 疫学的手法による因果関係の証明（上）. ジュリスと第 866 号：76.
② 藤木英雄.1992. 公害犯罪. 丛选功，等译. 北京：中国政法大学出版社：32.
③ 藤木英雄.1992. 公害犯罪. 丛选功，等译. 北京：中国政法大学出版社：49.
④ 庄劲.2003. 从一起案例看传染病犯罪因果关系的司法认定. 中国刑事法杂志，(6)：101.
⑤ 曾淑瑜.1997. 医疗过失与疫学因果关系//台湾刑事法杂志社基金会. 现代刑事法与刑事责任：426，427.

大塚仁教授认为，疫学上的证明是相当因果关系适用的表现形式之一，相当因果关系与疫学因果关系在本质上是一样的。板仓宏教授认为，因果关系的本质在于寻找对危害结果承担责任的主体，因此，必须依社会通常观念寻找危害结果的责任承担者，所以疫学因果关系理论与相当因果关系说并不矛盾。川崎一夫教授认为，依疫学方法认定存在条件关系符合相当因果关系中相当性的要求。① 即使对条件关系的存在与否还有疑问，依据经验法则也能肯定相当因果关系的成立，因为相当因果关系说以条件关系的存在为前提条件，条件关系不明确时也能够肯定相当因果关系的成立，由此可见，相当因果关系中相当性的判断与疫学的判断证明在本质上即应有不同的目的和方式。②

有学者认为，判断因果关系的公认标准是相当因果关系，而所谓相当因果关系的实质无非也就是指按照人类的社会经验所认识到的在实行行为与结果之间存在的实施某种行为就会由它产生某种结果这种高度的盖然性。而在现实上能否断定被作为原因的行为与结果之间就具有百分之百的确实联系，在某种程度上是可以怀疑的。也就是说，相当因果关系的确定本来就是一种高度盖然性的因果关系，而非完全肯定的因果关系，相当因果关系最终是以一定社会中的科学的、健全的社会常识作为基础来判断的，而疫学因果关系也具有这种高度盖然性的性质，这种盖然性也是根据健全的社会常识来确定的，说明相当因果关系与疫学因果关系并没有本质的不同，既然在社会观念上已经认识到某事实与某事实之间具有高度盖然性的联系，就不妨肯定其间存在刑法上的因果关系，这其实并不是在公害犯罪等领域例外地承认疫学的因果关系，实际上不外乎是在公害犯罪等存在很多未知问题的法律领域对相当因果关系说的一种适用，因而应认为疫学因果关系也符合相当因果关系的标准，也可以作为刑法因果关系，可以以这种高度的盖然性为基础肯定业务上过失致伤罪、伤害罪等犯罪中的因果关系。③

目前，在日本学术界全面否定疫学因果关系的主张并不多见，一般而言，若能够证明高度之盖然性已达到"无合理之怀疑之程度"就可以肯定条件关系。④ 日本学者对疫学因果关系理论的态度大致上可以分为积极肯定的态度⑤和

---

① 曾淑瑜.1997.医疗过失与疫学因果关系//台湾刑事法杂志社基金会.现代刑事法与刑事责任：433.

② 大塚仁，河上和雄，佐藤文斋.1999.大コンメンタール刑法.第2版.东京：青林书院：124-125.

③ 大塚仁.1993.犯罪论的基本问题.冯军译.北京：中国政法大学出版社：105.

④ 曾淑瑜.1997.医疗过失与疫学因果关系//台湾刑事法杂志社基金会.现代刑事法与刑事责任：427.

⑤ 板仓宏.1995.过失犯における因果关系.Law School，(29)：25、29.

慎重肯定的态度①。于刑事诉讼中以导入疫学因果关系论为目的者，主要是公害犯罪。②

但是也有学者反对以疫学的方法认定刑法中的因果关系。在日本，有学者认为，在这种情况下，既然没有从医学、药理学的角度严密地确认存在科学的条件关系，就不能以其为基础肯定刑法上的因果关系。③ 德国的考夫曼等认为，既然没有确定自然科学的因果法则，就不能肯定刑法上的因果关系。④ 我国大陆刑法学界也有学者认为，"相当因果关系说"是对"条件说"的限制，其适用前提是已经确定行为与结果之间存在无此即无彼的引起和被引起的"必要条件关系"；只是在这些必要条件中需要确定哪些条件联系可以被认为存在刑法意义上的因果关系时，需要运用人们日常生活经验分析行为与结果之间因果联系的可能性有多大，只有在联系的盖然性较大时，才能认为是刑法上的因果关系。如果认为两者之间联系的概率很低，从而依据社会观念难以公正地让行为人对此结果承担责任时，就不认为两者之间的联系是刑法因果关系。可见这种相当因果关系是决定刑法因果关系的法律性的标准，而不是决定事实因果关系的标准，并不是说在判断是否存在事实因果关系时也可以以盖然性为标准，也可以采用"相当因果关系说"。以此为标准判断伤害案件中的因果关系必然会使判决失去可靠的事实基础。⑤ 针对此项反对理由，日本的町野朔等则认为，刑法上的因果关系与科学上的因果关系不是一回事，科学上的因果法则只不过是认定刑法上的因果关系的经验规则；为了认定刑法上的因果关系，不仅要利用病理学、生物学，而且还要利用流行病学，因而流行病学的因果关系论不仅与条件说不矛盾，而且与相当因果关系说也不矛盾。⑥

刑事责任是最重的法律责任，因而其责任根据应当确实，不应有任何的不确定性，因此在刑事诉讼中应当坚持"疑罪从轻"（in dubio pro reo）、"无罪推定"等原则，在刑事诉讼中，证据必须达到"不容有合理性怀疑存在之余地"（beyond reasonable doubt）始能认定被告人有罪。但是日本《公害罪法》第五条规定："如果某人在企业事业单位里伴随生产活动而排放了危害人体健康的物质，而且仅仅由于该排放量就足以达到对公众的身体甚至生命产生危害的程度，

---

① 町野朔 . 1992. 因果关系论の现状と问题点 . 刑法杂志，22（1）：129；冈野光雄 . "条件关系"存否の判断 . Law School，（29）：13.

② 大塚仁，河上和雄，佐藤文斋 . 1999. 大コンメンタール刑法 . 第 2 版 . 东京：青林书院：124.

③ 大塚仁 . 1993. 犯罪论的基本问题 . 冯军译 . 北京：中国政法大学出版社：105.

④ 张明楷 . 1999. 大陆法系国家的因果关系理论//高铭暄，赵秉志 . 刑法论丛 . 第 2 卷 . 北京：法律出版社：294.

⑤ 张绍谦 . 1998. 刑法因果关系研究 . 北京：中国检察出版社：210，211.

⑥ 张明楷 . 1999. 大陆法系国家的因果关系理论//高铭暄，赵秉志 . 刑法论丛 . 第 2 卷 . 北京：法律出版社：244，245.

并且在因这种排放所产生的这种危害的地区内是由同一种物质给公众的身体乃至生命带来危害时，即可推定这种危害就是由该人所排放的物质造成的。"藤木英雄认为，既然《公害罪法》在第五条里已规定有"推定规定"，那就应该根据这样的旨趣去修正所谓的"嫌疑不罚"的原则。① 这说明该原则并非是一成不变的，在固守原有的因果关系理论无法确定因果关系的存在从而导致被害人得不到救济和对因果关系进行推定可能对行为人予以冤枉这二者之间进行权衡，两害取其轻，还是承认疫学因果关系为好。

根据上述日本学者的观点，疫学上的证明也符合社会通常观念，具有相当性；同时认定疫学因果关系成立所需要的"高度的盖然性"与一般刑事诉讼规则要求的"可以排除合理的怀疑"的内涵其实是完全相通的，因此，用疫学方法论认定因果关系与"嫌疑不罚"的法则并不矛盾。在我国大陆刑法学界有学者认为，疫学的因果关系论缺乏充分的科学证明基础，违背了因果关系的客观性，是不可取的。② 笔者并不赞同该观点，疫学方法论并非是纯粹的主观臆断，疫学观察上的推定是以证据学和统计学为理论基础的，疫学方法论推定的基础是统计学的统计事实，并以统计学的原理作为推定时所依据的原则，推定并非是毫无科学根据的，以疫学推定的证明方法来认定因果关系恰恰是体现了对因果关系客观性的尊重。

第五节　疫学因果关系之于食品安全犯罪

一　食品安全犯罪引入疫学因果关系的合理性

针对食品安全犯罪案件中食品安全犯罪行为与危害结果之间存在因果联系的可能性非常大，符合统计规律，但是根据现有的科学技术手段尚无法肯定这种因果联系的存在的特点，可以考虑应特别立法引入疫学因果关系理论用以解决食品安全犯罪案件中因果关系的认定问题。在日本，除了将疫学因果关系用于公害犯罪之外，亦将疫学因果关系用于医疗过失犯罪中。③ 已经将疫学因果关系的适用范围予以扩大化。东京高等法院认为，在医学或药理学上，若某种因素与该结果之间无法以明确之法则加以证明其间之因果关系，则若依统计上之调查等高度关联性（疫学之因果关系）予以承认，其只要系于科学上合理范围

---

① 藤木英雄.1992.公害犯罪.丛选功，等译.北京：中国政法大学出版社：53-55.
② 张绍谦.1998.刑法因果关系研究.北京：中国检察出版社：210.
③ 曾淑瑜.1998.医疗过失与因果关系.上册.台北：台湾翰芦图书出版有限公司：169，170.

之内，此亦肯定其间有相当因果关系之存在。①

笔者认为某些食品安全犯罪案件与公害犯罪案件有一定程度上的相似性，其因果关系的证明难以达到毫无可疑之程度，不具有传统犯罪中因果关系的单纯性和明确性。从目前的科学技术水平来看，有必要将疫学方法引入食品安全犯罪因果关系的认定中，因此，在立法还未调整的情况下，可以将疫学方法引入食品安全犯罪因果关系的认定中，这样将会符合惩治食品安全犯罪刑事政策的需要。而且，相当因果关系理论中的"相当性之判断"系对事情为一般性的观察，依一般人之经验判断该当行为是否通常会产生该当结果，若回答是肯定的，则行为与结果之间存在刑法意义上的因果关系，反之，即认为两者之间不具备因果关系。在一般刑事案件中，事实因果关系的认定由法官自由心证，进行"相当性之判断"自不成问题，但是食品安全犯罪案件因果关系中事实原因的追索，非专家而无法胜任，而且专家的鉴定亦往往存在不同的意见，相当因果关系中的"相当性"无论以"经验上之通常"抑或"一般之可能性"均无法加以合适的解释，因而在食品安全犯罪刑事案件中往往不存在相当因果关系相当性判断的前提。

另外，刑法因果关系不完全等同于自然科学中的因果关系，刑法中的因果关系是建立在自然科学因果关系基础之上的，但是也绝不受制于自然科学因果关系。日本司法实践认为，"诉讼上的因果关系证明与毫无疑义的自然科学证明不同，它是根据经验法则综合参考全部证据，证明能够认定某特定结果之关系的高度盖然性，这种判断以具备通常人不加疑义之程度的真实性确信为必要，且以此足矣"②。严格遵守传统的因果关系理论势必因举证困难而在事实上对一些危害行为排除追究责任的可能性，疫学方法论本身即建立于现有的科学水平之上，食品安全犯罪行为与危害结果之间经证实存在疫学上的因果关系也可以被认为具有相当性。在食品安全犯罪案件中，我们往往不能通过人体试验做到对因果关系的毫无疑问的确证，在这种情况下，疫学方法论的运用也就成为唯一的选择。

至于与"疑罪从轻"原则的协调，笔者认为，"疑罪"中的"疑"不能从严格的自然科学的角度去理解，在刑法中，"疑"只是相对而言的，在某种行为产生某种结果被一般地认为具有相当性的场合，也就不能再称其为"疑"。在日本司法实践中，大阪高等法院认为，"诉讼上因果关系之举证，并非如自然科学之证明不许有一丁点之疑义，而是须参照经验法则，综合检讨全部之证据，若能肯定特定之事实会造成特定结果之发生，因具有如此之关系而可证明其高度之

---

① 曾淑瑜.1998.医疗过失与因果关系.下册.台北：台湾翰芦图书出版有限公司：640.
② 日本最高法院昭和50年10月24日判决，日本最高法院刑事判例集第29卷第9号，第1417页。

盖然性，则其判定在通常人不引起怀疑之程度之范围内，即得确信其真实性，此系有必要，而且，如此即足矣"①。况且随着社会的发展，刑法理论的发展亦是必然的，不必拘泥于传统的理论。

理论界对疫学因果关系的质疑主要在于其是一种推定的因果关系，不完全符合事实。但是我们也应当注意到哲学上研究因果关系和刑法学上研究因果关系的目的是不同的，哲学上研究因果关系是为了考察事实上的因果联系过程，以追求事实为其目标；而刑法学上研究因果关系是为了找到一个行为，使该行为的行为人依照某种规则合理的对某危害结果承担刑事责任。哲学上作为事物之间规律性的因果关系是事实上的、经验上的、逻辑上的；而刑法上的因果关系却是规范性的、有选择的，是为了归责而设置的。② 二者的目的不同势必会造成哲学意义上的因果关系不完全等同于刑法学意义上的因果关系。刑法作为一种规范，和宗教、道义一样，是人们在社会生活中"应当如此和不应当如此（应然）"的经验总结，和以探索自然现象的规律性认识，即"事实如此（实然）"为对象的自然科学，即事实学之间，具有很大的差别，所以，在很多问题的看法上，难免和自然科学的见解不一致。③ 有关刑法因果关系的判断也莫能例外，刑法因果关系是一种规范性关系，而不完全是事实性关系，那么，在其判断上就不一定完全要依照事实关系的判断法则。从规范关系的立场出发，既然刑法因果关系是指实行行为（危害行为）和构成要件结果（危害结果）之间的引起和被引起的关系。那么，在刑法因果关系的判断上，就应当在和结果发生有关的各种行为当中，根据一般生活的经验，挑选出可能引起危害结果的违法行为，然后以此为基础，判断其和实际发生的构成要件结果之间是不是具有引起和被引起的关系。而其他的不具有社会危害性的合乎规则的行为，尽管和实际发生的构成要件结果之间，可能具有某种联系，但是由于不是刑法上所谓的危害行为，所以，尽可以将其排除在刑法因果关系的判断范围之外。④

对食品安全犯罪因果关系之认定采用盖然性之认定方式，必将使食品安全犯罪成立之情形增加，对从事食品卫生行业者而言，极为不利。疫学因果关系本质上不是依靠科学法则直接证明的因果关系，而是一种推定的因果关系，因此笔者认为在采用疫学方法认定行为人的危害行为与危害结果之间的因果关系时应持谨慎态度，并非在所有的食品安全犯罪因果关系的认定中均可以采用疫学的方法论，疫学方法论只不过是食品安全犯罪因果关系认定的最后的手段而

① 曾淑瑜. 1998. 医疗过失与因果关系. 下册. 台北：台湾翰芦图书出版有限公司：639，640.
② 杨彩霞. 2004. 刑法因果关系论之危机、反思与出路. 国家检察官学院学报，(4)：30.
③ 黎宏. 2004. 日本刑法精义. 北京：中国检察出版社：4.
④ 黎宏. 2004. 刑法因果关系论反思. 中国刑事法杂志，(5)：34.

已，只有在穷尽了其他传统的因果关系认定手段仍不能判断因果关系存在与否时才可以考虑运用疫学因果关系。

二 食品安全犯罪疫学因果关系的证明

由于疫学因果关系在本质上是一种推定的因果关系，所以，如果在食品安全犯罪因果关系的认定中引入疫学方法论，那么食品安全犯罪因果关系的证明方法必将不同于传统因果关系理论下因果关系的证明方法。传统因果关系理论下，应由起诉方证明被告人的危害行为与危害结果的发生之间存在刑法意义上的因果关系，被告人并不承担举证责任。但是在用疫学方法论证明因果关系存在的情况下，因果关系在事实上是否肯定存在是不能肯定的，其实质是一种推论，在这种情况下，传统的因果关系证明方法与疫学方法论必然是矛盾的，因为传统的因果关系证明方法要求起诉方应当证明因果关系的肯定存在。因此，疫学方法论的采用就要求在因果关系的证明方法上采用有别于传统的因果关系证明方法的新的因果关系证明方法。

在日本刑法理论中，与疫学方法论相适应的因果关系证明方法是因果关系推定原则，该原则首先应用于公害犯罪案件因果关系的证明中，这个原则是日本在 20 世纪 50～60 年代通过对神通川骨痛病、新潟水俣病、熊本水俣病、四日市哮喘病四大公害案件的审判实践总结出来的。日本新潟地方裁判所在对新潟水俣病案件的判决中指出，关于公司是否是污染源的问题，没有必要完全从自然科学的角度上去逐一证明有机汞是以什么方法、通过什么途径混到废液中去的，以及它是通过什么途径污染了鱼类等生物的科学机理，而是根据已经掌握的大量情节证据，推定该公司就是污染源，如果该公司拿不出足以推翻这种推定的反证来，就可以断定，该公司排放含有机汞的废物的行为与水俣病之间存在因果关系。[①] 在因果关系推定的情况下，起诉方只要掌握了足够的情节证据，并运用疫学方法论得出行为人的危害行为造成了危害结果的发生，就应由被告人举证证明其行为没有造成该危害结果的发生，或者证明另有其他人的危害行为造成了该危害结果的发生，如果被告人提不出上述证据，则可以认定被告人的行为是该危害结果发生的原因。也就是说，因果关系的判断必须为法官在遵循经验规则的基础上做出确实的心证，以承担败诉责任的一方当事人没有提出反证为必要。[②] 这其实就是一种举证责任的倒置。适用举证责任倒置的原因在

---

① 曹子丹，颜九红.1998.关于环境犯罪若干理论问题的探讨.烟台大学学报（哲学社会科学版），(1)：27，28.

② 公害问题研究会.1999.公害苦情商谈手册.三订版.东京：财团法人日本环境协会：49，50.

于，在食品安全犯罪案件中，犯罪人排他性地独占了相关科学技术，从而掌握着犯罪成立与否的关键证明，即使是拥有强大的司法权的国家，对于犯罪人来讲也不好说是强者。①

在认定食品安全犯罪因果关系时，在证明方法上也可以采用因果关系推定原则，理由在于：即使在存在食品安全违法行为的情况下，造成被害人人身伤害的因素往往也是复杂多样的，造成被害人人身伤害的各种相关因素会发生化学、物理及生物的反应和作用，如毒理与病理转化、扩散、活性增减，生物降解与积累、加强作用、协同作用等。这不仅给确定危害后果带来了困难，而且在认定食品安全犯罪行为与其危害后果之间的因果联系时，容易发生偏差。同时，相当大一部分的食品安全犯罪危害结果不是即时发生并完成的，而是持续渐进的，不合格食品的危害的潜伏期也比较长，因此，食品安全犯罪危害结果的发生与食品安全犯罪行为的实施之间，时间间隔较长，这样，一方面使其因果关系表现出不紧密性和隐蔽性；另一方面，历时久远、时过境迁，证据容易消失，致使要查明食品安全犯罪行为与危害结果之间的因果关系，费时长，需要人力多，而且要求具有深博的科学技术知识和先进的仪器设备。然而，目前我国食品安全保护工作在人力物力及科学技术水平方面都存在一定的局限性，这种局限性也要求我们在认定食品安全犯罪因果关系时有必要采用因果关系推定原则，避免无休止地拖延诉讼的时间。但是在采用因果关系推定原则时，起诉方必须要搜集到足够的情节证据，并提供行为人的食品安全犯罪行为必然导致危害结果发生的科学证据。

---

① 藤木英雄.1992.公害犯罪.丛选功，等译.北京：中国政法大学出版社：53.

第五章

严格责任的借鉴

根据传统刑法理论，任何犯罪都必须具有犯意，也就是说行为人在主观上必须存在罪过，罪过是行为人承担刑事责任的基础，行为人的行为缺乏罪过，便失去了遭受非难谴责的基础。"作为责任类型的构成要件，当然必须包括该行为的行为意志，即所谓对犯罪事实的认识或容忍（犯意），作为已被类型化了的事实过失，也属于过失犯的构成要件。"① 在英美刑法中，"无罪过即无犯罪"也是一项基本原则，犯意是刑事责任构成的必备要件之一，"刑法的基本原则体现在这样一个格言中，'没有犯意的行为不能构成犯罪'——一个行为，如果没有在法律上应受责备的意图，就不能使一个人成为法律意义上的罪犯"②。

但是到了 19 世纪末 20 世纪初的时候，随着工商业的发展，危害公共健康及社会安全与社会福利的犯罪活动也大量增加，这类犯罪行为有两个特点，其一是数量非常多；其二是要证明行为人的主观罪过是非常困难的，如果让起诉方按照传统的刑法原则对这些犯罪活动的犯罪人进行主观罪过的证明将很难对行为人起诉和定罪，既容易放纵犯罪人，也不利于保护公众利益。针对这种情况，英美法系国家在刑事立法和刑事司法判例中确立了严格责任（strict liability）制度，免除了起诉方必须证明被告人主观罪过的证明责任，让起诉方有较为灵活的诉讼自由裁量权，对某些危害社会的行为进行有选择的起诉。在这些犯罪中，行为人的过错难以证明，但是这些犯罪所侵犯的社会法益却特别重要，为了避免行为人以主观上不存在过错为借口逃避法律的惩罚，同时也为了避免同类案件在不同的法官审判下得出不同的结论，立法者宁可冒有可能冤枉个别无辜者的风险也要从保护社会和公众利益的考虑出发，在无法证明行为人主观过错存在与否的情况下在立法上宣告其行为为犯罪行为，实质上是两害相权取其轻。③

---

① 小野清一郎 .2004. 犯罪构成要件理论 . 王泰译 . 北京：中国人民公安大学出版社：69.

② 鲁珀特·克罗斯，菲利普·A. 琼斯 .1991. 英国刑法导论 . 理查德·卡德修订 . 赵秉志，等译 . 北京：中国人民大学出版社：24.

③ 赵秉志 .2004. 英美刑法学 . 北京：中国人民大学出版社：57.

第一节　严格责任理论概说

一　严格责任概念争议

出于各种原因，国内刑法学界对严格责任的认识并不一致。

有学者认为严格责任就是绝对责任，就是指刑法规定的某些犯罪的构成要件中，法律许可对缺乏罪过的行为人追究刑事责任。也就是说不需要犯罪的故意与过失，只要行为人实施了法定的行为或发生了法定的危害结果，就可以对行为人追究刑事责任。[①] 这是我国刑法理论界对严格责任认识的主流观点。

有学者认为严格责任是指对某些特殊的犯罪，刑法并不把犯意作为追究刑事责任的先决条件要求检察官加以证明，只要被告人实施了一定的为法律所禁止的行为，而被告人又不能证明自己主观上不存在过错，被告人则可能被判有罪。该论者还严格区分了严格责任和绝对责任，就严格责任而言，行为人可以以不具有主观罪过作为辩护理由，而绝对责任则不问行为人主观上有无罪过均能成立犯罪。[②]

有学者认为严格责任是在行为人没有罪过的场合要求行为人对其犯罪行为承担刑事责任。[③]

有学者认为严格责任是指在没有某种罪过的场合仍然可以将行为人的行为定性为犯罪行为并对行为人追究刑事责任。[④]

有学者认为严格责任是没有故意或过失，但又触犯刑律的责任。[⑤]

另有学者认为严格责任是指在行为人主观罪过具体形式不明确时，仍对其危害社会并触犯刑律的行为追究刑事责任的制度。该论者不同意对缺乏主观罪过的行为追究刑事责任，认为严格责任并不与罪过相对立，而是罪过责任的一种，只是罪过的具体形式究竟是故意还是过失不明确而已。所谓不明确是指行为人具备了故意或过失的主观罪过，但是由于人们的心理结构复杂，我们难以从行为人有限的客观外在表现中确定其具体的、单一的罪过形式。司法机关只

---

① 储槐植.1996.美国刑法.第2版.北京：北京大学出版社：86；陈兴良.1992.刑法哲学.北京：中国政法大学出版社：200；赵秉志.2004.英美刑法学.北京：中国人民大学出版社：45；曾庆敏主编.1992.刑事法学词典.上海：上海辞书出版社：663.

② 孙国祥.2002.刑法学.北京：中国科技出版社：103.

③ 张智辉.1995.刑事责任通论.北京：警官教育出版社：262.

④ 冯亚东.1999.理性主义与刑法模式.北京：中国政法大学出版社：104.

⑤ 杨春洗.1996.香港刑法与罪案.北京：人民法院出版社：31.

需要证明罪过的有无，而无须证明罪过的具体形式。①

还有学者认为严格责任是指对缺乏主观罪过或主观罪过不明确的特殊侵害行为追究刑事责任的刑法制度。②

其实，在英美刑法理论界和司法实践中，对严格责任的理解也是不一致的。

第一种观点认为可以将严格责任的犯罪定义为不需要有犯罪意图……只有行为（犯罪行为）就足够了……由于两个不同的因素，不必要求有犯罪意图的证据。第一，犯罪意图可能与定罪完全没有关系，无论如何，有犯罪意图或没有犯罪意图对于责任来说可能都不是实质性的，这可以称为严格责任的实体性解释。第二，起诉不要求有犯罪意图的证据，尽管被告提出的无犯罪意图的证据可能排除他的责任。按照第二种程序性的解释，如果把有关犯罪意图的举证责任加给被告，这种犯罪（也）属于严格责任的情况。此类犯罪包括所谓的"犯罪意图的推定"，被告可以对此予以反驳来逃避承担责任。这种程序性方法使起诉方免除了证明犯罪意图的艰难责任，尽管它最后对责任仍是实质性的。③

第二种观点认为"在某些特殊的犯罪中，即使被告的行为不具有对被控犯罪必要后果的故意、放任或过失，即使被告对必要的犯罪条件没有犯罪意识或行为过失，即使被告的行为是基于合理的错误认识，即认为自己具有犯罪定义所规定的某个特殊的辩护理由，他也可能被定罪。在这种情况下，被告本人虽然没有任何过错，但却要承担刑事责任，这种责任称为严格责任"④。

第三种观点认为某些对特定行为的一个或多个行动要件不要求故意、轻率甚至疏忽的犯罪被称为严格责任犯罪，或者有时被称为"绝对禁止之罪"⑤。

第四种观点认为"严格责任罪"的含义至今仍是不明晰的，不过严格责任犯罪通常被认为是这样一类犯罪，即没有犯罪心态的要求，即使是合理的事实错误或情节错误，也不能成为辩护理由。严格责任的前提就是不管被告人多么小心，也不管他在道德上是多么无辜，只要出现了法律规定的行为或者后果，就构成犯罪。⑥

第五种观点认为严格责任犯罪是一种不要求主观过错的犯罪，它是严格的，但不是绝对的，虽然法院常常误用后者。只有考虑到被控犯有严格责任罪行的被告享有哪些辩护理由时才会意识到区分二者的重要性。因为当某种犯罪是绝

---

① 李文燕，邓子滨.1999.论我国刑法中的严格责任.中国法学，(3)：90，91.

② 张文等.1997.刑事责任要义.北京：北京大学出版社：91，92.

③ 道格拉斯·N胡萨克.1994.刑法哲学.谢望原等译.北京：中国人民公安大学出版社：137.

④ 鲁珀特·克罗斯，菲利普·A.琼斯.1991.英国刑法导论.理查德·卡德修订.赵秉志，等译.北京：中国人民大学出版社：77，78.

⑤ 史密斯 J C，霍根 B.2000.英国刑法.李贵方，马清升，王丽，等译.北京：法律出版社：114.

⑥ Levenson L L.1993.Good faith defenses: reshaping strict liability crimes. Cornell Law Review，(3)：58.

对责任时，被告将不享有任何辩护理由。而当它是严格责任时，被告则可能享有诸如强迫、自卫和无意识等辩护理由。①

第六种观点认为严格责任就是不要求犯意要件的犯罪，如超速驾驶或企图携带武器登机。②

第七种观点认为严格责任是指只要有证据证明被告人实施了法律所明文禁止的行为就可以定罪，被告举证证明其已经实施最大的预防来防止行为的发生不构成辩护理由。③

第八种观点认为严格责任犯罪是用来指对犯罪事实的一个或更多的要件不要求犯罪心理的刑事犯罪。④

二　严格责任与绝对责任的区分

在我国刑法理论界之所以会产生对严格责任认识上的分歧，原因主要在于对严格责任和绝对责任的混淆。

与严格责任一样，绝对责任是犯罪构成要素一般规则的例外。但是与严格责任不同，绝对责任是指对某些特殊的案件，犯意并不是犯罪构成的必要要件，犯意的存在与否，不仅检察官无须证明，而且被告人也不能以主观上不存在犯意作为辩护的理由，即使被告人不存在值得谴责的过错，即使被告人的行为是基于合理的错误认识，即使被告人认为自己具有犯罪定义所规定的某个特殊的辩护理由，只要检察官证明被告人实施了某种犯罪行为，被告人就能被定罪。AHI 诉劳动部一案就是一个例证。在 1983 年 10 月 10 日，AHI 的一名雇员在操作一台印刷机时，因印刷机上的防护装置失灵，致使其手部严重受伤。奥克兰高等法院的法官在判决书中指出：尽管 AHI 在这件事上不存在过错，但是：①1950年的《机械设置条例》第二十七条规定，每一台机械的拥有者负有确定的、绝对的和全部的责任保证该机械中任何具有危险的部分被牢固地、安全地保护起来，否则构成犯罪；②上述第二十七条清楚地显示它设立的是绝对责任犯罪；③AHI 违反了上述第二十七条的规定，因此，AHI 构成绝对责任犯罪。设立绝对责任的目的是希望能更有效地提醒和促使公众注意避免触犯条例或法

①　Clarkson C M V，Eating H M K. 1998. Criminal Law. Sweet & Maxwell：207.

②　苏敏华 . 2004. 英美刑法严格责任考察 . 犯罪研究，（1）：70.

③　Loewy A H . 1990. Criminal Law. West Publishing Co.：120.

④　Herring J . 1998. Criminal Law. Palgrave Mac Millan Law Masters. 北京：法律出版社 . 影印本：104.

律，避免做出为法律所禁止的行为，或者注意避免违反某种特定的法律义务。①

在美国，"任何人不得被迫在刑事案件中自证其罪"和"非经正当法律程序，不得剥夺任何人的生命、自由或财产"是宪法基本原则。在美国的三权分立制度下，司法必须忠于立法，因而在美国一般不同意将证明被告人无罪的举证责任转移到被告人身上。在美国，要么将法条理解为有过错要求，要么将法条理解为绝对责任而实行无过错定罪。所以在美国，绝大多数州的刑法并没有区分严格责任与绝对责任，二者在实质上是一样的，仅仅是不同的名称而已。②

在加拿大刑法中，严格责任与绝对责任是被严格地区分开来的，在严格责任适用的情况下，允许被告人证明自己在主观上不存在过失，并进而免责；但是在绝对责任适用的情况下，无论被告人是否证明自己主观上不存在过失，都不能免责，除非被告人证明自己是精神病，或者其行为是紧急避险等。

在英国，在严格责任产生的初期，严格责任与绝对责任是没有区别的，但是现在二者还是不同的。

严格责任与绝对责任有共同之处，严格责任与绝对责任都是运用犯罪构成要素追究行为人刑事责任的一个适用上的例外，在犯意与刑事责任的关系方面有着与普通刑事犯罪不同的要求。

严格责任与绝对责任最大的区别在于对犯意要求程度的不同，在普通的刑事案件中，举证责任完全是由起诉方来承担的，若要追究行为人的刑事责任，起诉方必须证明被告人的犯罪行为、犯罪行为与危害结果之间的因果关系，以及犯罪人主观上的犯意的存在，否则就无法追究行为人的刑事责任。但是在严格责任适用的情况下，这种证明责任则发生了某种程度上的改变，改变具体体现在两个方面：①证明内容被分为两部分，一部分是关于行为及其违法性的证明，另外一部分是关于与行为相关的犯意的证明；②举证责任部分发生了转移，对被告人实施的行为的存在及行为的违法性的证明仍然由起诉方负举证责任，但是对被告人的与行为相关的犯意的证明则由被告人负举证责任，也就是说，在被告人的行为经起诉方证明是存在的情况下，如果被告人能够提出合理的抗辩事由以证明自己在实施该行为时主观上不存在过错，或者在过失的情形下证明自己已经尽到注意的责任，则会被判无罪，反之则会被定罪。正如1905年伊沃特案件（R. V. Ewart）的审判法官爱德华兹在判决中所指出的那样：尽管在起诉时控方不需要证明被告人的行为是出于"明知"或"意图"，或者受某种心态支配，但是被告人仍然可以通过向法院证明

---

① 骆梅芬.1999.英美法系刑事法律中严格责任与绝对责任之辨析.中山大学学报（社会科学版），(5)：116.

② 储槐植.1996.美国刑法.第2版.北京：北京大学出版社：86.

他事实上不存在犯罪心态而免除责任。[①] 但是在绝对责任适用的情况下，被告人主观上是否有犯意的存在并不需要证明，只要被告人实施了为法律所禁止的行为即可以被追究刑事责任。简言之，严格责任与绝对责任在犯意方面的区别在于，在严格责任适用的情况下，是要求被告人在主观上存在与行为相关的犯意的，只是证明这个犯意存在与否的证明责任发生了转移，这个犯意的存在不需要由起诉方证明而已，属于过错的推定。但是在绝对责任适用的情况下，根本不需要证明被告人在主观上是否存在与犯罪相关的犯意，也不允许被告人以主观上不存在犯意为理由进行辩护，起诉方只需要证明被告人具有法定的行为或者其行为造成了法定的危害结果就可以追究被告人的刑事责任，是真正意义上的无犯意刑事责任。

从这个角度来看，其实严格责任和绝对责任就是英美刑法理论中所讲的相对的严格责任（亦被称为程序的或修正的严格责任）和绝对的严格责任（亦被称为实体的或纯粹的严格责任）。[②]

严格责任与绝对责任在适用范围上也是存在一定程度上的不同的。严格责任主要适用于侵犯社会福利犯罪，一般来说包括以下几类犯罪：①违反食品卫生的行为，如出售掺假的食品[③]；②违反酒类管理的行为，如把酒卖给具有特殊身份的人，包括未成年人[④]；③违反交通法规的行为，如危险驾驶等；④一些属于普通法上的犯罪，如中伤性诽谤、亵渎性诽谤和某些公害行为[⑤]，如工厂发出噪声、污水流进了河道、臭味的散发给邻近公众带来严重不便等；⑤被认为对公众安全有潜在危害的其他行为。[②]绝对责任适用的情况比较分散，从英美法系国家司法实践来看，适用绝对责任的情况主要如下。第一，制定法中明确表明适用绝对责任的侵犯社会福利的犯罪，如没有医生的处方而拥有为法律所禁止的麻醉剂，出售没有附充分告诫的具有潜在危险的药品和非法倾倒有毒废物等。但是这只是例外的适用绝对责任，除了制定法明确表明适用绝对责任或要求检察官证明犯意的少数场合，公共福利犯罪主要适用严格责任。[⑥] 第二，个别由刑法典规定的不把犯意作为必要要件的犯罪，如与不满法定年龄的女子发生性行为，虽然该女子是自愿的，而被告人也误认为该女子已经达到法定年龄，不具

---

① 赵秉志.2004.英美刑法学.北京：中国人民大学出版社：46.

② 赵秉志.2004.英美刑法学.北京：中国人民大学出版社：50.

③ 鲁珀特·克罗斯，菲利普·A.琼斯.1991.英国刑法导论.理查德·卡德修订.赵秉志，等译.北京：中国人民大学出版社：72.

④ Brown B，Ferguson G.1997.Criminal Law.West Publishing Co.：173.

⑤ 鲁珀特·克罗斯，菲利普·A.琼斯.1991.英国刑法导论.理查德·卡德修订.赵秉志，等译.北京：中国人民大学出版社：68.

⑥ Brown B，Ferguson G.1997.Criminal Law.West Publishing Co.：186.

有强奸罪的犯意，但是仍然构成强奸罪。[①]

可以看出，无论是严格责任的适用还是绝对责任的适用，均以法律明文规定为前提条件，但是法律明确规定适用绝对责任的只是少数，绝大多数情况下未清楚地表明是适用严格责任还是绝对责任。在这种情况下，只能假定立法机关不打算把那些不存在可责难的过错的行为定罪。[②]

搞清楚了严格责任与绝对责任的区别，对严格责任做出正确的定义就容易多了。严格责任是一种责任形态，是指对某些特殊的犯罪，在追究被告人的刑事责任时，刑法并不要求起诉方证明被告人在主观上存在与行为相关的犯意，只要证明被告人实施了一定的为法律所禁止的行为，而被告人又不能证明自己主观上不存在与行为相关的犯意时，即可以追究被告人的刑事责任的责任形态。严格责任在本质上属于犯意的推定，并非是完全不要求主观上存在犯意，只不过这个犯意是推定的而已，因此严格责任与罪过责任并不矛盾，是一种特殊形式的罪过责任。所以"严格"仅仅只是程度意义上的严格而已，那种"严格责任既包括不问主观罪过而定罪的'实体'意义上的严格责任，又包括不问主观罪过而起诉的'程序'意义上的严格责任"[③] 的看法实际上是在不区分严格责任与绝对责任意义上对严格责任所做出的定义，混淆了严格责任与绝对责任的区别。可以看出严格责任具有以下三个关键点：①被告人实施了法律所禁止的行为；②起诉方不需要证明被告人主观上存在某种罪过；③被告人可以反证自己主观上不存在追究刑事责任所要求的罪过，但是当其反证不成立时就要被追究刑事责任。

三 严格责任的理论基础

由于在严格责任运用的情况下，举证责任被部分倒置，原本由起诉方承担的被告人在主观上存在与犯罪行为相关的罪过的举证责任转移为由被告人承担，当被告人无法证明自己在主观上不存在罪过时将要被追究刑事责任。而事实上，严格责任犯罪大多是那些主观过错的存在与否很难被加以证明的犯罪，如被告人出售了变质的食品，在一般情况下只有在证明了被告人明知自己所出售的食品是变质的情况下才能追究被告人的刑事责任，但是在通常情况下起诉方很难证明被告人是否明知自己所出售的食品是否变质。在严格责任的情况下，这个证明责任就交由被告人自己来承担，被告人在无法证明自己不知道自己所出售

[①] 鲁珀特·克罗斯，菲利普·A. 琼斯 . 1991. 英国刑法导论 . 理查德·卡德修订 . 赵秉志，等译 . 北京：中国人民大学出版社：67.

[②] Brown B, Ferguson G. 1997. Criminal Law. West Publishing Co. : 176.

[③] 刘仁文 . 2001. 刑法中的严格责任研究 . 比较法研究，(1)：46.

的食品为变质食品的情况下就要承担相应的刑事责任。需要注意的是，事实上，当被告人无法证明自己不知道自己所出售食品为变质食品的情况下，并非就意味着被告人对自己所出售的食品为变质食品这一事实是明知的，但是在严格责任适用的情况下，法律就推定为被告人对自己所出售的食品为变质食品这一事实是明知的，并进而推定被告人在主观上具备承担出售变质食品刑事责任所要求的故意。因此，不能不承认，在某种意义上，严格责任的适用有客观归罪之嫌。也正是因为严格责任的适用具备上述特点，所以无论是刑事古典学派的道义责任论和行为责任论，还是刑事近代学派的社会责任论和意思责任论，抑或是折中主义的人格责任论等这些传统的责任理论均无法用于解释严格责任理论。所以必须在这些责任理论之外寻找严格责任的理论基础，关于严格责任的理论基础，主要有三种理论。

1. 危险责任论

危险责任论认为严格责任主要存在于工业灾害型的公害犯罪中，工业灾害的危险来源于企业的设备和装置，这些设备和装置由企业的所有人或者其雇员来操作，只有他们才能控制灾害危险的发生。因此，他们在操作过程中应负有不使危害结果发生的义务。如果违反这个义务，没有正确地运用他们所拥有的控制灾害危险的能力，导致了工业灾害的发生就应当对此灾害结果的发生负责，从而谴责那些没有控制造成危害的事态的人是合理的。尽管一些从事高度危险作业的人尽了注意义务，但是毕竟危险结果是由其高度危险作业行为所导致的，况且并不是所有的高度危险作业都必然会产生危险结果，行为人从事高度危险作业时应当而且能够认识到危险结果发生的可能性和现实性。在其他人从事该种高度危险作业时并没有发生危险结果，或者该行为人在其他场合从事该种高度危险作业时也没有发生危险结果，而只是偶然因素的介入，或者是高度危险作业本身所固有的隐患，导致发生了这种危险结果，这表明行为人在某种程度上对这种危险结果是予以认可的，从而行为人应当对此种危害结果的发生承担危险责任。[①]

2. 报偿责任论

报偿责任论的中心思想是获其利就必须承担其危险。在工业社会中，由于高新技术的广泛应用，在很大程度上，应用者的巨额利润维系于此，但同时也不可避免地给社会造成严重灾难，这些灾难与行为人的获利行为是分不开的，并且该灾难危险在一般情况下会随着其利润的增加而相应加大。为了维护社会安全和公共利益，同时也为了加强行为人的社会责任感，在这方面要求行为人承担因其行为所产生的危害结果的严格责任，以抑制其物质欲的过度膨胀。

---

① 道格拉斯·N. 胡萨克.1994.刑法哲学.谢望原，等译.北京：中国人民公安大学出版社：141.

3. 风险分担论

风险分担论认为工业是现代社会生存和发展的必不可少的经济活动，工业行为本身并无违法性可言，但是工业行为本身又意味着风险，特别是在高新技术开发领域，不仅意味着开发失败的风险，而且还意味着科研成果本身所具有的风险性，即在一定的范围内和在一定的程度上，它对社会所发生的负面影响，但是考虑到其存在的经济、社会价值，必须对这类风险责任进行重新分配，于是严格责任就应运而生。①

四 国外刑法学界关于严格责任的争论

目前在英美法系国家，尽管有少数学者把严格责任当做文明的、科学的法律制度来赞扬，但是几乎所有的权威学者都对严格责任持保留意见。②

赞同者的主要观点如下：①在违反管理法规的犯罪中，大多数犯罪行为对公众有很大的危害性，而且，要证明被告人的行为是否出于故意或过失非常困难，因此，若把犯罪意图作为犯罪构成的必要要件往往会使被告人逃脱法律的惩罚，使法律形同虚设；②如果对事实的无知或认识错误总是可以作为辩护理由而被接受，那么，许多虚假的辩护都可以成功；③司法部门的工作任务十分繁重，要对每个触犯管理法规的犯罪案件的起诉进行关于犯罪意图的调查是行不通的；④实行严格责任制度可以有助于保证社会团体或组织的负责人采取一切可行的措施去贯彻执行有关社会福利方面的重要法规③；⑤在适用严格责任制度的场合，绝大多数被告人都是有过错的，只是这个过错难以证明而已，即使在个别案件中确实有无过错者受到委屈，也是为了保护社会、提高起诉方的工作效率和威慑犯罪而不得已采取"两害相权取其轻"；⑥严格责任的适用并不违反宪法，美国联邦最高法院早已确认：一般来说，宪法对刑法中的严格责任是允许的，"立法者有权力决定何种行为为犯罪，并且将主观认识因素排除在犯罪的定义之外"④；⑦在严格责任的场合，被告人有能力来防止其违法行为，但他没有运用所拥有的控制能力，所以"谴责那些没有控制造成危害的事态的人是合理的"⑤。

可以看出，赞同严格责任的学者主要是从功利主义角度出发考虑问题的。

---

① 赵秉志．2004．英美刑法学．北京：中国人民大学出版社：48，49.
② 道格拉斯·N. 胡萨克．1994．刑法哲学．谢望原，等译．北京：中国人民公安大学出版社：212.
③ 鲁珀特·克罗斯，菲利普·A. 琼斯．1991．英国刑法导论．理查德·卡德修订．赵秉志，等译．北京：中国人民大学出版社：77.
④ 赵秉志．2004．英美刑法学．北京：中国人民大学出版社：57.
⑤ 道格拉斯·N. 胡萨克．1994．刑法哲学．谢望原，等译．北京：中国人民公安大学出版社：141.

"功利主义是指这样的原理：它按照看来势必增大或减小利益有关者之幸福的倾向，亦即促进或妨碍此种幸福的倾向，来赞成或非难任何一项行动。"① 功利主义原理要求当政府采取某项措施时，必须以增大共同体（即社会最大多数人）幸福的倾向大于该措施减小这一幸福倾向为标准②。因此，保护公共利益就成了严格责任的最大的合理性之所在。

反对严格责任者的主要观点如下：①起诉方可能发现犯罪意图难以证明的这个事实不能用来作为剥夺被告人传统的辩护权利的理由。不管怎么样，即使在某些类型的案件中要证明被告人的犯罪意图非常难，也不能由此得出结论，解决办法只有走另外一个极端，那就是否认被告人的心理状态与刑事责任问题之间的关系，因为还存在像无过失作为辩护理由这样的可能性。②仅仅为了诉讼活动的方便而摈弃对犯罪意图的要求，既不妥当，也不公正。③适用严格责任并不能达到刑罚的目的，在人们虽然尽量避免违反管理法规但仍然可能违反的司法体系中，实行严格责任并不能使情况有所改善。③ ④严格责任的犯罪并不构成"真正的罪行"，而是可以被称为"违法"、"准犯罪"、"民事不法行为"、"社会福利不法行为"或"违反规章的不法行为"，这种解释不过是术语上的循词。⑤有学者相信起诉方具有良好的判断能力，能够只对行为有真正犯罪意图的被告人提出诉讼，但这种观点并没有为严格责任做出任何辩护，而是建立在某种假设之上，即明智地执行这些制定法能够避免它们所包含的某种弊端。另外，那种建议对严格责任实行宽大的惩罚也只不过是一种借口，而不是证明其为正当的理由。不管怎么说，刑事法院的现实实践破除了这些站不住脚的浅薄理论的基础。法官们任凭想象使那些其行为不应受责备的人承担责任，甚至一些法官对严格责任的犯罪给予严厉的惩罚。④ ⑥严格责任违背宪法关于"正当程序"的规定，"正当程序禁止国家将无过错的行为作为犯罪来惩罚"⑤。

可以看出，严格责任论的反对者主要是从人权保障角度出发，认为严格责任违反了刑法的基本原则。

在英美法系国家，还有些学者认为完全取消严格责任不利于打击某些方面的犯罪，而纯粹的实行严格责任又无法反驳反对论者的观点，于是提出了一些折中的建议。①事先警告，即凡是适用严格责任的案件，必须以有关机构对行为人的违法行为进行过一次警告为前提条件，在此基础上，如果行为人仍然犯

---

① 边沁.2000.道德与立法原理导论.时殷弘译.北京：商务印书馆：58.

② 边沁.2000.道德与立法原理导论.时殷弘译.北京：商务印书馆：59.

③ 鲁珀特·克罗斯，菲利普·A.琼斯.1991.英国刑法导论.理查德·卡德修订.赵秉志，等译.北京：中国人民大学出版社：77,78.

④ 道格拉斯·N.胡萨克.1994.刑法哲学.谢望原，等译.北京：中国人民公安大学出版社：138.

⑤ 赵秉志.2004.英美刑法学.北京：中国人民大学出版社：57.

同样一种罪才可以适用严格责任追究其刑事责任。②在传统的主观过错和严格责任之间存在一种"中间状态",其主观可责性比传统的主观过错程度要轻一些,比严格责任又要重一些,即行为人没有尽可能小心地去行事,故可以考虑将严格责任的主观心态定位于此,从而避免严格责任的严酷性。③既然严格责任旨在威慑犯罪,为什么就不能通过加重刑罚而使犯罪仍循着过错责任的轨道来达到同样的目的呢?① ④控制原则:一方面,如果被告人缺乏必不可少的控制能力,那么就不能对其施加所谓的严格责任,因为在缺乏控制能力的条件下强加的责任既不公平也没有任何意义可言;另一方面,如果被告人虽然缺乏传统刑法理论所称的犯罪意图,但是他没有运用他所拥有的控制能力,从而致使危害结果的发生,此时惩罚他仍然具有正当性,而且对惩罚的正当性的判断,甚至对所谓的严格责任下的犯罪的判断,较之于是否存在犯罪意图或犯罪行为,控制能力的存在与否,具有更密不可分的关系。②

对严格责任,我们不能简单地予以否定,严格责任的产生有其历史的必然性和现实的合理性,严格责任制度是人类社会发展、生产社会化程度提高的产物,反映了工业社会的现实需要。严格责任强调维护社会的整体利益,强调行为人具有防止危害结果发生的能力和义务,与封建刑法中的客观归罪和结果责任论是完全不同的,所以应当承认严格责任的存在,并合理地加以制度化。

第二节　国外严格责任刑事立法

一　一般犯罪严格责任立法

由于英美法系国家在法律渊源上是以普通法主,以制定法为补充,加之英美法系国家为联邦制国家,组成联邦国家的各成员单位均有权制定本行政区域范围内有效的刑事法律,所以严格责任在一个国家的范围内立法也不一样,我们在此仅就英美法系国家若干制定法中所规定的严格责任进行研究。

美国法学会于1962年制定了《美国模范刑法典》,虽然该法律文件并非正式立法,《美国模范刑法典》也不具备法律效力,但是对美国各州的刑事立法还是产生了较大的影响,在它被公布之后的20年间,美国就有半数的州以其为蓝本对本州的刑法进行了重大修订或者重新制定,使本州刑法成为现代刑法典。③

---

① 赵秉志.2004.英美刑法学.北京:中国人民大学出版社:58.

② 道格拉斯・N.胡萨克.1994.刑法哲学.谢望原,等译.北京:中国人民公安大学出版社:141,142.

③ 储槐植.1996.美国刑法.第2版.北京:北京大学出版社:29,30.

这也就意味着我们可以以《美国模范刑法典》为基础研究美国刑法。

《美国模范刑法典》中有关严格责任的规定有两条。

(1) 第 S.1.04 条。①本法典或美国任何其他法令所规定的罪行（offence），如果可以判处（死刑）或处以监禁即构成犯罪（crime）。犯罪分为重罪、轻罪或微罪。②如果本法典或界定该犯罪的其他法令将罪行（offence）规定为违警罪（violations），或者如果除了罚金和没收财产和其他民事惩罚之外没有规定其他惩罚，或者如果本法以外的其他法律规定该罪不构成犯罪（crime），则本法典或任何其他法令所规定罪行构成违警罪（violations）。违警罪不是犯罪（crime），并且违警罪不引起任何由刑事犯罪的定罪所致的能力丧失或法律上的不利。

(2) 第 S.2.05 条：第 2.01 条和第 2.02 条规定的罪责要件（最低为过失 negligence）不适用于：①构成违警罪的犯罪，除非在该犯罪的定义中包含了罪责要件，或者法庭认为适用罪责要件能够有效执行法律；②本法以外的其他法律所界定的犯罪，只要立法目的是或者明显表明对这些犯罪的任何实质要件追加严格责任。

可以看出，在《美国模范刑法典》中，凡不具备主观罪过者，其行为只能构成违警罪，而在《美国模范刑法典》中，违警罪又不是真正意义上的犯罪，这些行为在大陆法系国家的刑法中基本上都不属于犯罪行为，对严格责任犯罪是不能处以人身自由刑的，可以看出《美国模范刑法典》对严格责任基本上是持否定的态度的，将严格责任犯罪称为违法行为，区别于被称为重罪、轻罪或微罪的犯罪，对严格责任犯罪也只能适用罚金、罚款、没收或其他民事惩罚措施。其实，关于《美国模范刑法典》是否认可严格责任关键取决于《美国模范刑法典》对违警罪的态度，在不认为违警罪是犯罪的情况下，自然是不认可严格责任的；若认可违警罪是犯罪，自然也就认可严格责任。美国一些以《美国模范刑法典》为蓝本制定本州刑法典的州也采取了同样的立法模式，如伊利诺伊州 1981 年刑法在总则"犯罪心理态度"部分中就规定："绝对责任：如果这个犯罪是不受监禁或者不超过 500 美元罚金的轻罪，或者规定此种犯罪的法律明显地表示立法机关对该行为施加绝对责任之目的者，在缺乏本法关于犯罪心态规定的任何一种犯罪心理状态时，行为可以被判定为犯罪。"①

但是美国绝大多数州仍然对一些无过错犯罪施行监禁刑，并且将其行为定性为犯罪。在美国有些州的刑法中，严格责任的适用范围已经突破了违警罪的限制。从整体上看，在美国刑法中，严格责任犯罪无论是在数量上还是范围上都呈现出增长的势头。例如，1984 年《烟草调节法》规定：烟草厂家违反报告义务的，可判处 5 年以下的监禁；1988 年《联邦贸易委员会法》规定：对联邦

---

① 储槐植.1996.美国刑法.第 2 版.北京：北京大学出版社：86，87.

贸易委员会的查问不能做出答复的，可判处 1 年以下的监禁；1988 年《批发肉类法》规定：掺假批发肉类的，不论既遂与未遂，均可判处 1 年以下的监禁；《联邦食品、药品和化妆品法》规定：将食品、药品或化妆品掺假或者贴错标签的，可判处 1 年以下的监禁；1988 年《码头和港口工人赔偿法》规定：雇主没有使工人的赔偿金到位的，可判处 1 年以下的监禁；1990 年修订的《反垄断法》规定：用合同、信托或者其他阴谋等来限制贸易的，可判处 3 年以下的监禁。这些严格责任立法的目的就在于确保低起诉成本和高定罪率。[①]

在英国，严格责任犯罪几乎全部来自于制定法。一般认为，在普通法中，要求犯意的规则只存在两个例外，这就是公共妨害和刑事诽谤。在前一种犯罪中，一个雇主即使不知道所发生的事情也可能被要求对其雇员的行为负责任；在后一种犯罪中，一个报纸的所有人对未经其授权或同意，而对由雇员发表的诽谤文章负有责任。然而，公共妨害是一种特殊的犯罪，它在许多方面更像是民事行为而不是可起诉之罪。[②]

在英国，伍得罗案被认为是适用严格责任的第一起案例。被告人被指控犯有拥有掺假烟草罪，虽然被告人不知道所拥有的烟草是掺假的，但是控方强调法律的目的在于保护国家的税收，并且法律中并未使用"明知"及与之相类似的词语。法院根据法律中赋予税务官员以在无"欺诈故意或违反本法的故意"的情况下也能够提出起诉的权力——这意味着即使无欺诈或违法故意也可能被定罪——的条款做出判决。法官认为控方很难证明明知，因为要求明知而给公众带来的危害远远大于因不要求明知而给被告本人带来的不公正性。被告人虽然已尽了合理注意事实，但是并不能使被告人免除责任；根据法官的意见，即使只有通过"细致的化学分析"才能发现掺假，被告人也应当负有法律责任。[③]

在英国，霍布斯诉温切斯特公司案也是英国法中适用严格责任的一个典型案例。案件法官认为：《1875 年公共健康法》明确及重要之目的是尽可能保护购买者避免购买和消费不适于作为人类食用的有害的和变质的肉类，而这种购买在大部分人看来对人类生活是必要的。从该法及其目的所推断出的自然意义是法律处罚无辜出售变质肉而给肉商带来的危险远远小于因在每个案件中要求证明犯意而给公众带来的危险。该法应该采取这样的政策，假如一个人为获利选择从事可能给人类健康带来死亡或伤害的出售业务，他就必须为此承担一定风

---

① 刘仁文 . 2001. 刑法中的严格责任研究 . 比较法研究，(1)：55，56.

② 史密斯 J C，霍根 B. 2000. 英国刑法 . 李贵方，马清升，王丽，等译 . 北京：法律出版社：115.

③ 史密斯 J C，霍根 B. 2000. 英国刑法 . 李贵方，马清升，王丽，等译 . 北京：法律出版社：116，117.

险，任何选择从事此业者都不能说，"除非店中有台分析仪，否则我不能发现变质（肉）"，这不可能是一个有力的辩护。[1]

从整体上看，在英国，对严格责任的适用是采取限制态度的。英国法律委员会在 1978 年发表的关于犯罪心理因素的报告中提出如下建议：凡是对以后的法律（包括附属立法）涉及的犯罪所要求的条件或结果没有明文规定过错或严格责任的，都应当无可辩驳地推定，被告人是否应负刑事责任取决于他对犯罪的必要结果是否具备主观故意或放任，或者取决于他对犯罪的必要条件是否具有主观认识或疏忽。如果该建议被采纳，以后的严格责任就只适用于经议会有意识地明确选择的法定犯罪，而且，除非议会明确地选择适用基于过错的责任或选择适用严格责任，否则，犯罪的心理因素就是构成要件中必不可少的一个要件。[2]

在我国香港地区，严格责任犯罪的成立不要求行为人在主观上具备与犯罪行为一个或多个要件相关的犯罪意图，但是这也并非意味着不需要证实任何犯罪意图。严格责任的犯罪意图在香港地区是被规定于制定法中的，通常采用规章的形式规定出来。因而法院必须分析每个立法条文的立法意图，以便确定某个特定法律条文是否要求犯罪意图的存在。即使某一条例对犯罪意图没有规定，也并不等于推定不需要证明这一要件。除非立法排除了犯罪意图这一要件，否则法院必须做出证明有犯罪意图的推定。[3]

二　食品安全犯罪严格责任立法

19 世纪后半叶，美国一些州的刑法开始在食品掺假案件中适用严格责任追究犯罪人的刑事责任，但是在美国联邦立法和司法层面上，不承认在食品安全犯罪中适用严格责任制度。1938 年的美国《联邦食品、药品和化妆品法》开始将严格责任制度引入对食品安全犯罪刑事责任追究中。根据《联邦食品、药品和化妆品法》第三百零一节［（a）～（n）项］和第三百零三节［（a）至（k）项］的规定，任何人只要实施了第三百零一节规定的行为，就构成轻罪，可以判处 1 年以下的监禁或者 1000 美元以下的罚金，亦可以并处监禁和罚金；如果以欺诈或者误导为目的而实施这些行为的，则构成重罪，可以判处 3 年以下的监禁或者 1 万美元的罚金，或者并处监禁和罚金。在此，没有明确要求行为人对违法事实具有"明知"、"轻率"或"过失"的心理状态，可以认为，在轻罪

① 史密斯 J C，霍根 B. 2000. 英国刑法. 李贵方，马清升，王丽，等译. 北京：法律出版社：117.
② 刘仁文. 2001. 刑法中的严格责任研究. 比较法研究，（1）：55.
③ 赵秉志. 1996. 香港刑法纲要. 北京：北京大学出版社：20.

的适用上可以引入严格责任制度。同时也意味着，在美国联邦立法层面上，认可在食品安全犯罪中引入严格责任制度。

美国 1943 年的托特维茨案是美国食品安全犯罪司法实践中适用严格责任制度的典型案件。托特维茨是水牛城配药公司的董事长兼总经理，该公司从生产者处购进药品，然后重新包装并贴上公司的标签，再发货进入州际贸易。控方指控该公司及其董事长兼总经理托特维茨违反了 1938 年《联邦食品、药品和化妆品法》第三百零一节第 a 款的规定，即禁止将掺假或假冒标识的食品、药品、设备或化妆品引进或者为引进而发送至州际商务的行为。同时，《联邦食品、药品和化妆品法》第三百零三节第 a 款规定，任何人违反《联邦食品、药品和化妆品法》第三百零一节第 a 款之规定的，构成轻罪。陪审团认为，在生产商做出药品质量担保的情况下，水牛城配药公司善意地接受了这批药品，公司并不知道旧标签说明与新购买的药品实际成分和含量并不一致，公司没有犯罪意图，遂裁定公司不构成犯罪，但是裁定被告托特维茨犯有三项指控之罪。联邦巡回上诉法院撤销了地区法院的判决，认为本案只有公司才是可诉的"人"，既然公司无罪，董事长亦无罪。因为公司及公司董事长均没有犯罪的故意和明知，他们是在取得了生产商的产品质量书面担保之后才善意购买的，贴上旧标签也是善意的。根据《联邦食品、药品和化妆品法》第三百零三节第 c 款的规定，被告人应当不负刑事责任。联邦最高法院撤销了上诉法院的判决，认为地区法院的一审判决定罪正确、证据充分，维持了对被告人托特维茨犯假冒标签和销售假冒伪劣药品罪的判决。

美国联邦最高法院认为，应当以人类的健康需要为基点。在市场经济社会里，食品、药品的质量及供求环节已经控制在生产商和销售商手里，消费者除了被动接受消费以外就别无选择，因此，在现代工业主义的情况下，作为生活和健康条件的食品、药品安全问题不是"自我保护"所能应付得了的。正因为如此，食品、药品企业的管理者必须承担最高标准的注意义务，当法律要求企业管理者为一定行为而他却不作为或者要求他不作为而他却作为时，尽管他无过错，但是也要承担刑事责任。为了社会利益，立法必须将公害行为的法律后果强加给与公共危险的形成具有责任关系的人而不是无辜者。只要该案（是指上述托特维茨案——笔者注）指控的货物是掺杂掺假或假冒标识，即使不存在故意的欺诈，也必须接受法律的惩罚。工业革命的迅猛发展产生了许多公害事件，而食品、药品的安全事件较为独特。对于其他危害行为而言，如环境污染，只要人们强化自我保护，其危害后果大多是可以克服的，之所以在定罪判刑时省略了对犯罪心理的考量，并不是说行为人不具有故意或明知的犯罪心理，而是因为证明被告人的犯罪心理的存在面临相当大的困难，如果不惩罚这种危害行为，就会放任或者鼓励更大的社会危害行为。这样，当要求"明知"而放任的危害要大于因取消"明知"而给被告人造成的不公正时，立法者就允许将刑罚建立在省略对被告人的犯罪心理的考量之上，在食品、药品安全犯罪中，许多企业的管理者对犯罪事实并不知情，不存在明知和故意，之所以强加刑罚给他们，不是因为收集过错证据的艰难性，而是因为食品、药品领域是控制人民生活和健康的特殊领域，对其控制力已远远超出了消费者自我保护能力的范围，因而，需要用特殊的手段予以规制，这样，被告人承担刑事责任的根据并不在于其行为的道德可责性（犯罪意图），而是在于食品、药品安全问题的极端重要性。[①]

在美国，在食品安全犯罪中适用严格责任制度正呈现出逐渐加强的态势。对行为人不仅适用罚金刑，而且也适用监禁刑。

第三节　我国食品安全犯罪中严格责任制度的引入

一　食品安全犯罪引入严格责任制度的基础

在我国，已经在一定程度上发生了食品安全信任危机，连"金华火腿"、"龙口粉丝"这样的我们认为可以值得信赖的传统食品也发生了质量安全问题，不仅是一些小作坊生产的食品没人敢信赖，就连一些大型的食品生产加工企业也频繁发生食品质量安全问题。在这种情况下重罚对建立食品安全体系可能是有一定的威慑作用的，在这个大的原则目标下，严格责任制度被引入食品安全刑法保护体系也就是可以理解的了。虽然在严格责任适用的情况下可能会使个别无辜者遭受不应承受的刑事责任追究，但是任何制度都不是十全十美的，就我国食品安全现状来看，只要能够通过重罚建立并保障食品安全，那么重罚所带来的一系列弊端都是可以承受的，因为在这个社会中，没有什么比能够让人民群众吃上安全的食品更重要的了。

从国外严格责任立法实践来看，严格责任犯罪大多集中于侵犯公共福利犯罪中，这些犯罪具有行为的对象是不特定的公众，行为是有违公共安全的要求的，行为主要是由过失引起但也有故意和明知的情况的特点。[②] 而食品安全犯罪恰恰具备了这些特点。

在我国刑法学界就有学者主张对食品安全相关犯罪适用严格责任制度，认

---

① 班克庆.2011.论美国食品药品规制中的严格刑事责任及其借鉴.特区经济，（11）：254.
② 鲁珀特·克罗斯，菲利普·A.琼斯.1991.英国刑法导论.理查德·卡德修订.赵秉志，等译.北京：中国人民大学出版社：61，67.

为这类犯罪不仅侵犯了食品消费者的经济利益，而且危及到食品消费者的人体健康和人身安全，具有较大范围的潜在的受害者，认为法律惩治这类危险犯就是为了预防较大范围人身伤亡结果的发生。因此，行为人只要实施了生产、销售伪劣食品的行为，就可以推定其具有主观的故意，至于行为人对可能发生的危害结果持一种什么样的态度，可以在所不问，主张公诉人必须采取客观和公开标准，并根据最高人民法院、最高人民检察院《关于办理生产、销售伪劣商品刑事案件具体应用法律若干问题的解释》的规定，经省级以上相关的监督管理部门设置或确定的检验机构鉴定，确定行为人的行为是否足以危害人身健康，如果符合上述司法解释规定的情形，证明行为人的行为足以危害人体健康，即完成了证明责任，对行为人就可以定罪处罚。①

在这些食品安全相关犯罪中，对行为人的心理状态很难清晰地判断，从常理上分析，行为人主观上肯定是存在罪过的，但是按照传统的举证原则又很难证明行为人主观罪过的存在，若适用严格责任就可以提高诉讼效率、减少诉讼成本，有效地打击这些犯罪，消除犯罪人潜在的侥幸心理。有些学者认为所谓的严格责任犯罪都是一些一般的行政违法行为或民事违法行为。② 其实不然，笔者承认严格责任犯罪中包含有相当部分的行政违法行为和民事违法行为，但是这也并非是绝对的，就像销售有毒、有害食品罪，在刑法理论中该罪是个行为犯，只要行为人明知自己所销售的食品中掺有有毒、有害的非食品原料而仍然予以销售的就构成销售有毒、有害食品罪，根本不问是否造成危害结果。③ 而事实上，行为人对自己所销售的食品是有毒、有害的食品这一事实是否明知是很难加以证明的，而这又是决定行为人的行为是否构成销售有毒、有害食品罪的关键，在食品安全相关犯罪中引入严格责任理论就是为了便于解决这一类行为的刑事责任的，而那些在实质上属于行政违法行为、民事违法行为的行为则根本就不是食品安全犯罪所要考虑的对象。

在食品安全犯罪刑事司法中引入严格责任制度，首先要看我国现行刑法中是否存在严格责任制度，如果存在就没有必要对我国刑法进行大的改动，只需要在食品安全相关犯罪部分中加入严格责任制度即可。如果不存在则有必要对刑法基本原则部分进行大的修改。

至于我国刑法中是否存在严格责任制度及是否有必要在我国刑法中引入严格责任制度，在我国刑法学界产生了较大的争论。否定论者认为，在我国刑事立法和司法实践中不存在严格责任制度，而且将来也不应当采用严格责任制度，

---

① 李恩慈. 2004. 刑法中的推定责任制度. 法学研究，(4)：32，33.

② 欧锦雄. 2004. 刑法上严格责任之否定. 杭州商学院学报，(3)：38.

③ 高铭暄，马克昌. 2007. 刑法学. 第3版. 北京：北京大学出版社，高等教育出版社：423.

罪过责任始终是我国刑事责任的原则，无过失责任与我国刑法的性质是背道而驰的，应当予以否定①；肯定论者则认为："为了增强人们的社会责任感和提高人们的注意力，同时为了加强对某些特殊对象的特殊保护，有必要在刑法中规定严格责任条款。我国刑法满足了这一社会要求，无论是 1979 年《刑法》还是1997 年《刑法》，以及在此期间颁布的一些单行刑事法规，都涉及严格责任的适用，这说明在刑法领域，我国在坚持主客观相统一原则的前提下，肯定了严格责任的价值。"② 还有些肯定论者具体列举了《刑法》第一百二十九条丢失枪支不报告罪、《刑法》第一百三十三条交通肇事逃逸致人死亡、《刑法》第三百三十八条重大环境污染事故罪等近 20 个我国刑法中的严格责任条款，认为立法者确实容忍严格责任在刑法中的存在。③

《刑法》第十六条规定："行为在客观上虽然造成了损害结果，但是不是出于故意或者过失，而是由于不能抗拒或者不能预见的原因所引起的，不是犯罪。"这条规定一直被认为是我国刑法严格主张主客观相统一的强有力的立法依据。而且犯罪的核心是危害行为，不存在危害行为便不存在犯罪。"我国刑法中的危害行为，是指在人的意志或意识支配下实施的危害社会的身体动静。"④ 关于危害行为的这个概念的核心便是危害行为在主观上是基于行为人的意志或意识支配下的身体动静，从理论上支持了主客观相统一。所以，在我国刑法中是不存在适用绝对责任的余地的。在英美法系国家，虽然严格责任、绝对责任的适用在很大程度上依赖于法官对法律条文的理解，但是在刑法典的总则部分是明文规定了可以适用严格责任、绝对责任的。例如，《美国模范刑法典》在总则部分第二条规定："当本法典以外的其他法规规定某种犯罪为绝对责任时，这种犯罪构成本法典中的'违法行为'，与本法典规定的要求被告具有主观可责性的条款不相抵触。"再如美国伊利诺斯州刑法典在总则"犯罪心态"部分规定："绝对责任：如果这个犯罪是不受监禁或者不超过 500美元罚金的轻罪，或者规定此种犯罪的法律明显地表示立法机关对该行为施加绝对责任之目的者，在缺乏本法关于犯罪心态规定的任何一种犯罪心理状态时，行为人可以被判定为犯罪。"而在我国《刑法》中则不存在类似这样的许可性条文规定。

但是，我国《刑法》中不存在绝对责任适用的余地并不意味着在我国《刑法》中也不存在严格责任适用的余地。在前面，笔者已经论证过，严格责任

①　陈兴良.1999.刑法适用总论.上卷.北京：法律出版社：200.
②　刘仁文.2001.刑法中的严格责任研究.比较法研究，(1)：56.
③　李文燕，邓子滨.1999.论我国刑法中的严格责任.中国法学，(5)：93-95.
④　高铭暄，马克昌.2007.刑法学.第 3 版.北京：北京大学出版社，高等教育出版社：74.

在本质上与罪过责任是不矛盾的，在严格责任适用的情况下，仍然是要证明行为人在主观上存在着与行为相关的故意或过失，只不过这个故意或过失是推定的，除非被告人提出有力的证据予以反驳，并不是说在追究行为人的刑事责任时就不考虑行为人的主观罪过存在与否，与普通刑事犯罪相比较，仅仅只是主观罪过的证明方法和证明责任主体不同而已，推定罪过与罪过责任是统一的。基于此，笔者认为我国刑法学界长期奉行的主客观相统一原则与严格责任的适用并不矛盾。由于在严格责任适用的情况下，在追究行为人的刑事责任时还是以行为人主观上存在与行为相关的故意或过失作为依据的，并不是纯粹的客观归罪，所以严格责任的适用也不与《刑法》第十六条发生矛盾。

其实，传统刑法理论对犯罪人的犯罪心理和犯罪心态的把握本身就是陈旧的，目前，立法上的犯罪心态的概念和心理模式是建立在古典心理学和意志自由论的基础上的，认为行为人的心理模式是可以分割开来观察的知和意的组合。其实，人的心理活动并不都像演电影那样可以用一张张胶片把它们分割开来。现代心理学对心理的动态研究将逐步揭示人类心理活动的深层机制。事物复杂的性状与变化，往往导致人的认识的模糊性，模糊性与精确性是人对事物认识辩证统一的两个方面，各有其存在的价值和必然性。① 随着经济、文化和社会的发展，人类的心理活动日趋复杂，反映这种心理活动的行为性状也就变化多端，按照传统的心理学的知和意的组合，单纯使用故意和过失来概括人的罪过的丰富内涵已日显不足。② 罪过的具体形式，是故意、过失必择其一，泾渭分明，还是不强求罪过形式单一化，这完全有赖于犯罪构成方式的选定，有时出于刑事政策的某种考虑可以对主观要件进行特殊处理。③ 刑法中的严格责任，可以看做是在设定犯罪构成时对主观要件的一种特殊处置，它减轻了司法负担，方便了诉讼，很显然，对负举证责任的一方来说，证明罪过的有无，比证明罪过的具体形式要容易得多，而且，也并没有将举证责任转移给被告一方。④

根据《刑法》第十四条的规定，犯罪的故意是指行为人明知自己的行为会发生危害社会的结果，并且希望或放任这种结果发生的一种主观心理态度。在此，明知自己的行为会发生危害社会的结果是构成犯罪故意的前提条件，明知自己的行为的性质是明知的首要的内容，在食品安全犯罪中，就表现为明知自

---

① 李文燕，邓子滨 . 1999. 论我国刑法中的严格责任 . 中国法学，（5）：91.
② 李恩慈 . 2004. 刑法中的推定责任制度 . 法学研究，（4）：31.
③ 杨春洗 . 1994. 刑事政策论 . 北京：北京大学出版社：25.
④ 李文燕，邓子滨 . 1999. 论我国刑法中的严格责任 . 中国法学，（5）：92.

己所生产、销售的食品属于伪劣食品，因此，对行为性质的明知就自然而然实质性的转化为对所生产、销售的食品的状况的明知。至于如何理解明知自己的行为会发生危害社会的结果，这里的关键是如何理解"会发生"，理论界一般认为"会发生"包括两种情况：一种是明知自己的行为必然会发生某种特定的危害结果；另一种是明知自己的行为可能会发生某种特定的危害结果。① 如果我们在食品安全犯罪中结合明知的内容和明知的程度来考虑，就可以必然得出一个结论，那就是行为人对自己所生产、销售的食品是否属于伪劣食品这个事实是确定的认识还是不确定的认识均不影响其主观方面犯罪故意的成立。司法机关完全可以以行为人可能认识到自己所生产、销售的食品是伪劣食品而认定其主观方面存在构成犯罪所要求的故意，而这本身就是一种推定，因此，笔者认为刑法本身就允许对行为人的主观方面进行推定。

在食品安全相关犯罪中适用严格责任制度时，还有一个问题是必须要考虑的，那就是严格责任的适用是否违反罪刑法定原则。一般认为禁止有罪类推是罪刑法定原则的一项重要内容。② 按照罪刑法定原则的要求，行为之所以被认为是犯罪和接受处罚，必须依据事先由法律明文所作的规定，而类推解释则是对法律没有明文规定的事项创造法律，是由法官立法，从而根据类推解释的处罚，超越法官的权限，将导致法官恣意适用法律，侵害个人的自由权利，显然有悖于罪刑法定主义。③ 有罪类推是罪的类推，刑法并没有规定某种行为是犯罪行为，而将其类推为犯罪，这就是有罪类推，有罪类推的本质是法无明文规定而定罪。严格责任的适用是以刑法已经明确规定某种行为是犯罪行为作为前提条件的，某种行为之所以成为犯罪行为是因为刑法的规定，而不是因为严格责任的适用。严格责任只是刑事责任追究的一种特殊方式而已，适用严格责任并不存在法官立法的情形。因而，严格责任的适用自然也不会与罪刑法定原则发生矛盾。

从我国刑法分则对具体犯罪的罪过规定来看，是有明确规定具体犯罪的罪过形式的；也有一些虽然没有明确规定具体犯罪的罪过形式，但是从立法语言上可以明确地判断出罪过的具体形式；还有一部分由于立法语言的模糊性和犯罪本身的复杂性，人们对犯罪人主观罪过形式产生了模糊认识和歧义。对那些罪过形式存在疑问的条款，有些是由立法疏忽造成的，本应明确规定而未予以明确规定，有些则是立法者有意设立的，以应对司法实践的复杂性。在后一种情况下，凡行为符合刑法分则对犯罪客观方面的描述，又不属于无刑事责任能

---

① 高铭暄，马克昌．2007．刑法学．第3版．北京：北京大学出版社，高等教育出版社：118．
② 高铭暄，马克昌．2007．刑法学．第3版．北京：北京大学出版社，高等教育出版社：30．
③ 马克昌．2002．比较刑法原理：外国刑法总论．武汉：武汉大学出版社：70，71．

力者所为或无罪过事件，就可以依刑法条文规定定罪处罚，无须羁绊于主观形式的区分，这样做也完全符合罪刑法定原则的要求。[①]

西方一些国家的学者还认为，凡是法律或事实认识错误实际上影响了罪过，但是立法不减免其罪责的，均可视为严格责任，有学者就据此认为，任何国家的刑法中都有严格责任的实际存在。[②]

总之，我国刑法中是存在严格责任适用的余地的，我们也就没有必要对刑法进行修改，只是在追究行为人的相关食品安全犯罪刑事责任时可以以严格责任理论来证明其主观罪过的存在。

虽然我国刑法不禁止严格责任的适用，但是在适用严格责任理论追究行为人食品安全相关犯罪刑事责任时有一个问题需要解决，那就是我国的刑事诉讼法是否禁止严格责任的适用。在刑事诉讼中，控方应当承担被告人有罪的证明责任是一项基本原则，严格责任的适用将罪过的证明责任转移为由被告人承担，这是否违反了刑事诉讼法所奉行的举证原则和无罪推定原则呢？严格责任的适用实质上是一种举证责任倒置。举证责任倒置在联合国的有关文件上便有规定，世界上很多国家和地区都有举证责任倒置的立法例。[③] 其实，在我国刑法中也是存在举证责任倒置的立法例的，《刑法》第三百九十五条第一款规定的巨额财产来源不明罪就是一个举证责任倒置的立法例，当被告人不能证明其财产来源的合法化时就可以被追究巨额财产来源不明罪的刑事责任，而起诉方是根本不需要证明该财产来源的合法化的，只需要证明被告人的财产或支出明显超过其合法收入且差额巨大这一事实即可，只要被告人证明不了其财产来源的合法化就可以推定该财产来源的非法化。至于无罪推定原则，我国《刑事诉讼法》第十二条规定："未经人民法院依法判决，对任何人都不得确定有罪。"这就是我国刑事诉讼法中所讲的无罪推定原则，但是无罪推定原则只是程序上的问题，严格责任的适用是刑事实体的问题，在刑事实体上，无论是立法还是司法实践中都是不禁止有罪推定的，前面我们提到的巨额财产来源不明罪的立法例在某种程度上就是有罪推定的立法例。在严格责任适用的情况下，被告人也是由人民法院严格依照法律规定的程序确定为有罪的，在程序方面与无罪推定原则并不矛盾。所以，适用严格责任制度在我国刑事诉讼法中是不存在障碍的。

在英美法系国家，严格责任主要集中在"公共福利犯罪"和"道德犯罪"两类犯罪里，其中又以前者为多。所谓"公共福利犯罪"，又称"管理规章犯

① 李文燕，邓子滨.1999.论我国刑法中的严格责任.中国法学，(5)：93.
② 白雁.2003.对刑法中严格责任的理性思辨.郑州大学学报（哲学社会科学版），(6)：86.
③ 樊崇义.1998.刑事诉讼法学.修订本.北京：中国政法大学出版社：227.

罪"，主要是指那些违反公共福利管理法规，给社会带来高度危险的行为，出售掺杂、掺假的食品就是其中一个典型。[①]

在食品安全犯罪中，笔者认为无论是发生在流通领域中的销售不符合食品安全标准的食品罪和销售有毒、有害食品罪，还是发生在生产领域中的生产不符合食品安全标准的食品罪和生产有毒、有害食品罪，均可以适用严格责任追究行为人的刑事责任。对这些犯罪的成立，我们通常认为行为人应当明知是不符合食品安全标准的食品而销售，或者明知是掺有有毒、有害的非食品原料的食品而予以销售，以及故意生产不符合食品安全标准的食品，或者在生产的食品中故意掺入有毒、有害的非食品原料。[②] 在销售型的食品安全犯罪中，对行为人是否明知（当然，这里所说的明知并非仅指确定的明知，也包括不确定的明知）其所销售的食品是不符合食品安全标准的食品或有毒、有害的食品，我们可以从其进货途径正规与否，进货价格是否严重低于市场正常价格，所销售的畜、禽、水产品是否为非正常死亡，所销售的食品是否具备国家检疫、检验证明，销售过程中是否严格执行国家关于食品销售的卫生规定等方面进行判断，而不必拘泥于行为人是否承认其对所销售的食品是不符合食品安全标准的食品或有毒、有害的食品这一情况是明知的。但是这种判断并非总是有效的，而且这种判断在某种程度上也是一种推断，我们很难肯定地说行为人对其所销售的食品是不符合食品安全标准的食品或有毒、有害的食品是明知的。

学者们关于《刑法》第一百四十三条规定的生产、销售不符合食品安全标准的食品罪和生产、销售有毒、有害食品罪的主观方面的争论从一个侧面体现了这一点，关于生产、销售不符合食品安全标准的食品罪和生产、销售有毒、有害食品罪的主观方面，主要有以下四种观点：第一种观点认为，本罪在主观方面只能由故意构成，即行为人明知其生产、销售的食品不符合食品安全标准而故意予以生产、销售，至于行为人对生产、销售不符合食品安全标准的食品造成的严重后果，则可能是间接故意的心理态度，也可能是过失的心理态度，但是应当排除直接故意的心理态度[③]；第二种观点认为，生产、销售不符合食品安全标准的食品罪的主观方面只能是故意……具体地说，故意的内容表现为行为人明知自己生产、销售不符合食品安全标准的食品的行为会造成严重食物中毒事故或其他严重食源性疾患，却希望或放任这种结果的发生[④]；第三种观点认

① 刘仁文．2001．刑法中的严格责任研究．比较法研究，（1）：49．

② 高铭暄，马克昌．1999．刑法学．下编．北京：中国法制出版社：676，677；苏惠渔．1997．刑法学．修订版．北京：中国政法大学出版社：474-476；高铭暄，马克昌．2007．刑法学．第三版．北京：北京大学出版社，高等教育出版社，422，423．

③ 刘家琛．1996．新罪通论．北京：人民法院出版社：54．

④ 张明楷．1995．市场经济下经济犯罪与对策．北京：中国检察出版社：76．

为，本罪在主观上表现为过失，这种过失，主要是对可能造成严重食物中毒事故或其他严重食源性疾患，因而致人死亡或致人残疾的行为后果所持的一种疏忽大意或者轻信能够避免的心理状态，至于行为人对生产、销售的食品是有毒、有害食品，则是明知的，也明知生产、销售有毒、有害食品的行为是一种违法行为[①]；第四种观点认为，本罪在主观方面既可由间接故意构成，也可由过失构成，在现实生活中，就本罪的主观的心理态度来说，以间接故意心理居多，行为人对违反国家食品安全法规可能具有直接故意的心理态度，但是对可能引起食品消费者食物中毒或者其他严重危害身体健康的结果则是持间接故意的心理态度的。[②] 理论界之所以对生产、销售不符合食品安全标准的食品罪和生产、销售有毒、有害食品罪的犯罪主观方面产生如此大的分歧，一个比较重要的原因就是对犯罪人主观心态难以把握。

因此，笔者认为应当在销售型的销售不符合食品安全标准的食品罪和销售有毒、有害食品罪犯罪人主观方面的认定中引入严格责任理论，推定行为人对其所销售的食品是不符合食品安全标准的食品或有毒、有害的食品这个情况是明知的。虽然这两个犯罪的犯罪形态不同，销售不符合食品安全标准的食品罪是危险犯，以造成或可能造成法定的危险结果的出现作为犯罪成立的必要要件，销售有毒、有害食品罪是行为犯，只要行为人销售了有毒、有害的食品即可成立犯罪。就整个犯罪而言，两个犯罪的主观内容是不一样的，但是对所销售的食品是不符合食品安全标准的或有毒、有害的这个情况的明知上则是完全相同的。

对生产型的生产不符合食品安全标准的食品罪和生产有毒、有害食品罪，其犯罪成立的前提条件也是行为人对其所生产的食品是不符合食品安全标准的或是有毒、有害的这个情况要明知。一般来说，在生产型的这两个食品安全犯罪中，对明知的判断似乎是不必引入严格责任理论的，行为人对自己生产的食品是否是不符合食品安全标准的或是否有毒、有害的是不可能不明知的，但是我们也不能排除行为人确实是不明知的情况的出现。在生产食品的时候不可避免要使用一些添加剂、食品辅料等，而这些添加剂、食品辅料等原材料是要由食品生产者自己去购买的，对这些添加剂、食品辅料是否是不符合食品安全标准的或是否是有毒、有害的，行为人确实有可能是不明知的，并进而导致行为人对自己生产的食品是否是不符合食品安全标准的或是否是有毒、有害的不明知。因此，在生产型的生产不符合食品安全标准的食品罪和生产有毒、有害食品罪中，对行为人对自己所生产的食品是否是不符合食品安全标准的或是否

① 赵玉亮，李黎明 . 1992. 新罪行各论 . 北京：群众出版社：4，5.

② 欧阳涛 . 1994. 生产销售假冒伪劣产品犯罪剖析及对策 . 北京：中国政法大学出版社：115.

是有毒、有害的明知的判断上引入严格责任理论也是非常必要的。

反对严格责任的学者提出："无社会危害性则无犯罪，而刑法意义上的社会危害性取决于主观恶性（主要指罪过）和客观危害。若没有罪过，那么，即使行为人的行为造成了一定的损害结果，也不能说该行为具有刑法意义的社会危害性。"① 严格责任并非是无罪过责任，这一点笔者在前面已经说过，不再重复。行为的社会危害性和行为人的主观恶性完全是两码事，主观恶性的大小是不能影响行为的社会危害性的，在社会危害性里掺加主观因素纯属将简单的问题人为的复杂化。"犯罪的社会危害性是指，作为犯罪要素之一的危害行为而使犯罪客体所遭受的损害。"② 犯罪的社会危害性是纯客观评价的东西，行为是否给社会造成危害是与行为人的主观心理状态无关的。反对严格责任的学者又提出："对于取证困难的故意犯罪来说，有时要证明其主观心态为故意是很困难的。为了防止这些故意犯罪完全逃避法律制裁，我们可以在刑法上增加一个相应的过失犯罪来应对，毕竟证明过失犯罪应容易一些。"③ 笔者认为这样不仅无助于问题的解决，反而还会使问题复杂化，确定行为人主观上是否存在罪过就已经非常困难了，还要区分故意和过失，以便做到分别定罪岂不是更困难吗？

在食品安全犯罪中适用严格责任也是符合遏制食品安全犯罪刑事政策需要的，在食品安全犯罪中，潜在的犯罪人更接近作为行为对象的伪劣食品，更易于预防食品安全犯罪的发生。可以说，对食品安全犯罪，只要潜在的犯罪人采取了所有的合理的注意，食品安全犯罪是完全可以避免和预防的。换个角度说，就是将预防食品安全犯罪的责任强加于潜在的食品安全犯罪人会使食品安全犯罪的预防更有效果。而严格责任制度的引入扩大了食品安全犯罪成立范围，从某种角度看，严格责任制度在食品安全犯罪中的引入加重了食品生产、销售者的责任，督促其努力防止不符合食品安全标准的食品和有毒、有害食品流入食品市场危害食品消费者的身体健康，在一定程度上起到了遏制食品安全犯罪的效果。

二　食品安全犯罪中严格责任的具体运用

根据《刑法》第一百四十三条的规定，生产、销售不符合食品安全标准的食品的，最高可处以无期徒刑。根据《刑法》第一百四十四条的规定，生产、销售有毒、有害食品的，最高可处以死刑。根据《刑法修正案（八）》的规定，

---

① 欧锦雄.2004.刑法上严格责任之否定.杭州商学院学报，（3）：37，38.
② 郑伟.1998.重罪轻罪研究.北京：中国政法大学出版社：87.
③ 欧锦雄.2004.刑法上严格责任之否定.杭州商学院学报，（3）：39.

两个犯罪的法定最低刑则不同，生产、销售不符合食品安全标准的食品罪的法定最低刑是拘役且并处罚金，生产、销售有毒、有害食品罪的法定最低刑是六个月有期徒刑且并处罚金。"在其他情形相同的情况下，刑罚越重，就越表明有过错要求；反之，刑罚越轻，就越表明立法者打算施加严格责任。"① 笔者主张在这两个犯罪中引入严格责任理论并不意味着任何情形下在这两个犯罪中均能够适用严格责任，严格责任的适用应当具有严格的限制条件。在严格责任适用的情况下，行为人主观方面的罪过毕竟只是推定的，考虑到刑事惩罚的严厉性，严格责任条款一般只限于轻罪（或违警罪）范围。② 笔者认为仅在适用三年以下有期徒刑、拘役和罚金刑的情况下才能适用严格责任认定行为人主观方面的罪过，当行为人的生产、销售不符合食品安全标准的食品行为或生产、销售有毒、有害食品的行为造成被害人实害的结果，或者具备其他严重情节时，由于法定刑在三年以上，考虑到刑罚的严厉性，适用严格责任就不合适了。

"在其他情形相同的情况下，某一罪行对公众的危害性越大，适用严格责任的可能性也就越大。"③ 在生产、销售不符合食品安全标准的食品罪和生产、销售有毒、有害食品中，生产销售有毒、有害食品罪是行为犯，而生产、销售不符合食品安全标准的食品罪是危险犯，故生产、销售有毒、有害食品罪对公众的危害相对而言更大一些。严格责任存在的一个很重要的合理性即在于为了维护公众的利益，在个别情况下对无辜者的冤枉也是可以被允许的。因此，在情节较为轻微的生产、销售有毒、有害食品罪中会更多的适用严格责任，对于社会危害性相对不大的情节较为轻微的生产、销售不符合食品安全标准的食品的行为可以考虑以行政处罚来处理，因为"行政处罚是未必要求主观罪过要件的"④。在生产型和销售型的这两类犯罪中，在销售型的犯罪中，所销售的食品是已经可以食用的，在生产型的犯罪中所生产的还是不能食用的半成品，很显然，销售型的犯罪对社会公众的危险性是大于生产型的犯罪的，根据上述原理，在销售型的犯罪中适用严格责任的可能性也就相应大一些。同样道理，同是在生产型犯罪中，所生产的食品越接近成品，适用严格责任的可能性就相对越大一些。

"越难以知道事实真相，就越可能要求有过错；反之，越容易知道事实真相，就越可能不问过错。"⑤ 在前面，笔者已经论证过，相对于生产型的犯罪而言，在销售型的犯罪中，行为人相对来说不知道其所销售的食品是不符合食品

① 刘仁文．2001．刑法中的严格责任研究．比较法研究，(1)：51．
② 储槐植．1996．美国刑法．第2版．北京：北京大学出版社：86．
③ 刘仁文．2001．刑法中的严格责任研究．比较法研究，(1)：52．
④ 储槐植．1996．美国刑法．第2版．北京：北京大学出版社：87．
⑤ 刘仁文．2001．刑法中的严格责任研究．比较法研究，(1)：52．

安全标准的食品或是有毒、有害的食品的可能性会大一些，也就是说，在销售型的犯罪中查清行为人的主观心理状态比生产型的犯罪要难一些，所以在销售型的犯罪中适用严格责任的可能性比生产型的犯罪中适用严格责任的可能性更大一些。

有学者提出，如果食品生产者没有尽到《食品安全法》中规定的召回不安全食品的义务，而造成人员的死亡或会导致将来某种严重疾病的产生，不管对主观是故意还是过失均构成食品安全犯罪，主张适用严格责任追究行为人的刑事责任。[①] 笔者并不赞同这种主张，不履行食品召回义务是种不作为的行为，在英美法系国家刑法中，严格责任一般适用于作为犯罪，不作为犯罪的危害行为是种不作为，行为人对自己的不作为应当是明知的，对不作为的行为本身是采取故意的心理态度的，谈不上什么查不清楚行为人的心理态度的问题。另外，不履行食品召回义务的前提是行为人已经知道自己所生产的食品是不安全的，行为人对自己应当召回问题食品而不召回，在主观上肯定是持故意的心理态度，谈不上什么过失，更谈不上在司法实践中难以查明行为人主观心理态度的问题，自然也就失去了严格责任制度适用的前提和意义了。

"证明越难，就越可能适用严格责任，以减轻起诉方的负担。"[②] 一般而言，食品生产者较之食品销售者在食品方面的知识更为丰富一些，也就具有更强的判断食品是否符合食品安全标准，是否有毒、有害的能力。而且，我们可以从食品生产者生产食品时所用的原料、辅料等方面较为容易地判断出其是否具有生产不符合食品安全标准的食品的故意，以及是否具备生产有毒、有害的食品的故意。但是对销售者是否明知其所销售的食品是不符合食品安全标准的食品或是有毒、有害的食品的证明则相对就困难得多了。所以在销售型的销售不符合食品安全标准的食品罪和销售有毒、有害食品罪中适用严格责任的情况就相对要多一些。在生产型的生产不符合食品安全标准的食品罪和生产有毒、有害食品罪中适用严格责任的情况就相对要少一些。

严格责任适用的前提条件是，行为人应当具备刑事责任能力，实施了法定的危害行为，符合犯罪构成要件中的主体要件、客体要件和客观要件。只是在主观方面进行了推定而已。

在英美法系国家，对严格责任的适用还规定了一些辩护理由，可以供我们在食品安全相关犯罪中适用严格责任制度时参考。例如，英国1968年的《贸易种类法》第二十四条规定：如果被告人能够证明他触犯该法的行为是由于认识错误、意外事件或其他不能控制的因素，并且他曾经做出了努力来避免该项结

---

① 杨琼 . 2010. 食品安全犯罪刑事责任的研究 . 贵州民族学院硕士学位论文：36.
② 刘仁文 . 2001. 刑法中的严格责任研究 . 比较法研究，（1）：52.

果的发生，那么他就可以此来作为免责的事由。再如英国 1971 年《滥用药品法》第二十八条规定：如果被告人可以证明他没有理由怀疑其占有的物品是受管制的药品，他就应当被宣告为无罪。这些规定可以统称为"无过失"。在英国，"第三者过错"也是一个严格责任适用的辩护理由，即要求被告人不仅证明自己对危害结果的发生不存在过错，而且还要证明该犯罪事实是由第三者的过错引起的，被告人可以被免责，该第三者将被追究刑事责任。①

在适用严格责任时必须强调的是，被告人有权利以合理而诚实的理由证明其主观上不存在构成犯罪所要求的罪过，正如 1905 年伊沃特案件的审理法官爱德华兹在判决中所说的那样："尽管在起诉时控方不需证明被告的行为是出于'明知'或'故意'，或受某种犯罪心态（a guilty mind）支配，但被告仍然可以通过向法院证明他事实上不存在犯罪心态而免除责任。"② 在英美法系国家，这也被称为严格责任适用中的"善意辩护"原则。在加拿大，"善意辩护"是一项法律制度。

不能不承认，在严格责任适用的情况下，对犯罪主观方面故意的认定在某种程度上是一种推定，那么从这个角度去看，严格责任确实有些"严厉"，为了平衡这种在某种程度上不合理的"严厉"，对严格责任犯罪应当适用严厉程度较轻的罚金刑或短期自由刑。这也是国外刑法中严格责任犯罪刑事责任的通常处理方法，这就要求在司法实践中要充分运用罚金刑，完善罚金刑的运用。对完善罚金刑的适用，有学者提出，在适用严格责任的情况下，在诉讼程序中，如果被告人提出的证据能够达到"排除一切可能"的情况，就应当宣判无罪。当在证据难以取得的情况下，可以允许被告人申请法院或检察院帮助其调查取证，如果作为证据使用的食品中含有的物质检测是目前现有的科学技术无法查清的，那么也可以对被告人做出无罪的处理，但是在罚金刑方面仍然需要承担责任③。这种主张应当说是违背罪刑关系原理的，既然已经对行为人作无罪处理了，就不能再对行为人追究刑事责任，更谈不上适用刑罚了，罚金是一种刑罚，适用的前提条件是行为人的行为成立犯罪，怎么能在无罪的情况下，仍然对行为人适用罚金刑呢？

---

① 鲁珀特·克罗斯，菲利普·A. 琼斯 . 1991. 英国刑法导论 . 理查德·卡德修订 . 赵秉志，等译 . 北京：中国人民大学出版社：79.

② 骆梅芬 . 1999. 英美法系刑事法律中严格责任与绝对责任之辨析 . 中山大学学报（社会科学版），(5)：115.

③ 杨琼 . 2010. 食品安全犯罪刑事责任的研究 . 贵州民族学院硕士学位论文：36.

下篇

第六章

食品行业准入法律控制

第一节 市场准入法律制度概述

一 市场准入

市场准入（market access）制度，是指政府为了克服市场失灵、实现某种公共政策，依据一定的规则（经济性的和社会性的），允许市场主体及交易对象进入某个市场领域的直接控制或干预。市场准入制度本质上是政府规制市场与社会、防止市场失灵的一种手段。[①] 市场准入有广义和狭义之分，广义的市场准入包括一般市场准入、特殊市场准入和国际市场准入三种类型。狭义的市场准入或指一般市场准入，或指特殊市场准入，或指国际市场准入。一般市场准入是指对一般性行业的所有微观主体进行注册登记，即只要符合有关法律、法规限定的微观经济主体所要具备的条件，经政府有关部门履行登记手续，领取营业执照，就可进入市场；特殊市场准入包括行政法中的行政许可和经济法中的市场准入，是指市场主体进入特殊市场有特殊要求，只有经过国家特许、审批等才能进入或某些特殊行业（如自然垄断）放开市场，允许其他企业进入，即在一些行业中，企业需要履行特殊报批手续，经政府有关部门赋予特许经营的权利或某些特殊行业解禁，才允许其他企业进入这些行业开展经营活动；国际市场准入是指一国允许外国货物、技术、服务和资本等参与国内市场的范围和程度。[②]

市场准入制度的合理与否对经济发展具有重要的影响。制度的松紧程度直接影响着市场主体进入市场的成本和难易程度，影响着市场秩序和交易安全，影响着经济效益和经济活跃程度。经济发展水平、市场和市场主体发育程度、国际参与度、决策者和社会对经济的认识程度、国家干预经济的水平等都是影响市场准入制度的因素。但是从根本上来讲，建立什么样的市场准入制度应该取决于市场安全与经济效益成本之间的平衡点。

---

① 牛元秀．2010．我国小作坊食品质量安全的市场准入制度研究．中国政法大学硕士学位论文：11.
② 戴霞．2006．市场准入法律制度研究．西南政法大学博士学位论文：17-22.

二 市场准入法律

市场准入法是指政府（或国家）为了克服市场失灵、实现某种公共政策，依据一定的规则，允许市场主体及交易对象进入某个领域市场，是国家直接控制或干预经济关系的法律规范的总称。市场准入法与市场准入一样也有广义和狭义之分，广义的市场准入法是指包括民商法、经济法和国际经济法意义上的市场准入，即一般市场准入法律制度、特殊市场准入法律制度和国际市场准入法律制度；狭义的市场准入法或指民商法意义上的一般市场准入法律制度，或指经济法或行政法意义上的特殊市场准入法律制度，或指国际经济法意义上的国际市场准入法律制度。[①]

本书所要研究的是食品市场准入法律制度，研究目的在于通过完善食品市场准入法律制度，从法律控制的角度，为食品安全把好第一道关口。而食品市场并不属于前面所提到的特殊市场，属于一般市场，是所有的市场主体只要在符合法律规定的情况下就可以进入的市场，因此，从这个角度考虑，在本书中所关注的只是一般市场准入法律制度和法律规制。一般市场准入法律规制是登记机构依照法定条件和程序，对市场主体的登记申请，予以审查核准，并公之于众，使其取得市场主体资格的法律规制。[②]

现在，法律在经济方面的任务是以市场经济为基础，规范和保护市场主体，创造公开、公正、公平的市场竞争环境，鼓励和促进市场的发展，提高经济效益，保护社会公共利益。从我国现状和国际趋势看，市场准入制度的改革必须以进一步完善社会主义市场经济体制为目标，参照国际惯例，促进提高经济效益，积极鼓励各类资源参与经济活动，注重对市场主体行为的监管，积极培育和规范市场主体，努力创造公开、公平、公正的竞争环境，为经济社会发展提供重要的微观基础。市场准入制度应该体现以下的宗旨和原则。

首先是公开原则。公开是现代法制一个非常重要的特点，公开的法律更加具有公信力，能够得到市场参与者的信任和遵守。市场准入资格既是对市场主体进入市场的约束，又是引导和鼓励市场主体进入市场确定性的表示。市场准入制度通过法律的形式向社会公开，宣布国家对市场主体资格的态度，明确禁止什么，限制什么和鼓励什么，使欲进入市场的主体能够对政府行为，甚至间接地对其他市场主体的性质状况抱有一定确定的合理预期。公开市场准入制度，不仅仅是制度内容的公开，更是程序的公开，市场准入的程序、结果、依据，

---

① 戴霞.2006.市场准入法律制度研究.西南政法大学博士学位论文：25.
② 戴霞.2006.市场准入法律制度研究.西南政法大学博士学位论文：125.

以及有关机构和人员的职责、权限都要公开，未经公开的，不得作为依据，建立便于公民、法人和其他组织监督的制度。接受社会监督，让市场主体能够平等地通过市场准入程序获得市场主体资格，在市场上进行竞争。随意性的市场准入制度会损害政府的形象，造成寻租现象，滋生腐败。①

其次是合法原则。市场准入制度赋予政府重要的行政权力，直接涉及公民、法人和其他组织的合法权益，关系到社会主义市场经济的发展。市场准入制度的立法和执法应当遵循我国的立法体制和依法行政的要求，符合法定权限和法定程序。法律、行政法规可以设定市场准入制度，地方法规可以在不与上位法抵触的情况下制定关于本行政区域的市场准入制度，其他效力级别的法律都无权设定市场准入。政府严格执行依法行政，没有法律依据，任何限制市场主体进入的行为都是非法的。

再次是必要性原则。市场准入不一定能够弥补市场失灵，也不一定是不能为市场机制、行为监管替代的最佳方法。凡是通过市场机制能够解决的，应当由市场机制去解决；通过市场机制难以解决，但通过公正、规范的中介组织、行业自律能够解决的，应当通过中介组织和行业自律去解决；通过事中监督能够更好地解决问题的，就没必要采取市场准入的方式规制。概括起来就是"市场优先"、"自律优先"的原则。

最后是效能原则。市场准入制度的实施是存在一定的成本的，这个成本不仅包括立法成本、执法成本，还包括市场准入制度给市场主体行为带来的成本及给社会造成的成本。所以市场准入制度的建立和执行必须是经济的，收益要实质性地高于成本。

第二节　食品行业实施市场准入制度的必要性

一 食品市场不规范性决定市场准入制度的实施

食品是一种特殊商品，它最直接地关系到每一个食品消费者的身体健康和生命安全。目前，我国对食品安全的管理仍然把重点放在对最终食品的监督上，这是一种滞后的管理，与国际通行的做法差距很大，与现阶段市场经济的发展不相匹配。将不合格食品名单公之于众并不会令这些食品企业和食品自动消失，食品消费者也不可能每次购买食品时都拿着一份"合格产品名录表"去"对号入座"。就目前的食品生产与服务行业来说，由于没有形成市场有序竞争和行业

① 戴霞 . 2006. 市场准入法律制度研究 . 西南政法大学博士学位论文：74.

约束机制，加上行业管理不到位，形成了一些脏乱差等不规范现象。

从对食品安全控制的时间角度来看，食品市场准入制度在本质上是一种食品安全的事前控制手段，符合《食品安全法》提出的对食品安全重在预防的法律控制理念。食品安全的事前控制是指食品安全相关主体在实际活动之前便制定绩效标准及偏差预警系统，做到在问题发生以前已经开启预防危害的规制程序和紧急应对措施，其主要手段包括制定厂房、设备、食品、食品添加剂、食品包装等的规格、标准，并对在实际操作过程中对是否符合上述标准进行严格的确认。食品安全的事后控制是指在企业活动已经开始之后的规制，主要是对上述规格、标准的维持进行确认和监督。以便在出现不符合规格标准的情况下，可以及时做出更正指示，并在必要时撤销之前的许可、认可，甚至进行相应的处罚①。食品市场的不规范性归根结底是由食品市场生产经营主体的混乱性所造成的，只有保证了食品市场生产经营主体的规范性与合规性才能从根本上保证食品市场的规范性。通过食品市场准入制度的实施可以在事前就把不合格的食品生产经营者排除在食品市场之外，从食品主体上保证食品市场和食品的安全性。

二 食品安全信息不对称性决定市场准入制度的实施

在本书的总论部分，笔者论及食品经营者与食品消费者之间在关于食品安全信息方面的不对称性，食品消费者很难仅凭肉眼从外观等方面直接地判断食品的安全性，这种食品安全信息方面的不对称性决定了食品经营者和食品消费者之间的事实上的不平等性，这种事实上的地位不平等已经无法完全依靠食品市场自身来调节。尽管之前我国已经针对食品企业实施了一些认证制度，如"有机食品"、"绿色食品"、"无公害食品"等食品认证，以及企业 GMP（良好生产规范）、HACCP 等质量体系认证。但是这些认证对于食品生产企业来说是自愿的，而非强制性的，缺乏公信力；另外，食品消费者对这些认证知之甚少，无法作为食品消费者选择放心、安全的食品的依据。由此，决定了需要采取一种强制性的制度，将不合格的食品经营者排除在食品市场之外，保证进入食品市场的食品经营者所经营的食品的安全性就成为政府保证食品安全的一种有效措施。

笔者认为，有效解决食品安全信息的不对称性的办法就是切断劣质食品的生产源头，把好食品安全的市场准入关口，将不合格食品封杀于食品市场之外，保证在食品市场上流通的食品都是安全的食品，这样食品消费者的权益

---

① 刘畅. 2010. 日本食品安全规制研究. 吉林大学博士学位论文：34.

自然就能得到保障了。食品质量安全的市场准入制度就是有效地解决食品安全信息不对称问题的好办法，食品质量安全的市场准入制度是政府规制生产加工过程中的食品安全的一种手段，属于社会性规制，是保障食品安全的必要性措施，其目的在于通过"源头保障"的方式来控制社会风险极大的食品安全，主要内容是指政府依据一定的规则，通过各种行政活动的方式（许可、标准制定、信息披露等）干预食品的生产加工过程，以安全为标准，控制食品进入市场的程度。① 食品企业是保证和提高食品质量的主体，为保证食品的质量安全，必须加强食品生产、加工环节的监督管理，从食品企业的生产条件上把住市场准入关。

对于食品消费者来说，建立食品质量安全市场准入制度可以向食品消费者提供获取许可证的食品生产经营者的基本安全信息，降低食品消费者搜寻此类信息的成本，在一定程度上缓解食品市场的食品安全信息不对称现象，使得合格的食品生产经营者能够得到正确的市场评价，高质量的食品或食品服务能够以其价值占据市场的主导地位，并且直接将不符合规定的食品及食品经营者排除在食品市场之外，降低了食品消费者由于食品安全信息不对称而做出错误选择的风险，弥补了在食品安全信息提供成本较高和食品消费者处理食品安全信息能力有限的条件下，信息监管制度解决市场失灵的不足，从而实现食品经营者的优胜劣汰。

三　食品市场主体健康发展需要引入市场准入制度

对于食品生产厂商而言，建立这样一套详细和明确的食品安全及市场准入规则，能够使食品生产者有标准可依，增强自律意识，更加自觉、规范地参与市场竞争。实行食品质量安全市场准入制度也是强化食品生产法制管理的需要。我国食品工业的生产技术水平总体上同国际先进水平还有较大的差距。许多食品生产加工企业规模极小，加工设备简陋，环境条件很差，技术力量薄弱，质量意识淡薄，难以保证食品的质量安全。2001 年，国家质检总局对全国米、面、油、酱油、醋 5 类产品的生产加工企业进行了专项调查。结果显示，半数以上的生产企业不具备产品检验能力，产品出厂不检验，很多企业管理混乱，不按照标准组织生产。

通过实施食品质量安全市场准入制度。首先，可以从生产加工源头保证食品质量安全，通过实施食品生产加工企业质量安全监督管理，对企业保证质量安全的必备条件进行严格审查，把好食品安全的第一道关口，从生产加工源头

---

① 牛元秀 . 2010. 我国小作坊食品质量安全的市场准入制度研究 . 中国政法大学硕士学位论文：11.

保证食品质量安全。其次，可以提高食品生产加工企业的质量管理和产品质量安全水平，促进先进生产力的发展。当前，我国食品加工企业质量管理薄弱、产品质量总体水平不高，要通过实施食品质量安全市场准入制度，督促企业建立自律机制，促进和帮助食品生产加工企业提高产品质量、完善企业管理，增强企业竞争力。最后，建立这样一套食品质量安全市场准入法律体系，可以促使食品生产和销售企业转变观念，加大科技投入，做好硬件改造工作，提高职工素质，更好地了解食品生产和销售企业应承担的安全责任，使他们能更好地控制操作，优化生产过程，防止不符合食品安全标准的食品进入销售渠道，把食品的风险降到最低，对社会和食品消费者负责。

总之，食品生产经营许可制度所规定的统一的条件和行为规范，有利于平衡食品市场的效率及公平，同时对食品生产经营主体微观行为的规制也促进了食品行业的健康发展，有利于提高食品市场的质量水平，从而保障食品整体安全。

四 食品市场高效监管需要引入市场准入制度

对于政府市场管理机构而言，建立食品安全及市场准入法律体系，使执法部门有规可查，有法可依，能够强化生产、流通领域食品质量监管力度，规范市场主体行为，坚决打击制售各种危害人民群众身体健康的伪劣食品的行为，加大反不正当竞争的管理力度，坚决关闭不符合卫生设施要求的食品企业，保护依法经营者的合法权益，维护良好的市场经济秩序。

另外，建立食品质量安全市场准入制度可以使食品安全监管部门对取得许可后食品生产经营者的监管有据可依，在一定程度上减少了执法成本，间接地提高了监管的效果，使生产经营者合法的行为得以持续，从而保证其产品或服务的质量。

第三节　我国食品市场准入法律控制

一 食品市场准入法律控制概览

从世界各国关于食品行业准入的法律规定来看，食品市场准入制度大体上可以分为批准制和引导制两种。批准制对希望进入食品市场者具有直接的拘束力，而引导制则对希望进入食品市场者没有直接的拘束力，食品安全监管者只是通过某种制度的设定引导或限制一定的对象进入或退出食品市场。

批准制在法律上大体表现为两种方式。第一种是许可制、认可制和资格制。这三者在功能上具有一定的相似性。日本的食品安全法律大多采用这种模式，许可制是指，只有经过有权部门的批准，才能进入特定的食品行业。例如，日本《屠宰场法》第四条第一款规定："开办屠宰场要获得都道府县知事的许可。"认可制是指，法律对进入特定的食品市场并不禁止，但是进入该食品市场的从业者要想取得合法化的地位则必须在进入该食品市场之前取得有权部门的同意。例如，日本《关于食品制造过程高级化管理的临时措施法》第八条第一款规定："食品制造、加工企业制定了制造过程管理高级化的相关计划，可以申请指定认定机关予以认定。"而资格制则是指为了保证个人或组织具有适当地实施特定行为的技术能力，要求其在具备一定的资格前提下才能从事特定的行为。第二种是规格标准的制定、认证与检查。食品安全监管机构为了确保食品，以及生产、制造、加工食品的设施设备等安全性，规定相关企业应当遵守的技术性要求，这就是规格、标准。

一般来说，引导制的方式有三种：一是诱导，即以财政补贴、税收优惠等经济性措施鼓励企业主动地进行安全上的确保行为；二是指导或指示，食品安全监管机构对个别的食品企业或食品行业团体做出确保食品安全的指导或指示方针；三是提供信息，通过风险沟通机制传递和共享必要的食品安全信息，促使食品企业在其基础上进行自我管理。

理论界对作为食品安全事前法律控制手段之一的食品行业准入制度一直存在反对的声音，认为食品行业准入制度有违市场的公平性，在某种程度上剥夺了食品消费者的选择权。但是在现代食品工业化的背景下，食品消费者不可能充分了解食品安全的相关信息，对一些新型的食品添加剂，不仅食品消费者，甚至于使用这些新型食品添加剂的食品生产企业也不知道这些新型食品添加剂会对食品消费者的人身安全造成什么样的危害，有时候也只能等到食品安全事故发生后才会完全了解。加之食品安全事故还有其特殊性，一旦发生食品安全事故，将会是群体性事故，受害的食品消费者人数将会是众多的，且食品消费者的生命健康一旦受到损害，有可能就是不可逆转的。在这种情况下，食品行业的准入制度虽然有其理论上的缺陷，但是在实践中，仍然是非常必要的。

二　中国食品市场准入法治进程

食品质量安全市场准入制度，就是为了保证食品的质量安全，规定只有具备规定条件的食品生产者才被允许进行食品生产经营活动；具备规定条件的食品才被允许生产销售的监管制度。它是一种政府行为，是一项行政许可制度，是为了从源头上严把食品质量安全关，维护食品消费者的切身利益而实施的一种政府对食品及其生产加工企业的监管制度。

我国的食品安全质量市场准入制度始于 2001 年，当年，国家质检总局组织全国质检系统的执法人员和技术人员，在全国范围内对生产与人民群众日常生活关系密切的米、面、油、酱油、醋等 5 类食品的 60 余万家企业开展了企业保证产品质量必备条件专项调查和国家监督抽查（简称"两查"）。"两查"结果表明，5 类食品的平均合格率仅为 59.9%，在 60 多万家生产企业中，有近 2/3 的企业不具备保证食品质量的基本生产条件，有 4/5 的企业不具备成品检验能力或产品出厂不检验。面对当时国内食品生产加工企业数量多、规模小、条件差、技术含量低、劳动力密集的特点，国家质检总局认为要从源头上确保食品质量安全，就必须实施较为严厉的强制性行政管理措施，借鉴美国、欧盟、日本等发达国家和地区关于食品质量安全监管的模式和措施，研究制定了食品质量安全市场准入制度。

我国的食品质量安全市场准入制度在发展上主要经历了三个阶段：一是自2002 年下半年开始，首先对小麦粉、大米、食用植物油、酱油、食醋等 5 类食品实行质量安全市场准入监督管理；二是自 2003 年 7 月起，对肉制品、乳制品、饮料、调味品（包括糖、味精）、方便面、饼干、罐头、冷冻饮品、速冻面米食品、膨化食品等 10 类食品实施食品质量安全市场准入制度；三是自 2005 年 1 月1 日起，对糖果制品、茶叶、葡萄酒及果酒、啤酒、黄酒、酱腌菜、蜜饯、炒货食品、蛋制品、可可制品、焙炒咖啡、水产加工品、淀粉及淀粉制品等 13 类食品实施食品质量安全市场准入制度。到目前为止，我国食品分类中的 28 大类525 种食品已经全部被纳入食品质量安全市场准入制度，完成了对加工食品的全面覆盖。

以上是对生产领域的食品生产、加工企业进行的食品质量安全市场准入管理，对在流通领域进行食品经营以及餐饮服务的单位和个人，在其依据《食品安全法》、《餐饮服务食品安全监督管理办法》等法律、法规取得相关许可证后方可向工商行政管理部门申请登记，在许可范围内进行销售及提供餐饮服务等与食品相关的生产经营活动。

食品质量安全市场准入标志由"质量安全"的英文（quality safety）字头"QS"和"生产许可"中文字样组成。标志主色调为蓝色，字母"Q"与"生产许可"四个中文字样为蓝色，字母"S"为白色。食品市场准入标志的式样、尺寸及颜色都有具体的制作要求。

按照《食品生产加工企业质量安全监督管理实施细则（试行）》的规定：从事食品生产加工的企业必须具备保证食品质量安全必备的生产条件，按照规定程序获取工业产品生产许可证，所生产加工的食品必须经检验合格并加印（贴）

食品质量安全市场准入标志后，方可出厂销售。对国家已经实行生产许可证管理的食品，企业未取得食品生产许可证的，不得生产。未经检验合格、未加印（贴）食品质量安全市场准入标志的食品，不得出厂销售。从该规定可以看出，我国的食品质量安全市场准入制度包括三个方面的内容：一是生产许可制度，即要求食品生产加工企业具备原材料进厂把关、生产设备、工艺流程、产品标准、检验设备与能力、环境条件、质量管理、储存运输、包装标志、生产人员等保证食品质量安全的必备条件，取得食品生产许可证后，方可生产销售食品；二是强制检验制度，即要求食品生产企业必须履行食品经检验合格方能出厂销售的法律义务；三是食品质量安全市场准入标志制度，即要求企业对合格食品加贴"QS"标志，对食品质量安全进行承诺。加贴"QS"标志便于广大食品消费者对安全的食品进行识别和监督，便于有关行政执法部门监督检查，同时，也有利于促进生产企业提高对食品安全的责任感。实行食品质量安全市场准入制度的食品，出厂时必须在最小销售单元的食品包装上标注《食品生产许可证》编号并加印（贴）食品市场准入标志。《食品生产许可证》编号由"QS"和12位阿拉伯数字构成，编号的前4位是受理机关的编码，中间4位是产品类别编号，后4位是获证企业序号。届时，食品消费者可以根据生产许可证编号表明的食品生产企业所在的行政区域与食品生产企业所标注的厂址进行比较，确定是否存在伪造或者冒用《食品生产许可证》和食品质量安全市场准入标志的行为，也可以根据许可证编号表明的企业所在行政区域向该地的质量技术监督部门进行查询。

　　我国的食品质量安全市场准入制度有三个特点。[①] 第一，规模化预设。从各种食品质量安全的市场准入实施细则中可以看出，现行的食品质量安全市场准入制度的最大特点就是规模化预设。基本上每个工艺环节都与专业设备相关联，各个环节连在一起就是一个机械化生产过程。在此种预设之下，若不实行规模化生产则无法实现预期的赢利，而且，政策制定者也是想通过食品质量安全市场准入制度达到既保障食品安全，又发展食品工业的目的。第二，单一化管理。现行的食品质量安全市场准入制度以食品种类为分类标准，每一种食品实行统一的"一刀切"式的高标准。这种貌似平等对待的规制完全忽略了企业规模的多样化及食品生产工艺的多样性。第三，强制性。生产许可制度、强制检验制度、强制标志制度等现行的食品质量安全市场准入制度的每一项内容都是强制性的。总体上可以确认，现行的食品质量安全市场准入制度的本质是单一的许可制度，是完全的命令——控制型规制方式。

　　实行食品质量安全市场准入制度，是从我国的实际出发，为保证食品的质

---

① 牛元秀 . 2010. 我国小作坊食品质量安全的市场准入制度研究 . 中国政法大学硕士学位论文：13.

量安全所采取的一项重要措施。对提高食品质量，保证食品消费者的身体健康和生命安全，强化食品生产法制管理，进一步适应改革开放，创造良好的经济运行环境将产生重要作用。食品质量安全市场准入制度的实施，将从食品生产加工的源头上确保食品质量安全。食品质量安全市场准入制度实施是我国入世后市场监管与国际惯例接轨的重要一步，从审查的环节与内容来看，"QS"认证与美国、欧盟、日本等国家和地区实施或倡导的食品 GMP 认证有着高度的一致。目前，除美国已立法强制实施食品 GMP 认证外，其他如日本、加拿大、新加坡、德国、澳大利亚等均采取劝导方式，辅导企业自动自发实施。我国的"QS"认证具有明显的强制性，全面推行完善管理后，在食品行业市场准入方面，几乎一步拉齐到世界发达国家的监管水平，最终保证食品消费者能够吃上放心食品。[①]

三 食品行业准入制度下食品生产加工小作坊法律控制

食品安全领域的风险是指存在的危害因素对健康发生不良影响的可能性及其程度（对健康产生不良影响的发生率及影响的程度），用公式表示就是"风险＝危害的重大性×发生率"，危害虽然大，但是发生率小，风险就小；相反，危害虽然不大，但是发生率大，风险也大。[②] 食品生产加工小作坊生产出来的食品无论是在食品安全事故的危害性方面还是在食品安全事故的发生率方面都要明显大于规模以上食品工业企业所生产出来的食品，因此，食品生产加工小作坊生产的食品的安全风险大于规模以上食品工业企业所生产的食品，由此，对食品生产加工小作坊市场准入控制的效果决定了食品质量安全市场准入制度的成败。

从国家质检总局制定的食品质量安全市场准入制度的内容来看，食品生产加工小作坊若不进行改造升级是不允许存在的，但是要达到符合"QS"标准的程度，食品生产加工小作坊就必须投入几十万甚至上百万元资金添置设备、增加人员等，而这根本是不可能实现的，"QS"制度实施这几年来的实践也证明了这一点，证明完全取缔食品生产加工小作坊是不现实的。在施行食品质量安全市场准入制度的初期，对待食品生产加工小作坊，我国采取的是要么整改达到"QS"标准，要么就取缔的态度，但是事实证明并未达到预期的目的。

从 2005 年开始，我国转变了对食品生产加工小作坊全面取缔的态度，改为

---

① 郝武 . 2003. 试论加强和完善对食品安全的管理与立法 . 杭州商学院学报，(3)：47.

② 王贵松 . 2009. 日本食品安全法研究 . 北京：中国民主法制出版社：9.

采取限制的态度。国家质检总局《关于进一步加强食品生产加工小作坊监管工作的意见》提出：省级质量技术监督部门指导市级质量技术监督部门根据实际情况，制定本地区的食品生产加工小作坊的基本质量安全卫生条件，作为从事食品生产的最低要求；要求食品生产加工小作坊按照基本质量安全卫生条件进行改造，达不到基本条件的不能生产加工食品；限制食品生产加工小作坊生产加工的食品的种类，只能生产传统、低风险食品，限制食品生产加工小作坊生产加工的食品的销售区域和场所，销售范围最多不得超出所在县级行政区域，超出的必须取得食品生产许可证，主要的销售区域是乡镇行政区域，同时，不得在商场、超市销售。实际上，允许食品生产加工小作坊生产的食品在一定范围内市场上销售已经是对"QS"制度的突破。"QS"制度是国务院及国家质检总局依据《食品卫生法》和《产品质量法》的相关规定制定的，是以行政法规的形式出现的，按照"QS"制度的规定，对食品生产加工小作坊应当采取绝对的取缔措施，而对食品生产加工小作坊生产的食品采取限制销售政策的规范依据是国家质检总局制定的规范性文件，是一种典型的下位法违反上位法的情况。但是从实践效果来看，对食品生产加工小作坊采取限制的态度要优于采取取缔的态度。

　　但是一味限制也不是长久之计，在不能完全取缔食品生产加工小作坊的前提下，为食品生产加工小作坊找到一条发展出路才是治理食品生产加工小作坊的根本。对食品生产加工小作坊生产的食品采取限制销售区域的做法在实践中也是行不通的，因为我们无法控制这些食品在初次销售后通过各种途径流入其他地区。这种措施本身也违背了国家质检总局通过过渡时期的限制销售促使食品生产加工小作坊加快整改步伐，尽快符合市场准入资格，最终消灭无证生产食品现象的限制销售措施的初衷，因为限制销售措施不利于食品生产加工小作坊的发展壮大。

　　从某种角度来看，当初我们国家在制定食品质量安全市场准入制度时，对食品生产加工小作坊是欠考虑的，忽视了食品生产加工小作坊存在的客观性和必要性。有学者指出食品生产加工小作坊的存在有其合理性。第一，食品消费个性化、多样化、多层化的需求特点要求规模以上食品工业企业和食品生产中小企业及食品生产加工小作坊之间应该是一种相辅相成、互为补充的关系。规模化食品生产、加工和星罗棋布的食品生产加工小作坊生产、加工点的合理配置，是在确保食品业繁荣发展的同时兼顾食品消费各阶层实际需要的最佳选择。第二，中国人重美味、重烹饪的随意性与趣味性食文化传统导致中国人的饮食习惯是"小而精"，也就是说中国人喜欢吃的食品中有很多是无法通过机械化来完成的，必须由作坊式的手工生产才能保住原味。第三，现阶段的食品生产加工小作坊不仅仅涉及食品的生产方式，而且还涉及低收入人群的生存、"三农"问题的解决甚至是地方经济的发展。[①] 笔者认为这种分析是客观和恰当的。

《食品安全法》第二十九条第三款规定：食品生产加工小作坊和食品摊贩从事食品生产经营活动，应当符合《食品安全法》规定的与其生产经营规模、条件相适应的食品安全要求，保证所生产经营的食品卫生、无毒、无害。第三十条规定：县级以上地方人民政府鼓励食品生产加工小作坊改进生产条件；鼓励食品摊贩进入集中交易市场、店铺等固定场所经营。对食品生产加工小作坊采取了鼓励、帮扶的态度。在《食品安全法》施行之后，国家质检总局在《开展食品安全整顿加强食品生产监管的实施意见》（国质检食监〔2009〕70号）中指出："食品安全法公布实施后，各地要按照地方人大的法规规定和地方政府的部署要求，认真总结近几年整顿和监管小作坊的经验和做法，积极提出工作建议。在地方政府的统一领导下，以生产加工集中区域为重点，会同有关监管部门，落实职责内监管食品小作坊的有关工作，进一步建立健全食品小作坊规范化、制度化和常态化的管理制度。"国家质检总局也改变了之前对食品生产加工小作坊的限制态度。

《食品安全法》第二十九条前两款是对食品质量安全市场准入制度的一般规定，我们可以认为第二十九条第三款关于食品生产加工小作坊的市场准入方面的规定是针对前两款规定内容的例外规定，由此，可以认为，在《食品安全法》中，对食品生产加工小作坊规定了专门的、不同于规模以上食品生产、销售企业的食品质量安全市场准入制度，同时也说明国家对食品生产加工小作坊的态度由打压转为扶持。但是《食品安全法》只是简单地提出要对食品生产加工小作坊适用不同的食品质量安全市场准入制度，并没有设计出具体的市场准入制度。笔者认为，将来在设计针对食品生产加工小作坊的食品质量安全市场准入制度时，应当充分考虑食品生产加工小作坊生产工艺和生产流程的特殊性；充分考虑食品生产加工小作坊在规模、生产成本、效益等方面的特殊性，不要对其提出不切合实际的整改要求，否则，将会逼迫食品生产加工小作坊向"黑作坊"演变。

四 食品行业准入刑事规制

《食品安全法》第二十九条规定，国家对食品生产经营实行许可制度。从事食品生产、食品流通、餐饮服务，应当依法取得食品生产许可、食品流通许可、餐饮服务许可。食品质量安全市场准入制度在《食品安全法》中就具体地表现

---

① 牛元秀.2010.我国小作坊食品质量安全的市场准入制度研究.中国政法大学硕士学位论文：20.

为食品生产经营许可。食品生产经营许可是种行政许可，是指有关行政机关根据公民、法人或其他组织的申请，依法审查，准予其从事特定食品生产经营活动的行为。^① 根据食品生产经营许可制度的规定，未取得相关的食品生产经营许可证的法人和自然人不允许从事食品生产、经营活动。实践中经常出现一些食品生产经营单位出租、出卖、转借食品生产许可证、食品流通许可证、餐饮服务许可证或食品添加剂生产许可证的行为，接受转让这些食品生产经营许可证的都是那些不具备相关条件而无法取得相关食品生产经营许可证的食品生产经营者。若不能从法律上有效地禁止这种食品生产经营相关许可证件的非法转借等行为，将使我国的食品质量安全市场准入制度形同虚设。

从刑事手段的适用上来看，《刑法》第二百二十五条为打击这种食品生产经营相关许可证非法转借的行为提供了依据，《刑法》第二百二十五条规定，买卖进出口许可证、进出口原产地证明，以及其他法律、行政法规规定的经营许可证或批准文件的构成非法经营罪。食品生产许可证、食品流通许可证、餐饮服务许可证和食品添加剂生产许可证当然属于《刑法》第二百二十五条中所说的"其他法律、行政法规规定的经营许可证或者批准文件"的范畴。买卖上述食品生产经营相关许可证件，且符合《刑法》第二百二十五条规定的非法经营罪构成要件的，当然可以以非法经营罪追究买卖双方的刑事责任，买卖双方任何一方的行为又构成其他食品安全犯罪的则应当与非法经营罪数罪并罚。

我们虽然可以以非法经营罪追究买卖食品生产经营相关许可证件的行为者的刑事责任，但是却无法追究出租、转借食品生产经营相关许可证件行为者的刑事责任，这不能不说是立法上的一个空白点。《刑法》第二百二十五条的立法本意在于通过禁止不具备相关生产经营资质者通过非法途径获取相关资质进入相关生产经营领域，从而保护正常的市场生产经营秩序不受破坏。从这个立法本意出发，笔者认为，无论是通过买卖途径，还是通过出租、出借途径，在获取相关生产经营许可证的方式方法上为非法性这一点上是没有什么区别的，在对正常的市场生产经济秩序的破坏方面，买卖、出租、出借方式都没有什么区别。既然对法益侵害的程度是一样的，那么刑法只将买卖生产经营相关许可证件的行为规定为犯罪行为，而将出租、出借生产经营许可证件的行为排除在刑法规制范围之外恐怕是没有什么道理的。出卖生产经营相关许可证件者较之出租、出借生产经营相关许可证件者有更多的获利，从表面上看出卖行为人的主观恶性相对来说要更大一些。其实不然，不能从是否获利来评判生产经营相关许可证件的非法提供者的主观恶性。具体到食品生产经营相关许可证件来说，评判食品生产经营相关许可证件非法提供者的主观恶性程度大小的标准的

① 于华江．2010．食品安全法．北京：对外经济贸易大学出版社：68．

重心应当放在行为人对食品生产经营相关许可证件被非法转至不具备食品生产经营相关资质者手中后对食品消费者人身健康和食品市场正常生产经营秩序受到侵犯所持的心理态度方面，与是否通过非法提供食品生产经营相关许可证件来获利及获利的程度没有必然联系。既然行为的社会危害性程度没有区别，且不同行为方式对行为人主观恶性程度的判断又不产生影响，《刑法》第二百二十五条就没有必要将出租、出借生产经营相关许可证件的行为排除在非法经营罪规制的范围之外了。建议修改《刑法》第二百二十五条非法经营罪的犯罪行为模式，将出租、转借相关生产经营许可证件的行为也纳入非法经营罪的规制范围之内。

第七章 食品源头环节法律控制

食品行业与其他行业相比，其链条性更加明显和突出，也就是说，食品行业从食品原料提供、食品生产、食品流通再到食品消费组成了一个完整的复杂的链条，这个链条中的每一个具体环节都由多个企业或个人在进行着。在这个链条中，对于食品安全的法律控制来说，每个环节的食品安全控制效果都对食品安全法律控制的最终效果起着极大的制约作用。在整个链条当中，食品的源头是否安全，关系到整个食品安全工程，食品源头出了问题，出现了污染，导致食品原材料不洁或有危害物质，则后面的食品生产、销售及最终的食品消费则必然是不安全的。因此，食品源头环节的科学治理与法律规制在整个食品安全法律控制体系中就占有举足轻重的地位。

第一节　食品源头污染主要表现

一　农药、化肥、动植物激素造成污染

目前，我国农药市场总需求量为 26 万吨左右，农药使用不合理，高毒、高残留农药比例过大，农药的长期、广泛使用等，导致我国部分农产品农药残留量过高，已经危及我国的食品安全。农药对我国农产品的危害突出表现为蔬菜、水果、养殖等产品中农药残留量过高。2001 年，国家质检总局公布的第三季度抽查结果显示，10 类蔬菜的农药残留超标率高达 47.5%，还发现了一些国家明令禁止使用的农药仍然被用在农产品中。从 2002 年开始，按照"从源头入手、抓过程管理"的原则，农业部启动了种植业产品中农药残留、饲料和畜产品中违禁药物及兽药残留、水产品药物污染等三个方面的专项整治活动，通过整治，使农产品的农药残留降低，提高了农产品质量。但是，一些企业及个人为了追求超额利润，仍然不惜冒着风险去使用超标农药，给人民群众的身体健康造成很大危害，同时，也给社会带来了不稳定因素。

为了提高农产品的产量，随着现代科技的发展，各种化肥应运而生，化肥的广泛使用，一方面确实给生产者带来了很大的实惠，促进了生产，推动了经济的发展，但是在另一方面，作为一种化学处理过的物质，化肥的大量使用也使得土壤环境发生了巨大的变异，从而影响了农作物的质量及品质，受污染的

农作物再经过食品生产者的深加工，并最终进入食品消费环节，从而给食品消费者的人身带来或多或少有时可能是严重的影响。

动植物激素造成的食品污染在当前表现得最为突出。比如瘦肉精，其学名为盐酸克伦特罗，属于肾上腺素类兴奋剂，医学上将其作为平喘药和咳喘素来使用，盐酸克伦特罗中毒症状主要表现为腹痛、恶心、呕吐、抖动、心动过快。把其加入饲料中的主要目的是提高猪肉等食用动物的瘦肉率。鉴于瘦肉精的危害，国家对其生产、销售及使用都有严格的规定，如果没有取得生产许可证、经营许可证和批准文号而生产、经营或销售的行为将被作为违法行为处理。

二 大气、水、土壤的污染

随着工业化进程的不断加快，现代工业给人类的生活水平及生存方式带来了根本性的变化，人们在享受着工业化成果的同时，也在承受着工业化带来的恶果。工业的负效应就是工业污染，比如造纸厂、钢铁厂、酒厂等，它们排出的工业废水，以及释放出的有害气体对大江大河、空气及田地的污染是非常严重的。工业排放的有害气体进入空气中后，对农作物的生长及畜类动物的生长都会造成一定的不良影响，并进而影响到食品链的安全。工业废水排入河流、湖泊、田地后，对那些需要用水的食品生产企业来说就会造成一定的危害，进入田地的污水，对农作物的成长，进入江河湖泊的污水对水产品的成长及品质也都会带来一定的危害。

三 有害饲料添加剂造成污染

饲料安全是动物性食品安全的重要环节，近年来，欧洲一些地区发生了与饲料安全有关的严重事件，如"疯牛病"、"二噁英"等事件。饲料安全问题已经成为广大食品消费者关注的热点问题，也引起了国务院及其他部门的极大关注。现阶段影响我国饲料安全的因素包括以下几个方面。

1. 饲料原料质量难以控制

我国的动物养殖业正在朝着规模化、集约化的方向发展，但是散养动物的数量仍然很多，所占比例相当大。出于经济效益考虑，饲料生产厂家和动物养殖单位为降低饲料成本，千方百计寻找新的廉价的饲料原料。这些原料来源复杂，质量参差不齐，特别是安全质量得不到保证。非饲料矿物原料、未经脱毒饼粕饲料、工业下脚料及未经消毒的其他植物原料等，不经检测就被加入饲料中，给饲料的安全性造成了隐患。

2. 违禁药物滥用现象严重

国家对药物在饲料中的使用有明确的规定，但是一些动物养殖单位或个人，有意或无意地忽视了饲料的安全性，在饲料中添加激素类药物、催眠镇静类药物和禁用的抗生素类药物。2005 年以来，全国共查处违法生产、销售和使用盐酸克伦特罗的单位有 50 余家。这些药物不仅会影响食用动物的正常生长，而且会在食用动物产品中残留，最终危害到人体健康。

3. 有毒、有害物质污染饲料严重

在这方面主要表现为六六六、滴滴涕等农药的作用；某些土壤中重金属，如铅、氟、铜超标；动物性饲料中的致病微生物、药物残留、霉变；一些植物中存在的天然有害物，如生物碱、生氰糖甙、硫代葡萄糖甙、棉酚、硝基化合物等。这些有毒、有害物质通过饲料原料污染食用动物，如果不重视这些问题，并加以控制，就很难保证食用动物的安全性。

4. 饲料添加剂使用不合理

特别是添加铜、锌、砷等矿物质，这些矿物质有促进动物生长、增强机体的抗病能力等作用。但如果超量添加，往往会造成动物中毒，也会通过动物排泄物污染周围环境，并在动物产品中蓄积和残留，影响动物产品品质，食品消费者消费这类动物产品会危害人体健康。

饲料中的有毒、有害物质种类繁多，成分复杂，毒性大小不一，危害程度不等。下面以一些重要指标为例，说明这些有毒、有害物质对动物机体的危害。

我们可以从铅、汞和砷、氟、镉等重金属的危害来看饲料中有毒、有害物质的危害性。饲料中的铅在进入人体后，经过血液循环绝大部分蓄积在骨骼，一部分经肝脏通过胆汁排出体外。铅中毒后，主要对人的神经系统、造血系统和泌尿系统造成损害。脑血肿、脑血管扩张、神经节变性导致明显的神经症状，干扰体内卟啉代谢，导致人体内血红蛋白合成和铁利用障碍，导致缺铁性贫血症状，导致肾小球上皮细胞肿胀，近曲小管上皮细胞内出现包涵体，导致糖尿、氨基酸尿。铅还可通过胎盘屏障传递给胎儿，对胎儿造成危害。

氟是一种全身性的组织毒，饲料中的氟进入机体后，主要与血液中的钙离子相结合，引起机体钙代谢障碍，往往造成软骨、脆骨，幼龄动物牙齿、骨骼钙化不全，形成"氟牙"。

有机氯农药六六六、滴滴涕，其化学性质稳定，不易分解，残留期长，通过饲料原料对饲料的污染最为严重。有机氯农药经过饲料进入动物机体后，主要蓄积在脂肪、肝脏、肾脏、脑、血液等组织和器官中。其对机体的毒性主要表现在损害中枢神经和肝脏、肾脏等实质器官；干扰体内某些酶的活性，改变体内某些生化过程；损害动物的免疫功能；影响动物生殖能力；还有致癌、致畸、致突变作用。

沙门氏菌对人和动物都有致病力，如伤寒沙门氏菌、副伤寒沙门氏菌等，动物通过饲料摄入大量菌体后，细菌在肠道繁殖，并产生内毒素，内毒素对肠道产生刺激作用，引起肠道黏膜肿胀、渗出和坏死脱落，严重的引起胃肠炎症状。由肠壁吸入血液后，内毒素作用于体温调节中枢和运动神经中枢，引起体温上升和运动神经麻痹。

饲料霉变主要由曲霉属、青霉属、交链孢霉属、镰刀霉属等引起。霉菌不仅仅会影响到饲料质量，影响动物正常生长，最严重的是产生毒素，引起动物中毒。黄曲霉毒素 B1 毒性较强，急性中毒常常引起动物死亡，但是更多的是慢性中毒，毒素在动物体内蓄积，致畸、致癌，影响动物产品的质量，危害人体健康。

饲料添加剂包括维生素、微量元素、氨基酸和药物添加剂等。这些物质大多数来自于自然产物和人工合成，部分具有毒副作用，当添加量过大时，会对动物产生毒害作用。铜中毒时，大量铜在肝脏中蓄积，抑制多种酶的活性，引起肝坏死；当血液中铜含量大时，能导致红细胞破裂，出现血红蛋白尿，血红蛋白往往阻塞肾小管，使肾小球和肾小管急性坏死，出现少尿、尿闭和尿毒症。

违禁药物包括激素类、安定类和抗生素类药物。盐酸克伦特罗，也称瘦肉精，主要添加在育肥猪饲料中，能够提高猪的瘦肉率。添加后，一方面是引起猪只机体代谢异常，影响猪的正常生长，严重的出现死亡；另一方面是在动物产品中残留，人食用后，会造成二次中毒，危害人体健康。

第二节　食品源头污染法律控制

一　关于农药、化肥的法律规定

根据有关规定，农药使用者在农药使用时应当遵守国家有关农药安全、合理使用的规定，按照规定的用药量、用药次数、用药方法和安全间隔期施药，防止污染农副产品。剧毒、高毒农药不得用于防治害虫，不得用于蔬菜、瓜果、茶叶和中草药材。

农药按毒性被分为五级，分别是剧毒、高毒、中等毒、低毒、微毒。国家明令禁止生产、销售和使用的农药主要有六六六，滴滴涕，毒杀芬，二溴氯丙烷，杀虫脒，二溴乙烷，除草醚，艾氏剂，狄氏剂，汞制剂，砷、铅类，敌枯双，氟乙酰胺，甘氟，毒鼠强，氟乙酸钠，毒鼠硅，甲胺磷，久效磷，对硫磷，甲基对硫磷，磷胺。在蔬菜、果树、茶叶、中草药材上不得使用和限制使用的农药有甲胺磷、甲基对硫磷、对硫磷、久效磷、磷胺、甲拌磷、甲基异柳磷、特丁硫磷、甲基硫环磷、治螟磷、内吸磷、克百威、涕灭威、灭线磷、硫环磷、蝇毒磷、地虫硫磷、氯唑磷、苯线磷等 19 种高毒农药。规定三氯杀螨醇，氰戊菊酯不得被用于茶树上。任何农药产品都不得超出农药登记批准的使用范围使用。

1997 年制定、2001 年修订的《农药管理条例》对涉及农药的问题做出了规定。农药的主管部门为各级农业主管部门；国家对农药实行登记制度，即对生产农药和进口农药实行强制登记；对农药的生产实行许可证制度，没有取得许可证不得生产；对农药的经营分别规定，一般性农药经营不实行许可证制度，如果所经营的农药属于化学危险品的，要取得经营许可证才能经营；《农药管理条例》对什么是假农药、劣农药也做出了列举性规定；在法律责任中，对违反《农药管理条例》相关规定要承担的行政、民事及刑事责任做出了规定。

近年来，河南省环保部门在监测境内淮河水质时发现一个怪现象，在汛期强降雨过程中，河水的污染负荷量骤然增大，氨氮指标是平时的十几倍甚至几十倍。雨季污染源从何而来？环保人员检测沿河农田，发现土壤中氨氮含量非常高。原来，污染事故是由沿河农民长期过量施用化肥造成的。化肥的适量使用有利于农作物的生长及提高质量，而过量使用不仅会造成河流的污染，而且对土地本身及农作物也都是有害的，重金属污染即是其中之一。

就目前的法律规定及现实状况来看，关于化肥造成污染的法律规定散见于一些单行的法律法规当中，如《水污染防治法》、《大气污染防治法》、《环境保护法》等当中，这些法律、法规由于制定的时间不一，立法目的及侧重点不同，导致对涉及有关农药、化肥造成的污染在承担法律责任方面不协调，可操作性不强，也是造成实践当中对这样的污染事件无法有效追究责任的一个重要原因。

二 关于大气、水、土壤污染的法律规定

《大气污染防治法》对大气污染防治的监督管理，防治燃煤产生的大气污染，防治机动车船排放污染，防治废气、尘和恶臭污染，以及法律责任进行了规定。在法律责任方面，该法规定对违反《大气污染防治法》强行性规定的行为要承担相应的行政法律责任，如警告、罚款、停业整顿、关闭、没收、取消资质、取消生产、进口配额等，可以说是比较全面和可行的。另外，《大气污染防治法》第六十一条规定，造成重大大气污染事故，导致公私财产重大损失或者人身伤亡的严重后果，构成犯罪的，依法追究刑事责任。第六十五条规定，环境保护监督管理人员滥用职权、玩忽职守的，给予行政处分；构成犯罪的，依法追究刑事责任。

《水污染防治法》对水环境质量标准和污染物排放标准的制定、水污染防治的监督管理、防止地表水污染、防止地下水污染及法律责任作了规定。在防止地表水污染方面规定，在生活饮用水源地、风景名胜区水体、重要渔业水体和

其他有特殊经济文化价值的水体的保护区内，不得新建排污口。在保护区附近新建排污口，必须保证保护区水体不受污染。禁止向水体排放油类、酸液、碱液或者剧毒废液。禁止将含有汞、镉、砷、铬、铅、氰化物、黄磷等的可溶性剧毒废渣向水体排放、倾倒或者直接埋入地下。禁止向水体排放、倾倒工业废渣、城市垃圾和其他废弃物。运输、存储农药和处置过期失效农药，必须加强管理，防止造成水污染等。在法律责任方面规定在违反《水污染防治法》的情况下，行为人要承担相应的行政责任，如责令停产或停止使用、罚款、责令停业或者关闭，以及对相应的受害人给予经济赔偿等。另外，《水污染防治法》第五十七条规定，违反《水污染防治法》规定，造成重大水污染事故，导致公私财产重大损失或者人身伤亡的严重后果的，对有关责任人员可以追究刑事责任。第五十八条规定，环境保护监督管理人员和其他有关国家工作人员滥用职权、玩忽职守、徇私舞弊的，由其所在单位或者上级主管机关给予行政处分；构成犯罪的，依法追究刑事责任。

至于土地污染防治方面的法律，我国目前还没有像《水污染防治法》和《大气污染防治法》那样专门的法律，而是在其他法律当中作了相应的规定，如《土地管理法》、《固体废物污染防治法》等。然而，土地的污染在我国目前是比较严重的，同时，土地的污染具有不同于水污染和大气污染的特点，所有污染（包括水污染、大气污染在内）的90%最终都要归于土壤，土壤污染的影响是根本性的。与水污染、大气污染不同的是，土壤污染具有隐蔽性和滞后性，为多年积累所致，不容易被发现。如不加以治理，仅由土壤本身自然恢复，一般需要花费二三百年，严重的要花费上千年。土地对人类的重要性不用多言，所以，在美国，《土壤污染防治法》规定，企业不再使用某块土地时，要检测它是否符合生态安全标准。如不符合，企业需要将其恢复。这个恢复的成本是很高的，一个10公顷的厂房用地如被污染，可能需要上亿美元的投入来恢复。所以，美国公司很少敢于冒这样的风险，使其所在的土壤受到污染。欧洲和日本也有类似规定。而在中国，目前还没有任何关于土壤污染修复或者赔偿的条例规定。这也使得一些在国外难以生存的污染工业迁移到中国。由此可见，在我国面临着严重的土地污染情况下，可持续发展将很难落到实处，所以，制定专门的土地污染防治法已是当务之急。

三 关于饲料添加剂的法律规定

《饲料和饲料添加剂管理条例》由国务院于1999年制定，并在2001年和2011年两次被修订。该条例的制定是为了加强对饲料、饲料添加剂的管理，提高饲料、饲料添加剂的质量，促进饲料工业和养殖业的发展，维护人民身体健康。该条例所规定的饲料是指经工业化加工、制作的供动物食用的饲料，包括单一饲料、添加剂预混合饲料、浓缩饲料、配合饲料和精料补充料。饲料添加剂，是指在饲料加工、制作、使用过程中添加的少量或微量物质，包括营养性饲料添加剂和一般饲料添加剂。饲料和饲料添加剂由国务院农业行政主管部门负责管理。该条例对饲料及饲料添加剂的研究、创新及申请和登记做出了规定。该条例对饲料的生产、经营和管理做出了规定，其中规定，生产饲料添加剂、添加剂预混合饲料的企业，经省、自治区、直辖市人民政府饲料管理部门审核后，由国务院农业行政主管部门颁发生产许可证，企业在取得生产许可证后，由省、自治区、直辖市人民政府饲料管理部门核发饲料添加剂、添加剂预混合饲料产品批准文号，方可生产。生产饲料、饲料添加剂的企业，应当按照产品质量标准组织生产，并实行生产记录和产品留样观察制度。该条例规定企业生产饲料、饲料添加剂，不得直接添加兽药和其他禁用药品；允许添加的兽药，必须制成药物饲料添加剂后，方可添加；生产药物饲料添加剂，不得添加激素类药品。该条例还规定禁止生产、经营停用、禁用或者淘汰的饲料、饲料添加剂以及未经审定公布的饲料、饲料添加剂。禁止经营未经国务院农业行政主管部门登记的进口饲料、进口饲料添加剂。

此外，在《饲料和饲料添加剂管理条例》的法律责任部分中对许多违反条例规定的行为，情节严重的，要依法追究行为人的刑事责任。

《饲料和饲料添加剂管理条例》第三十七条规定："假冒、伪造或者买卖许可证明文件的，由国务院农业行政主管部门或者县级以上地方人民政府饲料管理部门按照职责权限收缴或者吊销、撤销相关许可证明文件；构成犯罪的，依法追究刑事责任。"第三十九条规定："饲料、饲料添加剂生产企业有下列行为之一的，由县级以上地方人民政府饲料管理部门责令改正，没收违法所得、违法生产的产品和用于违法生产饲料的饲料原料、单一饲料、饲料添加剂、药物饲料添加剂、添加剂预混合饲料以及用于违法生产饲料添加剂的原料，违法生产的产品货值金额不足 1 万元的，并处 1 万元以上 5 万元以下罚款，货值金额 1 万元以上的，并处货值金额 5 倍以上 10 倍以下罚款；情节严重的，由发证机关吊销、撤销相关许可证明文件，生产企业的主要负责人和直接负责的主管人员 10 年内不得从事饲料、饲料添加剂生产、经营活动；构成犯罪的，依法追究刑事责任：（一）使用限制使用的饲料原料、单一饲料、饲料添加剂、药物饲料添加剂、添加剂预混合饲料生产饲料，不遵守国务院农业行政主管部门的限制性规定的；（二）使用国务院农业行政主管部门公布的饲料原料目录、饲料添加剂品种目录和药物饲料添加剂品种目录以外的物质生产饲料的；（三）生产未取得新饲料、新饲料添加剂证书的新饲料、新饲料添加剂或者禁用的饲料、饲料添加剂的。"

第四十三条规定："饲料、饲料添加剂经营者有下列行为之一的，由县级人民政府饲料管理部门责令改正，没收违法所得和违法经营的产品，违法经营的产品货值金额不足1万元的，并处2000元以上2万元以下罚款，货值金额1万元以上的，并处货值金额2倍以上5倍以下罚款；情节严重的，责令停止经营，并通知工商行政管理部门，由工商行政管理部门吊销营业执照；构成犯罪的，依法追究刑事责任：（一）对饲料、饲料添加剂进行再加工或者添加物质的；（二）经营无产品标签、无生产许可证、无产品质量检验合格证的饲料、饲料添加剂的；（三）经营无产品批准文号的饲料添加剂、添加剂预混合饲料的；（四）经营用国务院农业行政主管部门公布的饲料原料目录、饲料添加剂品种目录和药物饲料添加剂品种目录以外的物质生产的饲料的；（五）经营未取得新饲料、新饲料添加剂证书的新饲料、新饲料添加剂或者未取得饲料、饲料添加剂进口登记证的进口饲料、进口饲料添加剂以及禁用的饲料、饲料添加剂的。"

第四十六条规定："饲料、饲料添加剂生产企业、经营者有下列行为之一的，由县级以上地方人民政府饲料管理部门责令停止生产、经营，没收违法所得和违法生产、经营的产品，违法生产、经营的产品货值金额不足1万元的，并处2000元以上2万元以下罚款，货值金额1万元以上的，并处货值金额2倍以上5倍以下罚款；构成犯罪的，依法追究刑事责任：（一）在生产、经营过程中，以非饲料、非饲料添加剂冒充饲料、饲料添加剂或者以此种饲料、饲料添加剂冒充他种饲料、饲料添加剂的；（二）生产、经营无产品质量标准或者不符合产品质量标准的饲料、饲料添加剂的；（三）生产、经营的饲料、饲料添加剂与标签标示的内容不一致的。"

第四十七条规定："养殖者有下列行为之一的，由县级人民政府饲料管理部门没收违法使用的产品和非法添加物质，对单位处1万元以上5万元以下罚款，对个人处5000元以下罚款；构成犯罪的，依法追究刑事责任：（一）使用未取得新饲料、新饲料添加剂证书的新饲料、新饲料添加剂或者未取得饲料、饲料添加剂进口登记证的进口饲料、进口饲料添加剂的；（二）使用无产品标签、无生产许可证、无产品质量标准、无产品质量检验合格证的饲料、饲料添加剂的；（三）使用无产品批准文号的饲料添加剂、添加剂预混合饲料的；（四）在饲料或者动物饮用水中添加饲料添加剂，不遵守国务院农业行政主管部门制定的饲料添加剂安全使用规范的；（五）使用自行配制的饲料，不遵守国务院农业行政主管部门制定的自行配制饲料使用规范的；（六）使用限制使用的物质养殖动物，不遵守国务院农业行政主管部门的限制性规定的；（七）在反刍动物饲料中添加乳和乳制品以外的动物源性成分的。在饲料或者动物饮用水中添加国务院农业行政主管部门公布禁用的物质以及对人体具有直接或者潜在危害的其他物质，或者直接使用上述物质养殖动物的，由县级以上地方人民政府饲料管理部门责令其对饲喂了违禁物质的动物进行无害化处理，处 3 万元以上 10 万元以下罚款；构成犯罪的，依法追究刑事责任。"

规定有大量的附属刑法规范是《饲料和饲料添加剂管理条例》的立法特色，一方面说明饲料环节存在大量危害食品安全的行为需要运用刑事手段加以规制，另一方面也说明国家对饲料安全的重视。

第三节　食品源头环节刑事规制

一　对未经批准生产、销售农药、饲料添加剂的规制

在上述关于农药、饲料添加剂的一些法律规定中均明确规定实行许可证制度，这些特殊产品的生产与经营需要经过国家主管部门批准才能进行生产经营，主要是考虑到一方面是这些产品关系到社会公众饮食安全，实行许可证制度有利于对这些企业进行有效的监控和管理；另一方面是这些特殊产品的生产需要一定的技术，而且它的加工、生产过程也比较复杂，并不是任何一个企业都可以生产的，实行许可证制度也是为了把那些不具备生产经营条件的企业在进入这个行业时即被淘汰，严格控制与规范整个行业的生产经营行为，从源头上控制住食品链的整个安全问题。

因此，在国家对这些产品的生产经营实行许可证的前提下，对那些没有经过许可而生产经营的行为，有关法律在规定对此承担行政责任的同时，也规定情节严重的要追究刑事责任，但是，追究什么样的刑事责任，则没有做出明确的规定。从我国刑法规定来看，对这种行为，如果其严重性达到了刑事可罚性的程度，现行《刑法》当中可以规制的罪名是非法经营罪。当然，就非法经营罪的现行规定来看，一般认为有新的口袋罪之嫌，在《刑法》第二百二十五条关于非法经营罪的行为模式中有一个兜底性规定，即"其他严重扰乱市场秩序的非法经营行为"。但是，笔者认为，作为扰乱市场秩序的一种犯罪行为，非法经营罪除了《刑法》第二百二十五条明确规定的两种行为模式以外，确实还存在着相当部分的扰乱市场秩序的违法行为需要用刑事手段来调整，司法实践也已经证明了这一点。比如，在 1997 年《刑法》修订之后，全国人大常委会通过了《关于惩治骗购外汇、逃汇和非法买卖外汇犯罪的决定》，其中增加了非法经营罪的内容；另外，最高人民法院在 1998 年、2000 年、2001 年、2002 年分别就非法出版物、扰乱电信市场行为、非法传销行为、扰乱无线电管理行为、非法生产、销售、使用瘦肉精的行为作了司法解释，规定对这些行为可以以非法

经营罪追究行为人的刑事责任。其中，尤其是 2002 年《关于办理非法生产、销售、使用禁止在饲料和动物饮用水中使用的药品等刑事案件具体应用法律若干问题的解释》中规定：未取得药品生产、经营许可证和批准文号，非法生产、销售盐酸克仑特罗等禁止在饲料和动物饮用水中使用的药品，扰乱药品市场秩序，情节严重的，以非法经营罪追究刑事责任。所以，既然国家对这些产品的生产经营行为实行许可制度，凡是没有经过许可而生产经营的，在情节严重时，是可以以非法经营罪追究刑事责任的。

对未经许可生产、经营农药、饲料添加剂的行为一概以非法经营罪追究刑事责任，可能会存在一些罪刑不相适应的问题，对此，也要分别考虑。比如，被告人一方面是没有经过许可而实施了生产、经营农药、饲料添加剂的行为，同时，在其所生产、经营的农药、饲料添加剂又是伪劣的农药或饲料添加剂的情况下，行为人的行为一方面如前所述，触犯了非法经营罪，同时，也触犯了生产、销售伪劣农药罪。但是通过对这两个罪的法定刑比较，我们可以看出非法经营罪的法定刑最高为 15 年，而生产、销售伪劣农药罪的最高法定刑为无期徒刑。因此，如果认为凡是未经许可的生产、经营行为，情节严重的，均以非法经营罪来追究刑事责任是不合适的，有违罪刑均衡原则。对这种情况，我们认为，应该按想象竞合犯的原则处理，即择一重罪处断。被告人未经许可实施了生产、经营行为，同时，他所生产、经营的又是伪劣的产品，说明他所实施的行为个数是一个，但在这样的情况下其行为所触犯的罪名是两个，完全符合想象竞合犯的特征。对未经许可生产、经营农药、饲料添加剂的行为，只有在其所生产的农药或饲料添加剂不是伪劣的农药或饲料添加剂时，才可以以非法经营罪追究刑事责任。

二 污染环境的刑事责任

如前所述，对大气、水、土壤等的污染也会间接地影响到食品安全，这些行为目前在我国刑法中有相关的规定。对实施环境污染的行为，在妨害社会管理秩序罪中有重大环境污染事故罪、非法处置进口的固体废物罪、擅自进口固体废物罪等规定，在走私罪中有走私废物罪的规定，在渎职罪中有环境监管失职罪的规定。这方面的刑事规定在现行刑法中是比较完善的。刑法中规定这些犯罪的立法目的并不在于保护食品安全，而在于保护环境资源，只是在特定的情况下，会间接地起到保护食品安全的法律效果。从保护客体角度来看，上述这些犯罪也不属于食品安全犯罪的范畴，因此，在本书中就不对这些犯罪进行细致的研究了。

三　生产、销售伪劣农药、兽药、化肥的刑事责任

《刑法》第一百四十七条明文规定了"生产、销售伪劣农药、兽药、化肥、种子罪"，这是个选择性罪名。在本书本章前面已经论及，在食品的源头阶段，农药、兽药、化肥的安全性与食品安全密切相关，至于种子问题，伪劣种子所造成的危害一般是导致农作物减产或者绝收等，一般不会产生由农作物引发的食品安全问题。因此，在此处，本书仅就生产、销售伪劣农药、兽药和化肥犯罪进行研究，生产、销售伪劣种子犯罪与食品安全刑法保护关联性不大，就不再作研究。

这里所说的"伪劣"包括三种情况：一是指假的农药、兽药和化肥；二是指失去使用效能的农药、兽药和化肥；三是指不合格的农药、兽药和化肥。所谓假的农药、兽药和化肥是指以非农药、兽药、化肥冒充农药、兽药和化肥，或者农药、兽药和化肥中所含成分的种类、名称与国家标准、专业标准或地方标准不符合的。所谓失去效能的农药、兽药和化肥，是指因过期、受潮、变质而丧失了原有功效和使用效能的农药、兽药和化肥。所谓不合格的农药、兽药和化肥，是指其质量不符合《产品质量法》规定的质量要求的农药、兽药和化肥，不仅包括生产者生产出来的农药、兽药和化肥本身就不合格的情况，也包括生产者、销售者在合格的农药、兽药和化肥中掺杂、掺假、以次充好的情况。

生产、销售伪劣农药、兽药和化肥犯罪行为模式在实践中一般有四种表现形式：一是未取得产品登记证（或推广许可证）、批准文号、生产许可证、经营许可、审定证书、质量合格证而违法生产、销售农药、兽药和化肥的行为，或冒用他人的上述许可文件生产、销售农药、兽药和化肥的行为；二是生产、销售的农药、兽药和化肥无产品标志或产品标志不全；三是在生产、销售的农药、兽药和化肥中掺杂使假、以次充好、以假充真或以不合格产品冒充合格产品；四是生产、销售的农药、兽药和化肥假冒他人的商标、产品名称、包装、装潢、伪造和冒用他人的厂名等。如前所述，对第一种行为，笔者认为构成生产、销售伪劣农药、兽药和化肥犯罪与非法经营罪的想象竞合的关系，对行为人应择一重罪处罚。对后面三种行为可以按生产、销售伪劣农药、兽药和化肥犯罪追究刑事责任。

在主观方面，笔者认为生产、销售伪劣农药、兽药和化肥犯罪的主观罪过形式是间接故意。因为从司法实践来看，生产者、销售者生产、销售伪劣农药、兽药和化肥都是为了牟取暴利，其目的就是获得非法利益，而不是"使生产遭受较大的损失"，虽然其明知自己的生产、销售伪劣农药、兽药和化肥

犯罪行为会造成生产上的损失，但是犯罪人并不会去追求使农民的生产遭受较大的损失，但由于牟取暴利心切，犯罪行为人已经顾不上这一危害结果的发生了，也对这一危害结果持放任态度。与间接故意的罪过形式最接近的就是过于自信的过失，那么，在生产、销售伪劣农药、兽药和化肥犯罪中是否也存在着过于自信的过失的罪过形式呢？所谓过于自信的过失是指行为人已经预见到自己的行为可能会发生危害社会的结果，但是轻信能够避免，以致发生这种结果的心理态度。它与间接故意最大的区别就在于意志因素方面，即前者希望并相信能够避免危害结果的发生，而后者不是希望危害结果发生也不是不希望它发生，而是对这种结果的发生采取放任的态度，既不积极追求也不设法避免。生产者、销售者明知自己生产、销售的伪劣农药、兽药和化肥会造成农牧业生产的损失，尽管其不希望这种结果的发生，但若想避免这种结果的发生要么自己不生产、销售，要么农民买了不使用，可是农民买了不使用简直是伪劣农药、兽药和化肥的生产者、销售者自己也不相信的事。所以，生产者、销售者清楚地认识到既要生产、销售伪劣农药、兽药和化肥，又要采取措施避免农牧业生产遭受损失，这是不可能的，即生产者、销售者对这种危害结果的发生由可能性转化为现实性是持肯定态度的，因而行为人在主观上是不可能存在过于自信的过失这个主观罪过形式的。对因过失而生产、销售了伪劣农药、兽药和化肥的，则不构成犯罪。如果行为人因技术落后生产出了伪劣农药、兽药和化肥但是并没有拿出去销售谋利的，也不构成生产、销售伪劣农药、兽药和化肥犯罪。

根据《刑法》第一百四十七条和第一百五十条的规定，"使生产遭受较大损失"是生产、销售伪劣农药、兽药和化肥行为构成犯罪的必要条件，根据最高人民法院、最高人民检察院《关于办理生产、销售伪劣商品刑事案件具体应用法律若干问题的解释》第七条的规定，"使生产遭受较大损失"，一般以2万元为起点；作为生产、销售伪劣农药、兽药和化肥犯罪加重处罚情节的"重大损失"和"特别重大损失"分别以10万元和50万元为起点。另外，根据《刑法》第一百四十九条的规定，如果行为人生产、销售伪劣农药、兽药和化肥的行为并未使生产遭受较大损失或损失金额不到2万元，虽然不构成生产、销售伪劣农药、兽药和化肥犯罪，但是若销售金额在5万元以上的，可以按生产、销售伪劣产品犯罪追究行为人的刑事责任。

生产、销售伪劣产品罪是指生产者、销售者违反国家产品质量管理法规，在产品中掺杂、掺假、以假充真、以次充好或以不合格产品冒充合格产品，销售金额在5万元以上的行为。农药、兽药和化肥也属于生产、销售伪劣产品犯罪中的"产品"，只是在《刑法》中将其特定化，这样一来，对于生产、销售伪劣农药、兽药和化肥，不但使农业生产遭受较大损失，而且销售金额又在5万元以上的行为，则同时构成生产、销售伪劣农药、兽药、化肥犯罪和生产、销售伪劣产品犯罪两个犯罪，属于法条竞合，根据《刑法》第一百四十九条第二款的规定，对此种情况应当按重法优于轻法的原则来处理。

四　食品源头环节食品安全刑法立法完善

需要注意的是，按照刑法规定的生产、销售伪劣农药、兽药和化肥犯罪的构成要件和定罪标准，并不能完全实现食品源头环节食品安全的刑法保护。按照《刑法》第一百四十七条和最高人民法院、最高人民检察院《关于办理生产、销售伪劣商品刑事案件具体应用法律若干问题的解释》第七条的规定，生产、销售伪劣农药、兽药和化肥犯罪以给生产造成较大损失作为定罪标准，给生产造成较大损失，一般以 2 万元为起点。如果没有给生产造成较大损失，伪劣农药、兽药和化肥即使是通过食品给食品消费者人身健康造成危害也不能按生产、销售伪劣农药、兽药和化肥犯罪追究行为人的刑事责任。简言之，生产、销售伪劣农药、兽药和化肥犯罪的立法意图在于保护农业生产的安全，而不是食品消费者的人身健康安全，也就是说，从保护食品消费者人身安全的角度来看，刑法中的生产、销售伪劣农药、兽药和化肥犯罪存在食品安全刑法保护上的空白之处。因此，仅通过追究生产、销售伪劣农药、兽药和化肥犯罪的刑事责任是无法完全实现食品源头环节的食品安全刑法保护的。

最高人民法院、最高人民检察院在《关于办理非法生产、销售、使用禁止在饲料和动物饮用水中使用的药品等刑事案件具体应用法律若干问题的解释》中规定，使用盐酸克仑特罗等禁止在饲料和动物饮用水中使用的药品或含有该类药品的饲料养殖供人食用的动物，或者销售明知是使用该类药品或含有该类药品的饲料养殖的供人食用的动物的，以及明知是使用盐酸克仑特罗等禁止在饲料和动物饮用水中使用的药品或含有该类药品的饲料养殖的供人食用的动物而提供屠宰等加工服务或销售其制品的，按照《刑法》第一百四十四条规定的生产、销售有毒、有害食品罪追究行为人的刑事责任。盐酸克仑特罗也可以说是一种兽药，严格来说，在动物饲料中使用盐酸克仑特罗并不符合生产、销售有毒、有害食品犯罪的行为模式，因为生产、销售有毒、有害食品犯罪的行为对象是食品，而非兽药。从某种角度看，该解释将使用对食品消费者健康具有一定危害性的兽药的行为也予以追究刑事责任，扩大了食品安全刑法保护的范围。有学者建议在该解释后增设条款：使用禁止在农作物中使用的药品或者含有该类药品的肥料种植供人食用的农产品，或者销售明知是使用该类药品或者含有该类药品的肥料种植的供人食用的农产品的，依照《刑法》第一百四十条的规定，以生产、销售有毒、有害食品罪追究刑事责任。[①]

　　禁止在肥料中使用的有毒、有害物质和禁止在饲料中使用的盐酸克仑特罗等有毒、有害物质一样，都可以最终对食品消费者人身健康造成危害，而且其对食品消费者人身健康造成危害的途径大同小异，都是通过食用农产品或食用动物为媒介，通过食用农产品或食用动物被食品消费者食用而对食品消费者人身健康造成危害；而且从行为模式来看，在施用于食用农产品的肥料中添加危害人体健康的有毒、有害物质和在施用于食用动物的饲料中添加危害人体健康的有毒、有害物质这两种行为具有行为模式上的相似性。另外，从食品安全"从农田到餐桌"的整体链条环节中，《关于办理非法生产、销售、使用禁止在饲料和动物饮用水中使用的药品等刑事案件具体应用法律若干问题的解释》对食品安全的刑法保护作用是在食品源头环节发挥的，而食品源头环节危害食品安全的行为除了表现为在食用动物的饲料中添加危害人体健康的有毒、有害物质之外，还表现为在食用农产品的肥料中添加危害人体健康的有毒、有害物质，该解释仅将在食用动物的饲料中添加危害人体健康的有毒、有害物质的行为规定为犯罪行为，而将行为模式基本相同，具有同种社会危害性的在食用农产品的肥料中添加危害人体健康的有毒、有害物质的行为排除在刑法规制范围之外，不能不说是刑法立法和食品安全刑法保护方面的空白和遗漏。基于此，笔者认为，上述学者的建议是可行的，在该解释中增加上述条款既没有破坏该解释的整体完整性，又填补了食品源头环节刑法保护的空白，使食品安全刑法保护体系更加科学化和严密化。

---

　　① 梅传强，杜伟.2011.食品安全犯罪的立法再完善//朱孝清，莫洪宪，黄京平.中国刑法学年会文集（2011年度）.北京：中国人民公安大学出版社：1424.

第八章 食品生产、流通环节法律控制

第一节 食品生产环节食品安全问题

一 食品生产加工小作坊食品安全监管缺失

根据国家质检总局的调查：我国的食品质量安全问题主要发生在食品生产加工环节，特别是小型食品生产加工企业和食品生产加工小作坊存在的问题最为严重，全国质检系统每年对 70 万家食品生产企业的产品进行监督抽查，结果显示，平均合格率一直在 60％上下，而食品生产加工小企业小作坊的合格率则仅为 20％～30％。[①]

根据国务院新闻办公室 2007 年 8 月 17 日公布的《中国的食品质量安全状况》白皮书介绍，全国共有食品生产加工企业 44.8 万家。其中规模以上企业2.6 万家，其产品的市场占有率为 72％，产量和销售收入占据主导地位；规模以下 10 人以上企业 6.9 万家，其产品的市场占有率为 15.7％；10 人以下小企业小作坊 35.3 万家，其产品的市场占有率为 9.3％。从这个统计数据可以看出，在我国，生产领域食品安全控制的重点在规模以上食品生产加工企业，因为在市场上所消费的食品绝大部分是这些企业所生产的，一旦出现食品安全问题，涉及面也会相当大，危害后果相当严重。但是生产领域食品安全控制的难点在于对食品生产加工小作坊等规模以下食品生产加工户的监管。按照国家质检总局《关于进一步加强食品生产加工小作坊监管工作的意见》的定义，食品生产加工小作坊是指固定从业人员较少，有固定生产场所，生产条件简单，从事传统、低风险食品生产加工活动（不含现做现卖）的没有取得食品生产许可证的食品生产单位或个人。

食品生产加工小作坊的食品安全状况整体上不乐观，其生产设备简陋、工艺简单、科技含量低、手工生产比例大、环境卫生条件差，同时，其从业人员普遍存在"知识性、认识性、及观念性的缺失"，大多文化水平低、缺乏专业知

[①] 刘录民 . 2008. 食品生产加工小企业小作坊质量安全监管办法研究 . 中国卫生监督杂志，（1）：35.

识、食品安全意识淡薄。我国的现状决定了目前还不能一刀切地禁止食品生产加工小作坊的存在，因为食品生产加工小作坊承载着维持低收入人群生计、弥补规模食品生产加工企业的生产空缺、满足食品消费者多层次需求的使命。近年来，我国在通过关停并转等方式，促使食品生产加工小作坊尽快达到市场准入条件的同时，规定食品生产加工小作坊生产加工的食品销售范围不得超出乡镇行政区域，不准进入商场、超市销售，并且食品小作坊生产的食品在获得市场准入资格之前不得使用相应包装，防止其乔装打扮混入市场。这种禁止性措施在保证城市食品安全的同时，却在某种程度上加剧了农村地区食品安全状况恶化程度，因为农村地区原本就是我国食品安全法律控制的薄弱地区，也是食品生产加工小作坊产品的主要销售地区。

二 规模以上食品工业企业食品安全监管不到位

就我国目前的食品生产环节食品安全状况来看，在数量上占据食品生产者主体地位的食品生产加工小作坊的食品安全状况令人担忧，而那些现代化的大型食品生产加工企业，虽然在食品安全控制方面拥有财力、物力等方面的优势，并且食品安全生产控制设施一般也较为完备，但是也未能够做到食品生产全过程的安全性。

有学者对湖北省内一些有影响力、规模和知名度比较大的大中型食品生产企业进行了调研，包括雨润集团钟祥市盘龙肉类加工有限公司、钟祥汇源饮料食品有限公司、湖北友芝友乳业有限责任公司、武汉统一企业食品有限公司、武汉康师傅顶益食品有限公司等。发现这些大型的食品生产企业在食品安全生产控制方面不尽如人意。[①]

在原料和成品检验方面，以及食品生产企业安全监管方面，被调查的食品生产企业一般都设有相关的质量检测与监管部门，并设有专门的质检员，对原料和产品进行检验。但是很多食品生产企业的质量检测机构在很大程度上只是形同虚设，并没有真正尽到检测责任。在原料检验方面，有的食品生产企业有固定的采购人员和固定的采购基地，这样在很大程度上可以保证原料的卫生和安全；但是很多食品企业的原料并没有固定的原料供应商，原料在进厂之前只是经过简单的挑选，这样就无法保证原料的安全。与此同时，很多食品企业的成品在出厂之前只是抽样检验，而抽样检验具有片面性，只是大致检验出食品的安全状况，不能从根本上反映食品的全部安全性。质检部门也只是对产品定

---

① 凌媛 . 2011. 湖北省食品企业生产环节存在的安全问题及对策研究 . 武汉工业学院硕士学位论文：25，28.

期进行抽查，所以依然存在食品安全隐患。

在生产车间卫生消毒方面，被调查的食品生产企业都有专门的卫生消毒设施，并且设施都比较完善和齐全，但是在实际操作中，这些卫生消毒设施似乎并没有发挥其应有的作用。按照要求，生产员工在进入生产车间前都要进行消毒，但是由于自身素质的局限性，很多生产企业员工没有按照要求进行自身的消毒清洁，有的员工甚至私自携带手机进入生产车间，这样就使得消毒设施没能完全发挥其作用。另外，生产车间的消毒频率和次数也没有完全按照要求进行。

在食品添加剂的使用方面，被调查的个别食品企业为了食品美观，擅自使用或超量使用食品增白剂、防腐剂、保鲜剂、色素和香料，但是在食品包装上却没有清楚地标注所用的食品添加剂的名称，很多企业甚至声称没有使用食品添加剂。很多食品生产企业在制定食品安全保障规则与执行所制定的食品安全保障规则方面存在一定的偏差，食品企业生产的成品的包装标签没有严格按照国家要求进行标示，没有明确标示出在加工生产过程中所用到原料，特别是食品添加剂的具体的名称和剂量。

在执行 HACCP 体系方面，被调查的食品生产企业中，只有 7 家有 HACCP 体系的认证。HACCP 体系是一种质量保证体系，是一种预防性策略，对在食品生产过程中所有潜在的生物的、物理的及化学的危害进行关键分析，进而可以预防食品安全事件的发生，是食品安全的重要保障。在被调查的 7 家执行 HACCP 体系的食品生产企业中，在具体的执行方面大都存在偏差，近一半以上的企业都没有严格按照 HACCP 体系进行操作与控制。

在原材料的安全把关方面，被调查的食品生产企业中，很多食品生产企业并没有固定的采购基地和固定的采购商，原材料都是从市场上大批买进，并没有经过仔细的挑选，而且在对原材料的清洗过程中也没有完全按照清洗程序进行，很多原料在清洗后进行加工时都还带有表面损坏和污垢。如果原材料进厂不检验，成品出厂前也不检验，在原料采购或生产加工过程中很容易出现食品被污染或被有毒、有害物质侵害的现象，这样很容易引起食品安全事件。

在企业的食品安全自检自控方面，被调查的食品生产企业做得也不是很到位。所谓自检自控就是指食品生产企业按照法律、法规、标准、合同等的规定，对影响自身产品质量安全的环境、设施、人员、原料、生产加工、包装、储运、销售等，采用先进的手段和方法，利用一切可以利用的感官、仪器、工具等实施质量检验和质量控制，以确保产品安全、卫生、质量合格的行为。但是在实际中，食品生产企业在生产和经营过程中并没有充分发挥这种自检自控能力，他们往往只是单纯追求最大的经济效益，只顾眼前利益而忽略了企业的长期发展利益。

三 添加剂使用混乱

从近年来我国发生的重大食品安全事件来看，无论是在食品生产加工小作坊中，还是在现代化的规模以上食品工业企业中，在食品生产加工环节，对食品安全危害最大的，一般也是实践中经常引发食品安全问题的食品添加剂问题。

目前，我国关于食品添加剂方面的法律规定，除了《食品安全法》的原则性规定外，卫生部颁布的《食品添加剂新品种管理办法》和国家质检总局颁布的《食品添加剂生产监督管理规定》对规范食品添加剂的生产、使用做出了详细的规范。《食品安全法》明确规定，国家对食品添加剂实施许可证制度，并将食品添加剂在生产环节的监管权力移交至各级质检部门。《食品添加剂新品种管理办法》和《食品添加剂生产监督管理规定》这两个规章提高了食品添加剂的生产准入门槛，对从业人员素质、产品场所环境、厂房设施、生产设备或设施的卫生管理以及出厂检验能力等方面提出了更严格的要求。以前作为化工品的食品添加剂存在试生产、试销售的环节，而在这两个规章实施后，食品添加剂生产过程中将不允许试生产、试销售，生产者必须取得生产许可证后，才能从事食品添加剂的生产。

在食品添加剂生产规范方面，《食品添加剂生产监督管理规定》对添加剂的生产者规定了较高的保证食品添加剂安全的义务，规定食品添加剂生产者应当对出厂销售的食品添加剂进行出厂检验，合格后方可销售；生产食品添加剂，应当使用符合相关质量安全要求的原辅材料、包装材料及生产设备；生产者应当建立原材料采购、生产过程控制、产品出厂检验和销售等质量管理制度，并作好生产管理记录；食品添加剂应当有包装并保证食品添加剂不被污染；食品添加剂生产者应当建立生产管理情况自查制度，按照有关规定对食品添加剂质量安全控制等生产管理情况进行自查。在《食品添加剂生产监督管理规定》第四十二条中首次规定了食品添加剂召回制度，食品添加剂生产者如果知道自己生产的食品添加剂存在安全隐患，应当主动召回并向主管部门报告。

为了保证食品添加剂的安全使用，《食品添加剂生产监督管理规定》明确要求食品添加剂的生产者必须在食品添加剂外包装上标注出食品添加剂的全部成分，在标签上载明"食品添加剂"字样。除此之外，食品添加剂的标签、说明书还应当标明下列事项：①食品添加剂产品名称、规格和净含量；②生产者名称、地址和联系方式；③成分或者配料表；④生产日期、保质期限或安全使用期限；⑤储存条件；⑥产品标准代号；⑦生产许可证编号；⑧食品安全标准规定的和国务院卫生行政部门公告批准的使用范围、使用量和使用方法；⑨法律法规或者相关标准规定必须标注的其他事项。《食品添加剂生产监督管理规定》

第三十九条还规定："食品添加剂标签、说明书不得含有不真实、夸大的内容，不得涉及疾病预防、治疗功能。食品添加剂的标签、说明书应当清楚、明显，容易辨认识读。有使用禁忌或安全注意事项的食品添加剂，应当有警示标志或者中文警示说明。"

尽管食品添加剂的滥用对食品安全的危害极大，控制食品添加剂的正确使用对保障食品安全起着至关重要的作用，但是在目前，我国对食品生产环节中的食品添加剂滥用行为追究刑事责任的还不是很多。2009年1~4月，全国打击违法添加非食用物质和滥用食品添加剂专项整治行动共查处违法案件7626起，货值6708万元，移送司法机关案件34起，依法逮捕30人，刑事立案率仅为千分之四。[①] 之所以出现这种很少追究行为人刑事责任的情况，倒不是说滥用添加剂行为对食品安全的危害不大，食品添加剂滥用对食品安全的危害是众所周知的。原因还在于司法机关对刑法中规定的生产、销售不符合食品安全标准的食品罪和生产、销售有毒、有害食品罪中"不符合安全标准"，以及"有毒、有害"、"非食品原料"等概念在把握上的不准确性。

食品在生产加工过程中存在的一些缺陷而导致的病原微生物控制不当是造成食品生产环节食品安全事件的另一个重要因素。2003年3月在辽宁省海城市发生的"豆奶中毒"案，就是生产者疏忽大意未将活性豆奶粉中的胰蛋白酶抑制素等抗营养因子彻底灭活而导致的。食品在加工生产过程和包装储运过程中稍有不慎就会发生微生物的大量繁殖，由于卫生指标超标，菌落总数、大肠杆菌群等严重超出国家强制性标准，个别严重的甚至超过国家标准的数十倍。例如，一些奶制品在生产加工过程不注意卫生控制及包装条件简陋等因素，屡屡造成食品变质。我国发生的集体食物中毒事故中有很大一部分就是由微生物引起的。

另外，食品在生产加工过程中使用劣质原料，添加有毒、有害的非食品原料也是造成食品生产环节食品安全事件的重要因素。例如，在所生产的食品中违规使用已经禁用的人工合成色素、"吊白块"等。

第二节　食品流通环节食品安全问题

《食品安全法》将食品安全相关环节划分为三个环节：生产环节、流通环节和餐饮服务环节，首次提出了食品流通环节的法律控制问题。食品流通环节作为食品从生产环节到最终消费环节的必经环节和最后通道，是食品安全隐患最

---

① 冉巨．2012.食品添加剂领域失范行为的刑事限制研究．社会科学研究，(2)：77.

易暴露的环节，也是消除食品消费安全隐患的重要环节，是食品安全的一道关键防线。

流通环节一般是指，商品在被生产出来以后，经过商品代理或销售到消费者的过程，由于商品交换在时间和空间上的分离性，通常在商品流通过程中要发生多次交换，其中每次交换就是每次买卖行为，由商业经营者与生产者、消费者或商人之间来进行。流通环节一般包括批发环节、零售环节和仓储环节等三个部分。具体到食品流通环节，就是指食品的采购、储存、运输、供应和销售等环节。

同食品的生产阶段一样，在"从农田到餐桌"的食品链条中，食品流通环节是我国食品安全问题高发的一个环节，也是食品安全法律控制的重点环节。针对食品流通环节的食品安全保障，国家制定了不少食品安全保护方面的法律、法规和规章，在"从农田到餐桌"的食品链条中，食品流通环节的食品安全立法相对来说是比较完善和成熟的，但是就我国目前的食品流通环节现状来看，无法保障食品的安全性，特别是在我国农村地区和城乡结合部，食品流通环节中表现出的食品安全问题更为严峻。

有学者在 2010 年下半年历时 3 个月在济南针对农村食品流通环节中的食品安全问题通过问卷、座谈等方式进行调研，发现一些农村食品流通环节中存在的食品安全隐患。① 广大农村地区是我国食品流通环节食品安全最为薄弱的地区，因而农村地区食品流通环节的食品安全问题最能够集中、突出地反映我国食品流通环节的食品安全现状。

一 预包装食品供货渠道不固定，进货档次低

调查显示，济南农村地区和城乡结合部的预包装食品经营存在进货渠道不固定、进货档案虚假和食品质量偏低三个方面的食品安全隐患。进货渠道不固定主要受食品经营者自身进货数量、所处位置和信用水平的限制，一般来说，农村地区和城乡结合部的小型食品商店很难同正规食品代理商建立固定的供货渠道，故多采取流动送货车随机上门留货，和利用自有车辆到批发市场大宗进货相结合的方式组织货源。这些小食品经营者基本上将进货价格作为选择进货源头的首要标准，导致进货源头随商品价格随时变动，经常出现上架的同种食品含有多个批次、来自多个进货源头的混乱情况。由于进货渠道复杂，这些小食品经营者很难建立全面真实的供货商档案，为了应付监管部门检查，经常将

---

① 段兴霖 . 2011. 济南市流通环节食品安全监管存在的问题及对策研究 . 山东大学硕士学位论文：17，18.

由其他渠道购进的食品全部登记在仅有的少数几家进货商档案名下。为了降低经营成本，这些小食品经营者还常常利用生产日期越早、批发价格越低的食品批发市场特点，在进货时故意选择保质期过半的食品，并夹杂少量傍名牌食品同正品混合销售，以谋取不法利润。

二　散装、裸装食品包装不规范，生产主体资质不全

调查显示，济南农村和城乡结合部的小食品经营者在经营散装、裸装食品时，存在食品外包装不规范和生产者资质不全两大问题。一方面，一些小食品经营者在对食品自己进行二次包装时很不规范，多数小食品经营者会对自行购进的大宗散装、裸装食品进行分装销售，但至少有 40％以上的小食品经营者未能在二次包装上注明生产厂商、生产许可编号、生产日期和保质期等必需事项，使得大量合格产品经过包装后反而成为"三无"产品，个别还存在将上架日期虚标为生产日期、擅自延长产品保质期，以及在蜂蜜、茶叶和干果等包装上标注保健功能的违法情况。同时，这些小食品经营者所使用的包装材料也较简易，使用自行印制的、缺乏相关安全认证的非食品专用塑料袋进行包装的情况极为普遍。另一方面，部分小型县乡超市效仿大型连锁超市，同周边的熟肉、糕点加工等经营点签订了联营供货协议，但是却未对食品生产方的生产资质进行有效的审查，导致一定数量的虚标生产许可证号、套用生产许可证号和标注已过期证号的食品流入农村地区和城乡结合部食品市场。

三　食品过期退市制度缺失，日常保管不当

调查显示，济南农村地区和城乡结合部的小食品经营者虽然习惯于采购生产日期较早的食品，但是极少能同供货方签订退换货协议。一旦商品销售数量下滑，短期内出现大量过期食品，部分小型超市会通过新旧夹杂销售、模糊产品标签、作为促销赠品等方式，将临近保质期届满或者超过保质期的食品暗中继续销售。同时，经营者为了节省经营成本，还存在擅自提高用于销售和存放冷藏、冷冻食品的冰柜温度的行为，为食品安全埋下隐患。

四　农村地区和城乡结合部食品消费者维权意愿低

城乡结合部、农村地区食品经营的主要消费群体是租住在该区域的外来务工人员和广大农村地区食品消费者，该群体受收入水平限制，大多将食品价格作为决定食品消费选择的主要标准，而对产品品牌、包装内容等事项则检查不

细。同时，在对食品消费者进行随机问卷调查中发现，约有 92％以上的食品消费者不会主动索要消费凭证，有 86％以上的食品消费者表示没有精力进行食品消费的投诉维权，但是有 82％以上的食品消费者希望周边建立更为完备的食品经营点。

另有学者在天津农村地区对食品消费者的问卷调查显示，不了解、不认识"QS"标志的竟然占到了被调查者总数的 75.9％；知道绿色食品的人只占到被调查者总数的 53.0％；了解辨认、认识假冒伪劣食品方法的只占被调查者总数的 7.2％，略懂一点识别假冒伪劣食品方法的占被调查者总数的 63.9％，完全不知道如何防假识假的居民数占被调查者总数的 28.9％；在购买包装食品时，每次都注意到产地、厂名、生产日期、保质期等食品安全相关信息的农村食品消费者只占被调查者总数的 21.7％，有 30.1％的被调查者表示偶尔会看看，48.2％的被调查者表示从来都不看这些信息；有 61.34％的被调查者在买到问题食品时不知道该到哪个部门去投诉。[①] 农村地区食品消费者食品安全知识的匮乏为伪劣食品在农村地区的泛滥创造了外部条件。

上述济南农村地区和城乡结合部食品流通市场所存在的食品安全隐患在我国内蒙古农村地区和城乡结合部也或多或少地存在。[②] 该调研结论应当说还是有一定的代表性的，从中可以看出我国当前农村地区食品流通环节中存在的食品安全隐患。商务部《2005 年流通领域食品安全调查报告》显示，农村市场经销的食品中，65.2％为自产自销；46.1％来源于流动摊贩；散装食品所占比重达到 30％以上，其中散装糕点、散装熟食、散装干果的比例达到 50％以上，散装酒高达 80％；23.8％的包装食品没有标明保质期；19.2％的店主对过期食品选择降价销售；生肉销售大多没有保鲜措施，落市后第二天继续拿出来出售。这个报告可以说是我国目前农村食品流通市场的典型写照。农村人口占我国人口的绝大多数，广大农村地区也是我国食品流通环节食品安全控制最为薄弱的地区，不能在农村地区食品流通市场建立完善的食品安全保障机制就很难说在我国已经建立起完善的食品流通市场食品安全保障机制。

第三节　食品流通环节食品安全监管现状

较之食品生产环节，食品流通环节的食品安全监管难度更大。在食品生产环节，食品的生产加工者一般都比较固定，不具备流动性，便于监管。规模以上食品工业企业虽然在数量上并不占多数，但是其所生产的食品却在我国食品

---

①　李春杰 . 2009. 农村食品安全监管体系建设研究 . 天津大学硕士学位论文：22，23.
②　斯琴 . 2011. 内蒙古流通环节食品安全监管问题及对策研究 . 内蒙古大学硕士学位论文：11，13.

市场上占主体地位，因此，做到了对规模以上食品工业企业有效的食品安全监管就基本上实现了对食品生产环节的食品安全监管，而规模以上食品工业企业一般来说，自我食品安全控制意识相对来说是比较强的，食品安全控制设施和人员配置方面也基本上能够满足食品安全控制的需要。所以，在食品生产环节，食品安全的有效监管相对来说是比较容易实现的。

但是在食品流通环节则不然。从设施保障等外部条件来看，在食品流通环节，较之食品生产环节，是个开放的环境，食品的安全保障性比较弱，而且食品安全保障设施也不如生产环节的食品安全保障设施那么完善和齐备，食品易于在流通环节受到污染而变质。除了城市里的大型商场、超市外，食品流通环节的食品经营者往往具有流动性的特点，不便于监管，而这些流动的食品经营者所销售的食品还占有一定的比例，安全隐患性比较大。另外，对那些食品生产加工小作坊，对其监管重点与其放在食品生产环节，还不如放在食品流通环节，这些食品生产加工小作坊的生产加工地点往往非常隐蔽，不便于发现，但是其生产出来的食品在食品市场上销售则是公开的，我们与其费大力气去寻找食品生产加工小作坊的"黑窝点"，不如在食品流通市场上重点排查这些食品生产加工小作坊生产加工的问题食品，产品销路被阻断了，这些食品生产加工小作坊自然是无法生存了，没有了生存环境，这些食品生产加工小作坊就会自我消失，因此，食品流通环节的食品安全监管还要承担在食品生产环节的食品安全监管所无法完成的监管任务，应当说这项监管任务的完成还是非常困难的。

基于食品流通环节食品安全监管的重要性和困难性，国家对食品流通环节的食品安全监管历来是比较重视的，相关的食品安全监管立法也是比较多的，但是从本书在上一节所描述的我国食品流通市场的现状来看，食品流通环节的食品安全问题还是比较突出的，之所以造成这种局面，应当说与食品流通环节的食品安全监管不力有密切联系。

有学者对济南食品流通市场食品安全监管情况作了调查研究，发现一些食品安全监管方面的缺陷。[1] 应当说该学者的调查结论还是比较有代表性的，从中可以看出当前我国食品流通环节食品安全监管的现状与问题。

一　基层快检设备实用性不足

2009 年，济南基层工商所全面配发了食品安全快速检测箱并接受了相关操

---

[1]　段兴霖 . 2011. 济南市流通环节食品安全监管存在的问题及对策研究 . 山东大学硕士学位论文：18-23.

作培训，但是截至 2011 年 6 月，整个济南工商系统仍然未能通过食品安全快速检测箱检测发现出食品安全问题，基层快检设备所发挥的作用极为有限。在很多基层工商机关，对食品安全的检查基本上是通过直观的、原始的方式来进行的。有学者就工商部门食品安全检查方式问题对吉林省乾安县农村食品经营户的调查显示，工商执法人员在对食品的日常检查时，选择通过看、闻、尝等直观方式的商家占 72.7％，选择用仪器检测的只占 9.1％，有 18.2％的商家表示不清楚工商人员用什么方式检查食品质量。[①] 可以看出，不仅在济南，在国内其他地区，食品安全快速检测设备都没有在日常食品安全监管中发挥应有的作用。之所以会出现这种尴尬局面，原因主要在于：一是检测材料保存困难，快速检测箱内所附的试剂保质期最短为 2 个月、最长为 12 个月，平均保质期 4 个月，且部分试剂须低温冷藏保存，致使大量检测试剂在配发半年后迅速失效；二是检测项目实用性低，检测箱提供包括陈化米、吊白块、蔬菜农药残留等在内的 42 项快速检测实验，但是其中近 80％的被检测目标食品不在工商部门监管范围之内，同工商部门日常的食品安全监管工作明显脱节；三是检测结果可信度低，受操作人员水平和检测实验环境影响，快检结果精度难以保证，同时多数检测项目以变色与否标示检测结果，缺少量化分析，也影响了基层执法人员利用快检结果组织正规抽检的信心。

二 工商部门相对专业的自有检测队伍力量薄弱

作为济南市工商系统主要的快速检测力量，济南市工商局商品监管检测中心的日常抽检区域无法覆盖至济南周边各县区；同时，济南周边各县区工商分局也缺乏一支人员专业素质较高、装备水平相对专业、快检结果可信度高的专/兼职检测队伍，用以填补基层快检力量和正规抽检机制间的衔接空白。基层工商部门也难以胜任该类快速检测要求。

三 经费不足导致工商部门对市场流通中的食品抽样检测单项抽样结构不平衡

受买样经费限制，工商部门对食品流通市场上的日常食品安全检测重点只能集中于居民日常消费的餐桌市场，对高端食品市场一般极少抽样；同时，在对同种食品进行抽样时，也更倾向于选择价格较低的小品牌的食品，而对影响

---

① 李运玲 . 2008. 农村食品安全法制研究 . 首都经济贸易大学硕士学位论文：9.

力更大的品牌的食品则有所忽略。

四　食品流通环节食品安全监管职能交叉导致监管盲区

根据《食品安全法》的规定，食品安全由卫生部门综合协调，分别由农业部门、质监部门、工商部门、食品药品监管部门、卫生部门分段监管，共同履行相应的把关和监管职责。但是分布在济南全市的居民小区、学校和医院周围的占道流动无照经营食品摊点，有的不具备办理许可证的条件，有的很难分清属于生产领域、餐饮行业还是流通领域，所以很难清晰界定监管的归属部门。如果不及时理顺，各自为战，很容易形成监管执法的盲区和造成执法混乱，导致这部分无证无照占道摊点的进一步泛滥。

在那些远离中心城市的偏远农村地区，食品安全执法力量则更为薄弱，市场监管缺位，经常出现食品安全监管的空白和盲区，监管部门内部存在经费少、人员缺、设备少等问题，日常的食品安全监管很难真正到位，不少农村地处偏远，工商、质监、防疫等部门又人手紧张，导致食品安全监管周期长，有些农村食品、副食品店短则月余检查一次，长则半年检查一次。不少"三无"食品、过期食品就是在这种监管空档中被销售到了农民手中，农村食品流通市场的食品安全监管缺乏长期性和经常性，难以形成高压态势。同时，在农村食品流通市场查处食品安全案件取证时也往往缺少足够的凭证和证据，使得销售假劣食品等违法行为得不到及时的发现和应有的惩罚。食品安全监管情况比上述学者在济南地区调查的要更为薄弱，问题也更为突出。

第四节　食品生产、流通环节食品安全刑法保护

食品的生产、流通环节是食品安全问题最为集中的环节，我国食品安全立法的重点在于食品生产、流通环节，同样，食品安全刑法立法的重点也在食品生产、流通环节。我国刑法中仅有的两个狭义上的食品安全犯罪——生产、销售不符合食品安全标准的食品罪和生产、销售有毒、有害食品罪就是分别针对食品生产环节和流通环节中的食品安全犯罪行为所规定的。

一　生产、销售不符合食品安全标准的食品罪

《刑法》第一百四十二条规定："生产、销售不符合卫生标准的食品，足以造成严重食物中毒事故或者其他严重食源性疾患的，处 3 年以下有期徒刑或者拘役，并处或者单处销售金额 50％以上 2 倍以下罚金；对人体健康造成严重危

害的，处 3 年以上 7 年以下有期徒刑，并处销售金额 50％以上 2 倍以下罚金；后果特别严重的，处 7 年以上有期徒刑或者无期徒刑，并处销售金额 50％以上 2 倍以下罚金或者没收财产。"在《刑法修正案（八）》第二十四条中，将《刑法》第一百四十三条修改为："生产、销售不符合食品安全标准的食品，足以造成严重食物中毒事故或者其他严重食源性疾病的，处 3 年以下有期徒刑或者拘役，并处罚金；对人体健康造成严重危害或者有其他严重情节的，处 3 年以上 7 年以下有期徒刑，并处罚金；后果特别严重的，处 7 年以上有期徒刑或者无期徒刑，并处罚金或者没收财产。"

应当说《刑法修正案（八）》对《刑法》第一百四十三条的修改是一次重大的修改，主要体现在以下几个方面。一是将犯罪的行为对象由"不符合卫生标准的食品"修改为"不符合食品安全标准的食品"，扩大了犯罪行为对象的范围，不符合卫生标准的食品一定是不符合食品安全标准的食品，但是不符合食品安全标准的食品则不限于不符合卫生标准的食品。例如，几年前安徽阜阳劣质奶粉案件中的劣质奶粉就属于"不符合食品安全标准的食品"，但是不属于"不符合卫生标准的食品"。犯罪行为对象的扩大就与《食品安全法》对食品规制的重心由食品卫生转向食品安全相吻合了。二是将罚金刑的数额立法模式由比例兼倍数制修改为抽象罚金制。在食品安全犯罪中，比例兼倍数制的罚金刑数额立法模式可以说是既不符合罪刑相适应原则，又增加了司法实践中操作的难度。食品安全犯罪的危害性与犯罪行为人的销售金额并不是必然成正比例，食品安全犯罪的危害性主要体现在对食品消费者人身健康的侵害方面。在阜阳劣质奶粉案件中，犯罪人销售劣质奶粉的数量都不大，涉案金额多的也就是上万元而已[①]，但是给被害人造成的人身健康损害程度之严重是众所周知的。按照比例兼倍数制确定罚金刑的数额，由于得出的罚金刑数额不可能太高，既难以起到对犯罪人的惩罚效果，又与罪刑相适应原则相矛盾。而且，在实践中，食品安全犯罪主体往往是那些中小食品生产经营者，他们在财务方面原本就非常混乱，导致司法机关很难查清楚其销售金额，这样就无法准确地确定对其罚金刑的具体数额。此次修改将罚金刑数额的立法模式改为抽象罚金制就很好地解决了以前比例兼倍数制所带来的问题，由法官根据案件具体情况在罪刑相适应原则下确定罚金刑的具体数额，在理论上，可以充分做到罪刑相适应，在实践中，也便于司法操作。三是对加重处罚情节的修改，将法定刑加重处罚的条件由"对人体健康造成严重危害"修改为"对人体健康造成严重危害或者有其他严重情节"。不难看出，关于法定刑加重处罚情节的修改在事实上导致了处罚范围的扩大，将该罪的加重犯由单一的结果加重犯扩展至结果加重犯与情节加重

---

① 刘宁，张庆，等.2005.透视中国重大食品安全事件.北京：法律出版社：293.

犯并存，有利于充分发挥刑法的威慑力来保障食品安全。

生产、销售不符合食品安全标准的食品罪的行为对象是"不符合食品安全标准的食品"，因而，行为人所生产、销售的食品是否属于"不符合食品安全标准的食品"就成为决定行为人的生产、销售行为是否构成犯罪的一个很关键的因素，由此，"食品安全标准"就实质性地成了判断行为人的行为是否成立犯罪的一个标尺。那么，何为"食品安全标准"呢？

《食品安全法》第二十条规定，食品安全标准应当包括以下一些内容：①食品、食品相关产品中的致病性微生物、农药残留、兽药残留、重金属、污染物质及其他危害人体健康物质的限量规定；②食品添加剂的品种、使用范围、用量；③专供婴幼儿和其他特定人群的主辅食品的营养成分要求；④对与食品安全、营养有关的标签、标志、说明书的要求；⑤食品生产经营过程的卫生要求；⑥与食品安全有关的质量要求；⑦食品检验方法与规程；⑧其他需要制定为食品安全标准的内容。在范围上，"食品安全标准"比"食品卫生标准"更全面，既包括了不符合卫生标准的食品，也包括了因受农药、兽药、重金属污染的农产品，以及由食品质量因素导致的对人体健康可能造成损害的食品。《食品安全法》第二十条的规定为我们提示了判断食品安全与否的思路。但是我国目前还没有统一的食品安全标准，针对这种情况，《食品安全法》第二十二条规定，在食品安全国家标准公布前，食品生产经营者应当按照现行食用农产品质量安全标准、食品卫生标准、食品质量标准和有关食品的行业标准生产经营食品。这就要求我们在认定生产、销售不符合食品安全标准的食品罪的成立时必须以现行的食用农产品质量安全标准、食品卫生标准、食品质量标准和有关食品的行业标准作为判断食品是否符合安全性的标准。

生产、销售不符合食品安全标准的食品罪犯罪主体无特殊限定，既可由单位构成，也可由自然人构成，犯罪主体主要是指那些从事食品生产经营活动的个人、单位。

生产、销售不符合食品安全标准的食品罪侵犯的客体是复杂客体，既侵犯了国家食品安全管理制度，又侵犯了不特定的食品消费者的生命与健康权益。

生产、销售不符合食品安全标准的食品罪是危险犯，犯罪行为只要足以造成严重食物中毒事故或其他严重食源性疾病即可，不需要发生实际的危害结果。对该特定危险的发生，行为人是持故意的心理态度的，在这一点上一般是不存在太大的争议的。只是在故意的类型上，有学者认为，本罪主观方面的故意既包括直接故意也包括间接故意①；也有学者认为，本罪主观方面的故意只能由间

---

① 孙建国，汤留生 .1997. 新刑法原理与实务 . 成都：四川人民出版社：304.

接故意构成。① 笔者认为行为人的主观心态只能是间接故意，行为人对足以造成严重食物中毒事故或其他严重食源性疾病的危险的发生持放任的心理态度。

生产、销售不符合食品安全标准的食品罪的犯罪人明知其生产、销售的食品不符合食品安全标准，可能会造成严重食物中毒事故或其他严重食源性疾病的危害结果，仍然故意予以生产、销售。其目的一般是赢利，这是刺激行为人实施犯罪行为的内心起因。但是需要注意的是，尽管行为人在行为时认识到了自己生产、销售不符合食品安全标准的食品行为必然会侵犯国家对食品安全的监督管理制度，也就是说行为人认识到自己的行为必然会侵犯到该罪的客体，但是不能据此就认为行为人对其行为所造成的严重食物中毒事故或其他严重食源性疾病发生的危险持直接故意的心理态度。因为，认识到行为的社会危害性或者说认识到行为会侵犯某种犯罪客体，与认识到自己行为的危害结果，不是同一层含义。因此，在意志因素上，生产、销售不符合食品安全标准的食品犯罪的罪过形式只能是间接故意。

在意志因素上，生产、销售不符合食品安全标准的食品罪的犯罪行为人是放任造成食品消费者可能会发生食物中毒事故或可能会发生严重食源性疾病的危险发生的。第一，在意志因素上，行为人不可能是希望（积极追求）该种危害结果的发生，否则应该构成《刑法》第一百一十四条规定的以危险方法危害公共安全犯罪，因此，该罪在意志因素上不符合直接故意的条件。第二，间接故意的认识因素决定了在意志因素上行为人不可能是疏忽大意的过失。疏忽大意的过失是一种无认识因素的罪过，与本书上段中所述生产、销售不符合食品安全标准的食品罪犯罪人已经认识到其生产、销售不符合食品安全标准的食品犯罪行为可能会造成食品消费者严重食物中毒事故或者其他严重食源性疾病不相符合，疏忽大意的过失自然可以被排除。第三，对因过于自信的过失而实施生产、销售不符合食品安全标准的食品的行为，行为人主观上是反对食物中毒事故或其他严重性食源性疾病的发生的，基于罪刑法定原则的要求，法无明文规定不为罪，不应以犯罪论处。

有学者提出在行为人过失生产、销售不符合食品安全标准的食品且造成食品消费者严重食品物中毒事故或者造成其他严重食源性病症的情况下，可以按重大责任事故罪或玩忽职守罪追究行为人的刑事责任。② 笔者认为在刑法对食品安全犯罪现行立法没有配置食品安全过失犯罪的情况下，这样处理也是一种无奈之举。应当说以生产、作业重大安全事故罪（生产、作业重大安全事故罪是由《刑法修正案（六）》对《刑法》第一百三十五条规定的原重大责任事故罪进

---

① 周道鸾.1997.中国刑法分则适用新论.北京：人民法院出版社：149.

② 许发民，翟中东.1999.伪劣商品犯罪及相近易混淆犯罪认定处理.北京：中国方正出版社：56.

行修改后而产生的犯罪——笔者注）和玩忽职守罪追究过失生产、销售不符合食品安全标准的食品行为的刑事责任有些牵强。玩忽职守罪的犯罪主体是国家机关工作人员，以及在受国家机关委托代表国家机关行使职权的组织中从事公务的人员和虽未列入国家机关工作人员编制但在国家机关中从事公务的人员。玩忽职守犯罪强调行为人的犯罪行为对国家正常管理活动的破坏，与食品安全过失行为所造成的危害在性质上有比较大的差异，况且食品的生产、销售者基本上不可能符合玩忽职守罪犯罪主体的条件。生产、作业重大安全事故罪立法目的在于预防生产、科研、设计、施工等生产、作业过程中违反安全规章制度而造成重大人身伤害事故的出现。在注意义务方面，生产、作业重大安全事故犯罪人表现为对安全生产注意义务的违反，而过失生产、销售不符合食品安全标准的食品的行为人表现为对保障食品安全注意义务的违反，在违反的注意义务方面，差别较大。因而，以生产、作业重大安全事故罪追究过失生产、销售不符合食品安全标准的食品者的刑事责任并不太恰当。其实，要想解决对过失生产、销售不符合食品安全标准的食品者追究刑事责任的问题，最理想的途径就是在刑法中增设食品安全事故罪。对在刑法中增设食品安全事故罪的论证，在本书前面第二章中已经有所介绍，在此就不再赘述。

生产、销售不符合食品安全标准的食品犯罪在客观方面表现为违反国家食品安全管理法规，生产、销售不符合食品安全标准的食品，足以造成严重食物中毒事故或其他严重食源性疾病的行为。从《刑法》第一百四十三条的规定可以看出，该罪是危险犯，即法律并不认为只要实施了生产、销售不符合食品安全标准的食品的行为就构成该罪的既遂，只有在足以造成严重食物中毒或其他严重食源性疾病的危险状态出现后，方能认定该罪的犯罪既遂。

生产、销售不符合食品安全标准的食品罪犯罪行为方式表现为三种方式：一是生产不符合食品安全标准的食品；二是销售不符合食品安全标准的食品；三是生产、销售不符合食品安全标准的食品。司法实践中，根据具体的行为，分别构成相应的罪名。

有学者认为不能仅仅从"生产"、"销售"本身的意义来理解生产、销售不符合食品安全标准的食品犯罪中的"生产"、"销售"行为，而应将本罪中的"生产"、"销售"行为理解为生产经营行为，即一切食品的生产、采集、收购、加工、储存、运输、陈列、供应、装卸、销售行为，以及农产品的种植和养殖行为。① 笔者认为，如此理解生产、销售不符合食品安全标准的食品犯罪中的"生产"和"销售"行为有类推解释之嫌，已经远远超出了"生产"、"销售"行

---

① 刘良，刘鹏.2011.论食品安全犯罪刑法规制的完善//朱孝清，莫洪宪，黄京平.中国刑法学年会文集（2011年度）.北京：中国人民公安大学出版社：1429.

为的应有之意，对其中一些行为需要单独立法予以追究刑事责任的可以单独增设相关法条，不必作如此扩大化的解释。

有学者建议修改生产、销售不符合食品安全标准的食品罪的罪状，将该罪由危险犯修改为行为犯。① 持该观点的学者认为，作这样修改的好处在于：一是可以避免司法实践中取证等的操作困难；二是符合时下整顿食品安全严峻形势的需要，以及保持打击食品安全犯罪高压态势的刑事政策的需要；三是改为行为犯后，食品安全犯罪的法网更加严密，符合刑法科学性的要求。② 笔者并不赞同这种建议，若将本罪修改为行为犯，那么将与生产、销售有毒、有害食品犯罪无法区别，有毒、有害食品属于不符合食品安全标准的食品的一种特殊表现形式，而且应当说属于不符合食品安全标准的食品中危害性比较大的一种。与此相适应，生产、销售有毒、有害食品犯罪是行为犯，定罪的门槛低于生产、销售不符合食品安全标准的食品犯罪，这种立法模式是科学化的。若将生产、销售不符合食品安全标准的食品犯罪也作为行为犯处理，诚然是加大了刑法的打击力度，但是恐不符合刑法立法上罪刑相适应的要求。

还有学者认为，从《刑法》与《食品安全法》对接的角度来看，没有必要再区分生产、销售不符合食品安全标准的食品犯罪和生产、销售有毒、有害食品犯罪，而且，从两个犯罪的社会危害性上来看，不符合食品安全标准的食品所带来的危害未必就小于有毒、有害的食品所带来的危害，即使真有所区别，也完全可以通过同一罪名中的不同的罪刑阶段来加以区分；建议取消《刑法》中的生产、销售不符合食品安全标准的食品犯罪和生产、销售有毒、有害食品犯罪，并在刑法分则第二章危害公共安全犯罪中增设危害食品安全罪；认为这样立法可以将两罪犯罪构成中的未尽之处一并予以解决。③ 笔者认为如此立法建议实际上是在制造"口袋罪"，"口袋罪"有违罪刑法定原则已经成为刑法理论界的共识，笼统的规定危害食品安全罪看似能做到法网恢恢，疏而不漏，但是我们很难在一个犯罪构成要件中清晰地规定出危害食品安全的全部犯罪行为模式，其后果只能是导致刑法被滥用，由于犯罪构成要件的不明确，我们就不能避免放纵食品安全犯罪人的情况的出现，这样，就与我们设定危害食品安全罪的本意南辕北辙了。

根据《刑法修正案（八）》第二十四条的规定，生产、销售不符合食品安全标准的食品，足以造成严重食物中毒事故或者其他严重食源性疾病的，处 3 年

① 罗德慧 .2010. 食品安全的刑法规制研究 . 贵州民族学院硕士学位论文：41.

② 彭凤莲，江澜 .2011. 食品安全行政犯罪探析//朱孝清，莫洪宪，黄京平 . 中国刑法学年会文集（2011 年度）. 北京：中国人民公安大学出版社：1394.

③ 刘良，刘鹏 .2011. 论食品安全犯罪刑法规制的完善//朱孝清，莫洪宪，黄京平 . 中国刑法学年会文集（2011 年度）. 北京：中国人民公安大学出版社：1432，1433.

以下有期徒刑或者拘役，并处罚金；对人体健康造成严重危害或有其他严重情节的，处 3 年以上 7 年以下有期徒刑，并处罚金；后果特别严重的，处 7 年以上有期徒刑或者无期徒刑，并处罚金或者没收财产。另外，《刑法》第一百四十九条规定："生产、销售本节第一百四十一条至第一百四十八条所列产品，不构成各该条规定的犯罪，但是销售金额在 5 万元以上的，依照本节第一百四十条的规定定罪处罚。""生产、销售本节第一百四十一条至第一百四十八条所列产品，构成各该条规定的犯罪，同时又构成本节第一百四十条规定之罪的，依照处罚较重的规定定罪处罚。"由此可以看出，当生产、销售不符合食品安全标准的食品犯罪与生产、销售伪劣产品犯罪在构成法条竞合关系的情况下，适用重法优于轻法的处理原则。

在生产、销售不符合食品安全标准的食品犯罪的加重处罚情节方面，《刑法修正案（八）》将该犯罪的法定加重处罚情节修改为"对人体健康造成严重危害或者有其他严重情节"以及"后果特别严重"，分别作为两个档次的法定刑加重处罚条件。

首先，来看第一个档次的法定刑加重处罚条件，是两个并列的条件："对人体健康造成严重危害"和"其他严重情节"。法定刑加重的原因在于加重法定刑的事由的出现导致行为的社会危害性程度增大或这些事由体现出了犯罪人更为恶劣的主观恶性。因此，这里所说的"其他严重情节"必须符合两个条件之一：在社会危害性程度上与"对人体健康造成严重危害"大体相当，或者体现了犯罪人更为恶劣的主观恶性。我们知道，犯罪行为的社会危害性及其程度主要体现于犯罪客体及犯罪客体受侵害的程度。生产、销售不符合食品安全标准的食品犯罪被规定于刑法分则破坏社会主义市场经济秩序犯罪中，犯罪客体是食品消费者的生命健康权和食品市场的秩序，法定刑加重处罚条件中的"对人体健康造成严重危害"主要体现的是食品消费者的生命健康权受侵害的情况，那么，作为与加重结果相并列的加重情节就应当主要是指体现对食品市场秩序造成破坏的那些情节。①

对"对人体健康造成严重危害"这个情节，在理解上一般不存在什么困难。最高人民法院、最高人民检察院 2001 年发布的《关于办理生产、销售伪劣商品刑事案件具体应用法律若干问题的解释》第四条第二款规定："生产、销售不符合卫生标准的食品被食用后，造成轻伤、重伤或者其他严重后果的，应认定为'对人体健康造成严重危害'。"虽然《刑法修正案（八）》已经将本罪的罪状做出了修改，但是笔者认为该司法解释对我们理解"对人体健康造成严重危害"

---

① 唐正祥 . 2011. 论危害食品安全犯罪的加重情节//朱孝清，莫洪宪，黄京平 . 中国刑法学年会文集（2011 年度）. 北京：中国人民公安大学出版社：1384.

仍然具有重要的参考价值。这其中，"轻伤"、"重伤"在判断上一般不会出现什么歧义，完全可以依照《人体轻伤鉴定标准》和《人体重伤鉴定标准》来操作；"其他严重后果"一般是指除"轻伤"、"重伤"之外，食品消费者身体健康受到的伤害。例如，由不安全食品造成身体患上慢性疾病、身体发育出现早熟或迟滞等不正常现象、身体出现罹患癌症等严重疾病的严重隐患情况。

但是与结果加重犯中的加重结果具有特定性、明确性和单一性不同，情节加重犯之加重情节往往具有综合性、模糊性和概括性等特点。① 作为生产、销售不符合食品安全标准的食品罪中加重处罚情节的"其他严重情节"主要体现的是食品市场秩序受到破坏的情况和犯罪人的主观恶性程度。我们很难拿简单明了的标准来衡量食品市场秩序受到破坏的程度，由此决定了只能交由具体案件的承办司法工作人员以自由心证来分析案件中的相关情节是否属于"其他严重情节"。由于"其他严重情节"是与"对人体健康造成严重危害"并列作为法定刑升格的条件，可以认为"其他严重情节"是对"对人体健康造成严重危害"的补充，在具体判断某一情节是否属于"其他严重情节"时，要与"对人体健康造成严重危害"的情形相权衡，在解释上虽然不要求内容上的相似，但是在社会危害性的评价上应当具有相当性，即从具体情节来看，"其他严重情节"主要是包括那些行为虽然没有造成食品消费者人体严重危害，但是从被害人数、涉案金额等方面考虑，危害性并不弱于"对人体健康造成严重危害"的情形。②

一般来说，在判断是否属于生产、销售不符合食品安全标准的食品犯罪中的"其他严重情节"时，可以考虑犯罪人生产、销售不符合食品安全标准的食品的次数、犯罪数额及是否在社会上造成恶劣影响等因素。行为次数在我国刑法中是常见的法定刑加重处罚条件之一。例如，"多次抢劫"就是抢劫犯罪法定刑升格的一个重要条件，犯罪行为次数越多，表明刑法所保护的法益受侵害的频率越频繁，说明行为的社会危害性程度比较高；另外，行为人反复多次实施犯罪行为，表明行为人违反刑法的意志的坚定性，说明了行为人主观恶性程度和人身危险性程度比较高。在食品安全犯罪中，犯罪数额虽然与犯罪行为的社会危害性并不总是呈正比例关系，但是犯罪数额往往是衡量食品安全犯罪行为社会危害性的一个重要指标。行为人的生产、销售不符合食品安全标准的食品犯罪行为尽管犯罪数额不是非常大，也没有造成食品消费者轻伤以上的健康损害，但是其犯罪行为受害人众多，涉及面相当广，在社会上造成的影响比较恶劣的时候，也可以认为其行为符合"其他严重情节"。例如，生产、销售的不符合食品安全标准的食品属于专供婴幼儿食用的主、辅食品或者是供病人食用的

---

① 吴振兴.1996.罪数形态论.北京：中国检察出版社：82，83.
② 陈冉，李莹.2011－05－09.食品安全犯罪司法认定中的新问题.检察日报，3.

营养食品，还有在灾区销售不符合食品安全标准的食品，或者是将不符合食品安全标准的食品销往国外，影响我国食品行业的形象等。

其次，我们再来看第二个档次的法定刑加重处罚条件——"后果特别严重"。在理解何为"后果特别严重"时，必须以第一个档次的法定刑加重处罚条件——"对人体健康造成严重危害或者有其他严重情节"为基础，因为第二个档次法定刑的加重是在第一个档次法定刑加重的基础上进行的，符合第二个档次法定刑加重的条件，说明犯罪行为具备比第一个档次法定刑加重条件下更为严重的社会危害性，以及行为人具有更为恶劣的主观恶性。简言之，在本质上，"后果特别严重"和"对人体健康造成严重危害或者有其他严重情节"应当具有同质性。笔者赞同最高人民法院和最高人民检察院 2001 年发布的《关于办理生产、销售伪劣商品刑事案件具体应用法律若干问题的解释》第四条第三款对"后果特别严重"的解释，即"生产、销售不符合卫生标准的食品被食用后，致人死亡、严重残疾、三人以上重伤、十人以上轻伤或者造成其他特别严重后果的"。在此，"致人死亡、严重残疾、三人以上重伤、十人以上轻伤"是从危害结果的角度说明犯罪行为的社会危害性程度，对应的是第一个档次法定刑加重处罚条件中的"对人体健康造成严重危害"，那么"两高"这个司法解释中所说的"其他特别严重后果"就应当对应第一个档次法定刑加重处罚条件中的"其他严重情节"，具体处延可以参照笔者在上段中的论述，只是程度上要更为严重一些而已。

二 生产、销售有毒、有害食品罪

《刑法》第一百四十四条规定："在生产、销售的食品中掺入有毒、有害的非食品原料的，或者销售明知掺有有毒、有害的非食品原料的食品的，处 5 年以下有期徒刑或者拘役，并处或者单处销售金额 50％以上 2 倍以下罚金；造成严重食物中毒事故或者其他严重食源性疾患，对人体健康造成严重危害的，处 5 年以上 10 年以下有期徒刑，并处销售金额 50％以上 2 倍以下罚金；致人死亡或者对人体健康造成特别严重危害的，依照本法第 141 条的规定处罚。"《刑法修正案（八）》第二十五条将《刑法》第一百四十四条修改为："在生产、销售的食品中掺入有毒、有害的非食品原料的，或者销售明知掺有有毒、有害的非食品原料的食品的，处 5 年以下有期徒刑，并处罚金；对人体健康造成严重危害或者有其他严重情节的，处 5 年以上 10 年以下有期徒刑，并处罚金；致人死亡或者有其他特别严重情节的，依照本法第 141 条的规定处罚。"

《刑法修正案（八）》第二十五条对《刑法》第一百四十四条的修改主要体现在法定刑方面：一是提高了法定刑的下限，由拘役提高至 6 个月有期徒刑；

二是将罚金刑的适用方式由并处或者单处一律修改为并处；三是将罚金刑数额的立法模式由比例兼倍数制修改为抽象罚金制，方便了对犯罪人罚金刑的适用；四是修改了法定刑升格的条件，将对应第二档次法定刑的量刑情节"造成严重食物中毒事故或者其他严重食源性疾患，对人体健康造成严重危害的"修改为"对人体健康造成严重危害或者有其他严重情节的"，将对应第三档次法定刑的量刑情节"致人死亡或者对人体健康造成特别严重危害的"修改为"致人死亡或者有其他特别严重情节的"，将法定刑升格的事由从单纯的危害结果扩大至包括其他严重情节，扩大了刑罚处罚的范围，加大了对生产、销售有毒、有害食品犯罪的惩罚力度。

从刑法的规定来看，生产、销售有毒、有害食品犯罪，是指违反国家食品安全管理法规，在生产、销售的食品中掺入有毒、有害的非食品原料的，或者销售明知掺有有毒、有害的非食品原料的食品的行为。

"从性质上来说，食品安全标准是法定的标准，而有毒、有害是客观的事实，安全标准低于有毒、有害的标准，所以在具备有毒、有害性时就不再进行安全标准的判断。"① 从行为对象的角度看，可以说《刑法》第一百四十四条生产、销售有毒、有害食品犯罪是第一百四十三条生产、销售不符合食品安全标准的食品犯罪的特殊法，是法条竞合关系。

生产、销售有毒、有害食品犯罪的行为对象是"有毒、有害的食品"，行为模式表现为在生产、销售的食品中掺入有毒、有害的非食品原料，或者销售明知掺有有毒、有害的非食品原料的食品。"有毒、有害的非食品原料"的认定就成为认定行为人的行为是否成立生产、销售有毒、有害食品犯罪的关键。

理论界在对"有毒、有害的非食品原料"的理解上存在着争议。第一种观点认为，所谓有毒、有害的非食品原料，是指既无任何营养价值，根本不能食用，又对人体具有生理毒害，食用后会引起不良反应，损害机体健康的非食品原料，如常见的工业酒精、工业染料、色素、化学合成剂、毒品（包括精神药品）、受污染的水源等。② 第二种观点认为，所谓"有毒、有害的非食品原料"，是指含有既不符合卫生标准，又有毒、有害的非食品原料的食品。③ 第三种观点认为，所谓"有毒、有害的非食品原料"，是指非食品原料的一种，是对人体有生理毒性，食用后会引起不良反应，损害人体健康的不能食用的原料，如在白

① 朱艳菊.2011.关于"瘦肉精"背后涉嫌犯罪的实证分析//朱孝清，莫清宪，黄京平.中国刑法学年会文集（2011年度）.北京：中国人民公安大学出版社：1375.
② 周道鸾.1997.中国刑法分则适用新论.北京：人民法院出版社：151.
③ 欧阳涛，魏克家，刘仁文.1997.中华人民共和国新刑法注释与适用.北京：人民法院出版社：165.

酒中加入的工业酒精、在火锅中加入的罂粟壳粉末。① 第四种观点认为，所谓"有毒、有害的非食品原料"，是指含有毒性元素或对人体有害的成分而不能作为食品的配料或食品添加剂的物质。②

笔者认为可以这样认识"有毒、有害的非食品原料"：首先，所掺入的应是"非食品原料"，如果所添加的确系食品原料，即使发生了变质等，对人体产生了毒性，也不属于有毒、有害的非食品原料，符合生产、销售不符合食品安全标准的食品犯罪的应以该罪论处；其次，"有毒、有害的非食品原料"是指该物质具有毒害性，合格的食品添加剂（食品添加剂是指为改善食品品质和色、香、味以及为防腐、保鲜和加工工艺的需要而加入食品中的人工合成或者天然物质）也属于非食品原料，但是属于无毒、无害的非食品原料；再次，"有毒、有害的非食品原料"是指人食用后会对机体造成损害的物质，但是不包括毒品，因为对毒品和精神药品，国家有专门的使用管理办法，对实践中发生的在火锅中加入罂粟壳粉末的行为，可以考虑认定为成立欺骗他人吸毒行为；最后，若食品中掺入的非食品原料无毒、无害，则不构成生产、销售有毒、有害食品罪；若销售金额达 5 万元以上，符合生产、销售伪劣产品罪构成要件的，可以按该罪论处；至于非食品原料是否有毒、有害，应以省级以上卫生行政部门确定的鉴定机构出具的鉴定结论为依据。

生产、销售有毒、有害食品犯罪的主体是一般主体，即只要达到刑事责任年龄且具有刑事责任能力的自然人都可以构成该罪。根据《刑法》第一百五十条的规定，单位也可以成为该罪主体。单位犯该罪的，实行两罚制。

生产、销售有毒、有害食品罪侵犯的犯罪客体是复杂客体，包括国家对食品安全的监督管理秩序和广大食品消费者的生命、健康权利。

生产、销售有毒、有害食品罪的主观方面必须是出于故意，即行为人明知是有毒、有害的非食品原料而故意掺入其所生产、销售的食品中，或者明知是掺有有毒、有害的非食品原料的食品而故意予以销售。行为人实施生产、销售有毒、有害食品犯罪一般是出于非法营利的目的，但营利目的并不是成立生产、销售有毒、有害食品犯罪的必备要件。过失不构成本罪。

行为人是否明知所生产、销售的食品中被掺入有毒、有害的非食品原料，是本罪罪与非罪的重要界限。"明知"既包括行为人确切地知道所生产、销售的食品中被掺入有毒、有害的非食品原料，也包括行为人知道所生产、销售的食品中可能被掺入有毒、有害的非食品原料。在司法实践中，对于行为人是否明知，存在认定上的困难。有学者认为可以从几种情况推定行为人对生产、销售

① 王作富 . 2006. 刑法分则实务研究 . 上册 . 北京：中国方正出版社：280.
② 高铭暄 . 2000. 刑法学 . 北京：北京大学出版社：280.

的食品中被掺入有毒、有害的非食品原料的明知与否：第一，从行为人角度看，如果系未经主管部门批准而擅自从事食品生产、销售的，则可能故意销售掺有毒、有害的非食品原料的食品，即其销售是"明知"的；第二，从进货渠道、买卖双方交易的手续看，如果进货渠道、买卖手续都不正当，则可以推定行为人对其销售的食品的性质和质量是"明知"的；第三，看有无质量合格标记、标签、包装说明书等，如果没有，则可以推定行为人对其销售的食品的性质和质量是"明知"的；第四，看交接的方式、方法、时间、地点是否正确，如果采取非正当的方式、方法，在不合理的时间、地点进行交易，则可以推定行为人对其销售的食品的性质和质量是"明知"的；第五，看买卖双方的成交价格是否合理，如果成交价格明显低于正常的市场价格，则可以推定行为人对其销售的食品的性质和质量是"明知"的；第六，看买卖过程中是否存在高额账外暗中回扣，如果存在，则可以推定行为人对其销售的食品的性质和质量是"明知"的；第七，从食品消费者的反应来看，如果食品消费者不断向行为人反映其所销售的食品的性质和质量有问题，但是行为人不予理睬并且继续销售的，依法可以推定行为人对其销售的食品的性质和质量是"明知"的。① 对上述判断方法，笔者基本上认可，但是在行为人未经许可而擅自生产、销售食品的情况下，不能仅凭其未取得食品生产经营许可而认定其生产、销售的食品是掺有有毒、有害非食品原料的食品，毕竟《食品安全法》在一定程度上也认可未取得食品生产经营许可的食品生产加工小作坊的存在。

生产、销售有毒、有害食品犯罪的行为人的主观目的一般是获取非法利润，行为人在食品中掺入有毒、有害的非食品原料，往往是为了增加食品的数量或改变食品的色、香、味，以获取更大的非法利润。行为人对危害结果的发生持过失的心态或放任的态度，不包括希望的态度。若行为人明知自己生产、销售有毒、有害食品的行为会发生危害社会的结果，并希望这种结果的发生，对这种结果持积极追求的态度，可以认定行为人主观上有危害公共安全的故意，可以按《刑法》第一百一十四条规定的以危险方法危害公共安全犯罪追究行为人的刑事责任。实践中，若行为人为增加食品数量或改变食品的色、香、味，以赚取更大的不正当利润，而在所生产、销售的食品中掺入大量剧毒物品，应当认定为投放危险物质罪。因为行为人在生产、销售的食品中掺入大量剧毒物品，意味着行为人已经认识到严重的危害结果的必然发生，可以认为行为人在意志上对这个危害结果的发生是持希望的态度的。

在此需要特别指出的是，在本书第五章中，笔者认为，在我国刑法中，完

---

① 田立文 . 2011. 关于生产、销售有毒、有害食品的几个问题探讨 // 朱孝清，莫洪宪，黄京平 . 中国刑法学年会文集（2011 年度）. 北京：中国人民公安大学出版社：1360.

全可以借鉴严格责任理论追究生产、销售不符合食品安全标准的食品犯罪和生产、销售有毒、有害食品犯罪人的刑事责任，在考虑生产、销售不符合食品安全标准的食品罪和生产、销售有毒、有害食品罪的成立时，不需要证明犯罪行为人在主观上是出于故意而实施相关犯罪行为的。但是我国刑法理论界的通说认为犯罪故意的存在对生产、销售不符合食品安全标准的食品罪和生产、销售有毒、有害食品罪的构成是不可缺少的。关于严格责任理论的引入只是笔者的建议，因此，在此处讨论生产、销售不符合食品安全标准的食品罪和生产、销售有毒、有害食品罪的构成要件时，仍然采取通说的观点。

生产、销售有毒、有害食品犯罪在客观方面表现为，违反国家食品安全管理法规，在生产、销售的食品中掺入有毒、有害的非食品原料，或者销售明知是掺有有毒、有害的非食品原料的食品的行为。

行为人实施的行为必须是违反国家食品安全管理法规的行为。违反国家食品安全管理法规，是指违反《食品安全法》等法律法规。

根据最高人民法院和最高人民检察院 2002 年 8 月 16 日发布的《关于办理非法生产、销售、使用禁止在饲料和动物饮用水中使用的药品等刑事案件具体应用法律若干问题的解释》的规定，使用盐酸克伦特罗（瘦肉精）等禁止在饲料和动物饮用水中使用的药品或者含有该类药品的饲料养殖供人食用的动物，或者销售明知是使用该类药品或者含有该类药品的饲料养殖的供人食用的动物；以及明知是使用盐酸克伦特罗等禁止在饲料和动物饮用水中使用的药品或者含有该类药品的饲料养殖的供人食用的动物，而提供屠宰等加工服务，或者销售其制品的行为也按生产、销售有毒、有害食品罪追究刑事责任。扩大了生产、销售有毒、有害食品罪的行为模式。

要成立生产、销售有毒、有害食品罪，行为人必须实施了在所生产、销售的食品中掺入了有毒、有害的非食品原料的行为或销售明知是掺入有毒、有害的非食品原料的食品的行为。这里所说的"掺入"行为一般表现为以积极的方式在所生产、销售的食品中加入有毒、有害的非食品原料。但是也有学者认为，除了上述典型的表现方式外，"掺入"行为还可以表现为将有毒、有害的非食品原料当做食品或食品原料直接销售给食品消费者的行为。据此，"掺入"行为可以有四种表现方式：一是直接当做食品添加剂销售，如以工业用盐当做食盐销售；二是作为食品添加剂加入食品中，如以硼砂和水玻璃加工腐竹；三是当做原料配置成食品出售，如使用工业酒精兑水制作白酒；四是将有毒、有害的非食品原料直接当做食品销售，如销售毒蘑菇；如果只是随意扩大使用范围和使用量在食品中掺入属于食品原料的添加剂或防腐剂，尽管属于坑害食品消费者的行为，但是也不属于该罪中所说的"掺入"①。笔者赞同上述观点，认为没有必要拘泥于"掺入"的字面含义，对掺入行为做过多的限制，只要某种行为具备了与典型的掺入行为相同的社会危害性，且将其作为该罪中的"掺入"行为不会超越社会一般人的理解，即可将其作为该罪中的"掺入"行为。实践中发生的使用有毒、有害物质浸泡食品，或者非法使用禁止使用的食品添加剂涂抹于成长期的农产品、肉制品，使其具有保存、催熟、保鲜、增加色泽度等行为，如用甲醛泡鸭血、膨大剂药水泡猕猴桃等，由于有毒、有害物质可以通过浸泡、洗涤等方式慢慢地渗入食品中，也可以将这种行为理解为"掺入"。

所谓有毒的物质，是指进入人体后能与人体内的一些物质发生化学变化，从而对人体的组织和生理机能造成破坏的物质。所谓有害的物质，是指被摄入人体后，对人体的组织、机能产生影响、损害的物质。有毒、有害的非食品原料同食品添加剂、食品强化剂是不同的。食品添加剂是指为了改善食品品质和食品的色、香、味，以及为了防腐和加工工艺的需要而加入食品中的化学合成物或天然物质。食品强化剂是指为了增加营养成分而加入食品中的天然的或人工合成的属于天然营养素范围的食品添加剂。合乎食品生产标准和生产工艺的食品添加剂和食品强化剂不属于有毒、有害的非食品原料。这里所说的食品原料是指通过加工、处理、调配、烹饪等手段或方法制成形态、色泽、风味、质地及营养价值各不相同的加工制品或者可以直接食用的各种可食性原材料。食品原材料根据其来源可分为四大类：植物性食品原料、动物性食品原料、非生物性食品原料、发酵食品原料。其中非生物性食品原料指在食品加工中所使用的水、食盐、盐卤和某些食品添加剂等。发酵食品原料指酱料、酱油、醋、酒、味精、泡菜等。在实践中，生产、销售有毒、有害食品犯罪行为通常表现为违法加入对人体有毒、有害的添加剂。根据《食品中可能违法添加的非食用物质和易滥用的食品添加剂品种名单（第一批）》的通知内容规定，判定某种物质是否属于非法添加物，根据相关法律、法规、标准的规定，可以参考以下原则：①不属于传统上认为是食品原料的；②不属于被批准使用的新资源食品的；③不属于卫生部公布的食药两用或作为普通食品管理的物质的；④未列入我国食品添加剂（《食品添加剂使用卫生标准》（GB2760—2007）及卫生部食品添加剂公告）、营养强化剂品种名单（《食品营养强化剂使用卫生标准》（GB14880—1994）及卫生部食品营养强化剂公告）的；⑤其他我国法律法规允许使用的物质之外的物质。

生产、销售有毒、有害食品犯罪是行为犯。只要行为人出于故意实施了在所生产、销售的食品中掺入有毒、有害的非食品原料的行为，或者明知是掺有

---

① 郭立新，杨迎泽．2000．刑法分则适用疑难问题解．北京：中国检察出版社：58．

有毒、有害非食品原料的食品仍然予以销售，就构成该罪。《刑法修正案（八）》第二十五条的规定，在生产、销售的食品中掺入有毒、有害的非食品原料的，或者销售明知掺有有毒、有害的非食品原料的食品的，处 5 年以下有期徒刑，并处罚金；对人体健康造成严重危害或者有其他严重情节的，处 5 年以上 10 年以下有期徒刑，并处罚金；致人死亡或有其他特别严重情节的，依照刑法第一百四十一条的规定处罚。在生产、销售有毒、有害食品犯罪的刑事责任立法中，也存在法定刑加重处罚的情节，对这些情节的具体理解，完全可以参照对生产、销售不符合食品安全标准的食品罪法定刑中的加重处罚情节的理解，在此就不再赘述。

生产、销售不符合食品安全标准的食品罪在刑法理论上属于危险犯，生产、销售有毒、有害食品罪是行为犯，只要具备往所生产、销售的食品中掺入有毒、有害的非食品原料，或者明知是掺有有毒、有害非食品原料的食品而销售的行为即成立犯罪。其实，立法者的本意是，行为人只要实施了生产、销售有毒、有害食品的行为，就可以认定其行为已经对食品消费者的人身健康造成了危险，而这一点恰恰是危害公共安全犯罪的一个基本特点。"这说明食品安全犯罪主要保护的客体是食品安全，而不是所谓的经济秩序。"[1] 将食品安全犯罪置于破坏社会主义市场经济秩序犯罪中会导致在定罪量刑时过于强调犯罪行为对食品市场秩序的破坏，而忽视犯罪行为对食品消费者人身安全的危害，而这恰恰是与《食品安全法》的立法目的相违背的。《食品安全法》第一条即明示了《食品安全法》的立法目的，那就是保证食品安全，保障公众身体健康和生命安全。食品安全犯罪属于行政犯的范畴，在这一点上基本上是没有争议的。行政犯是与国家行政目的或者政策之维护密切相关的一类犯罪，为维护行政目的或政策需要，确保其命令或禁止法规的效力，对违反者设定了一些罚则作为制裁，其中被科以刑法上之刑名者即为行政犯。行政犯一词存在的意义就在于一般与国家的行政上的目的或政策上的需要有关，行政犯一般采取空白刑罚规范的立法方式，因而其犯罪事实构成及阻却违法的认定与确立往往必须依赖于行政法规或者行政规范的规定补充。[2] 从行政犯的这个立法目的出发，作为《食品安全法》执法的刑法保障的食品安全犯罪立法首要保护的应当是食品消费者的人身健康，而不是食品市场秩序。因此，笔者认为将生产、销售不符合食品安全标准的食品罪和生产、销售有毒、有害食品罪放在破坏社会主义市场经济秩序犯罪中是不妥的，可以考虑将其放在危害公共安全犯罪当中。在国外，也有国家的刑法

---

① 江献军 .2011. 食品安全犯罪若干问题研究//朱孝清，莫洪宪，黄京平 . 中国刑法学年会文集（2011 年度）. 北京：中国人民公安大学出版社：1400.

② 黄明儒 .2004. 行政犯比较研究 . 北京：法律出版社：122.

将食品安全犯罪放在危害公共安全犯罪中的，如西班牙刑法和瑞典刑法就是将食品安全犯罪放在危害公共安全犯罪中的。

三 食品安全犯罪法条竞合

从种属关系看，有毒、有害食品和不符合食品安全标准的食品都属于伪劣产品，因此《刑法》第一百四十三条规定的生产、销售不符合食品安全标准的食品罪，第一百四十四条规定的生产、销售有毒、有害食品罪与第一百四十条规定的生产、销售伪劣产品罪之间存在重合或交叉关系，属于法条竞合的关系。

在本书前面相关部分，笔者已经论及，从有毒、有害食品和不符合食品安全标准的食品之间的关系来看，生产、销售有毒、有害食品犯罪可以被认为是生产、销售不符合食品安全标准的食品罪的特殊法，二者之间是一种法条竞合关系。在法条竞合的情况下，原则上是特别法优于普通法。[①] 若行为人的行为符合生产、销售有毒、有害食品犯罪的构成要件，则按生产、销售有毒、有害食品犯罪追究行为人的刑事责任。

但是较之生产、销售伪劣产品犯罪，生产、销售有毒、有害食品犯罪和生产、销售不符合食品安全标准的食品犯罪又都属于特殊法，在这种情况下，当某行为同时构成生产、销售有毒、有害食品罪和生产、销售伪劣产品罪，或者同时构成生产、销售不符合食品安全标准的食品罪和生产、销售伪劣产品罪时，根据《刑法》第一百四十九条第二款的规定，依照处罚较重的条款追究行为人的刑事责任，不适用特殊法优于普通法的法条竞合处理原则，适用重法优于轻法的法条竞合处理原则。

这样一来，法定刑轻重的比较就成为食品安全犯罪与生产、销售伪劣产品犯罪发生竞合时，法条适用的关键。那么，如何比较法定刑的轻重呢？有一种意见认为，比较法定刑的轻重，应笼统地在几个条文之间以法定最高刑或法定最低刑为标准进行比较，不必具体到不同的量刑幅度。[②] 例如，在《刑法》第一百四十条规定的生产、销售伪劣产品罪和第一百四十四条规定的生产、销售有毒、有害食品罪之间，就两个条文而言，前者最高刑是无期徒刑，后者最高刑是死刑；根据上述观点，二者之间发生法条竞合时应一律认定为生产、销售有毒、有害食品罪。笔者认为，比较法定刑轻重，不能笼统地在几个条文之间进行比较，而应当以行为人的犯罪行为所对应的相应的法定刑量刑幅度空间作为比较法定刑轻重的标准。原因在于，若仅在几个条文之间进行比较，不具体到

[①] 高铭暄，马克昌 . 2007. 刑法学 . 第三版 . 北京：北京大学出版社，高等教育出版社：205.

[②] 高铭暄 . 2000. 刑法学 . 北京：北京大学出版社：277.

相应的量刑幅度，在一些特殊情形下可能导致罪刑不相适应，就像诈骗罪，法定刑最高刑是无期徒刑，但是行为人若诈骗了 1 万元，且不具备任何法定刑加重处罚的情节，根本就不可能被处无期徒刑，笼统的就两个犯罪的法定刑整体进行比较没有任何意义，我们只能在行为人可能被判处的法定刑量刑幅度空间内去比较才有意义。另外，在判断追诉时效时，刑法理论界一般认为，"犯罪的法定最高刑不能简单地理解为犯罪人所触犯之罪名的法定最高刑，而是要根据刑法对具体犯罪所规定的法定刑的具体情况及犯罪人犯罪的具体情况来确定。如果犯罪人所犯罪行的刑罚，分别由几条或几款规定时，犯罪的法定最高刑应是指按其罪行应当适用的条或款的最高刑；如果犯罪人所犯罪行的同条或同款中有几个量刑幅度时，犯罪的法定最高刑是指按其罪行应当适用的量刑幅度的最高刑；如果条文只规定了单一的量刑幅度，犯罪的法定最高刑就是指该条的最高刑。"① 刑法理论界关于追诉时效制度中法定最高刑的理解虽然不直接涉及法条竞合问题，但有重要的参照意义，毕竟，二者在本质上是同一个问题。

---

① 高铭暄，马克昌 . 2007. 刑法学 . 第三版 . 北京：北京大学出版社，高等教育出版社：346.

第九章

食品包装法律控制

在法学界，有学者主张，食品包装应当被视为食品的组成部分[①]。笔者认为，尽管食品包装对保障食品安全具有重要的作用，但是将食品包装解释为食品的组成部分恐怕还是超出了社会一般人理解的范围。

食品包装的安全性对保障食品的安全性是非常重要的，实践中就有不少食品原本是安全的，但是被不安全的食品包装材料包装后，食品包装材料中的有毒、有害物质渗入所包装的食品中，反而致使食品成为不符合食品安全标准的食品。另外，在食品包装中还涉及食品标签问题，食品标签规范化对保障食品安全的重要性正逐渐被人们所认识，在《食品安全法》中，就对食品标签的规范化问题做出了不少规定。正是基于上述食品包装对保障食品安全的重要性，在本书中，单独列一章对食品包装的法律控制问题进行研究。

第一节 食品包装安全概览

一 我国食品包装安全状况

食品包装是指预包装食品的包装，按照《食品安全法》的规定，预包装食品是指，预先定量包装或者制作在包装材料和容器中的食品。按照《食品安全法》的规定，用于食品的包装材料和容器，是指包装、盛放食品或食品添加剂用的纸、竹、木、金属、搪瓷、陶瓷、塑料、橡胶、天然纤维、化学纤维、玻璃等制品和直接接触食品或食品添加剂的涂料。

食品包装可以说是现代食品工业生产的最后一道工序，它起着包装、保护、美化、宣传和方便食品储藏、运输与销售的重要作用，并且从某种角度看，食品包装已经成为食品不可分割的重要组成部分。食品包装因而就成为食品生产、销售、运输、储藏等各环节有关食品安全的一个关键之处，无论是质量再好的食品只要放入卫生标准为不合格的包装中，由于受包装物的污染也会变为不合格的食品，包装物的不合格将会使整个食品生产、销售全过程所做出的食品安

---

① 胡洪春.2011.浅论危害食品安全犯罪的完善//朱孝清，莫洪宪，黄京平.中国刑法学年会文集（2011年度）.北京：中国人民公安大学出版社：1462.

全监控努力前功尽弃。

根据现阶段的食品包装材料的情况，可以将食品包装分为塑料包装材料、金属包装容器、陶瓷和搪瓷制品、玻璃包装容器，以及纸和纸板包装容器五大类。

尽管食品包装对于食品安全起着至关重要的作用，但是我国的食品包装安全情况却不容乐观。2004 年，国家质检总局对食品包装袋（膜）的产品质量进行了国家监督抽查，共抽查了河北、山东、河南、江苏、福建、上海、浙江等 7 省（市）106 家企业生产的 106 种产品，合格产品 91 种，产品抽样合格率为 85.8%，部分产品的卫生指标不符合标准要求，含有蒸发残渣和重金属，会对人体健康产生不良影响，尤其会对处于成长期的儿童和青少年的身体和智力发育产生阻碍减缓甚至不可逆转的毒副作用。① 在超市里大量使用的包装新鲜蔬菜和水果用的 PVC 保鲜膜中所含有的有害物质很容易随食品进入人体，对人体有致癌作用，特别是干扰人体内分泌，引起妇女乳腺癌、新生儿先天性缺陷、男性生殖障碍，美国、日本、新加坡、韩国和欧盟已经全面禁止使用 PVC 保鲜膜。国家环保产品质量监督检验中心在对来自北京、天津等 20 多个省（直辖市、自治区）生产和销售的餐盒进行质量抽查，合格率仅为 40%～50%，这些非正规渠道塑料制品大都是由私人小作坊用回收的旧塑料制品生产的，无法消除旧塑料制品中所携带的有毒物质，以及在生产过程中添加了国家不允许使用的回收料和滑石粉，导致蒸发残渣和有害重金属严重超标，对神经系统造成严重损害。自 2000 年以来，国内被报道的幼儿因吃"一口吸"式果冻而窒息死亡的案例不下 10 例，美国、加拿大、日本、韩国和欧盟均已停止生产、销售"一口吸"式果冻。②

以上我们只是从个案的角度看食品包装所出现的问题，从一般的角度看，食品包装材料若不按规定生产或多或少均会对食品安全产生威胁：塑料包装材料中的残留单体和添加剂会对食品产生污染，如果使用再生塑料（用废旧回收塑料溶化后制成）做包装，则因为其中可能会含有农药、煤油、工业用颜料等，危害更大；金属包装容器中的镀锡马口铁罐镀层容易被食品中的有机酸溶解而形成有毒的有机锡盐；陶瓷和搪瓷制品所用的釉和着色颜料中含有铅和镉，如若陶瓷和搪瓷在烧制过程中没有达到要求的温度，则铅和镉溶出量较大，会对人体产生危害；用来制作容器的玻璃若用砷化物作为软化剂，则容易导致砷中毒；生产纸制包装容器需要使用着色剂、上胶剂和漂白剂，这其中含有甲醛和

---

① 国家质检总局产品质量监督司.2004.食品包装袋（膜）产品质量国家监督抽查结果.食品工业科技，（10）：18.

② 公晓南，周艺妹.2006.食品包装难装卫生和放心.中国包装工业，（1）：18.

荧光物质等，若未经消毒处理也会对人体产生危害。[①]

我国现阶段食品包装安全问题主要表现为苯超标、细菌超标、重金属残留等。其中，苯是一种强烈的致癌物，主要存在于涂料、黏胶剂中，在制作食品包装时被广泛使用。由于许多企业缺乏控制与检测手段，食品包装物苯超标现象比较严重。

二 食品包装问题成因分析

从我国目前食品包装中所出现的问题来看，这些问题产生的原因主要有五个方面。

第一是法制观念淡薄。这是造成食品包装问题的宏观原因，但这也不是食品包装安全问题所特有的成因，整个食品安全问题的产生均与法制观念淡薄紧密相关。

第二是因为食品生产商、销售商和食品消费者对食品包装对保障食品安全的重要性都欠缺足够的认识。我们总是认识到食品包装是为了保护、宣传、美化食品，方便运输、消费和增加食品的附加值。却忽视了食品包装可能对食品所造成的污染，不良的包装可能使合格的食品也变为不符合食品安全标准的食品。食品生产商重产品、轻包装，认为只要产品质量好，包装无所谓。食品销售商在选择进货时也只注重产品的内在质量、价格等，而对食品的配套包装也不作太多的要求。食品消费者在选择食品时也有一个错误的认识，那就是认为包装好坏无所谓，只是多花钱而已，忽视包装对食品安全的重要意义。

第三是执法部门也未将食品包装纳入有效的管理范围之内。食品安全监督管理部门对食品安全的监督管理只注重食品的质量，而对许多伪劣食品是通过包装来制假售假却没有给予足够的重视。

第四是由于食品市场、食品消费者对食品包装并不重视，而食品安全执法部门也不重视对食品包装的监督管理，食品制造商为了追求经济利益，便有意识地降低食品包装的质量安全标准。食品生产商便尽量压低食品包装的采购价格，从而导致食品包装生产商为了保本和取得利润，在食品包装材料上以次充好，以假充真。

第五是食品包装的生产过程缺乏有效的监督管理和法律规范将必然导致食品包装的质量安全问题。我们以食品包装物的印刷为例，就包装物所用的原材料来看，现在普遍应用的纸制品、金属制品和塑料制品等原料是否经过卫生检验就很令人怀疑，这些原料是否会对人体产生危害还未引起人们有效的重视，

---

① 董士华.1998.食品包装材料的种类及安全卫生性.中国商检，(3)：24.

众所周知，印刷所用的印油含有大量对人体有害的铅元素及其他一些对人体有害的成分，这些有害成分是否超标还未有法律有效地加以规范。另外，来自于印刷环境和操作人员加工制作过程中的卫生问题同样不可忽视，执法机关对食品生产行业本身的卫生环境和人员健康的监督管理比较重视，但对同样用于食品生产的食品包装物的生产却缺乏有效的监督管理。

第二节　食品包装安全法律控制

一 国外食品包装安全法律控制

在国外，食品包装的安全受到了充分的重视，我们主要以美国和欧盟的食品包装安全立法为例进行中外比较性的研究。美国的食品包装法律是作为针对现实的和潜在的食品安全性危机的一种对策而逐步发展和完善的。美国的食品安全监管机构主要是美国食品药品监督管理局，在美国食品药品监督管理局颁布的相关法律中，食品包装的监管是按照食品添加剂的监管来进行的。

在美国法律中，食品添加剂被分为直接添加剂和间接添加剂两种。直接添加剂是指直接添加进食品中的物质；间接添加剂是指由包装材料转移到食品中的物质。在美国法律中，食品添加剂的定义是指："某种物质在使用之后能够或者有理由证明，可能会通过直接或间接的途径成为食品的组成部分，或者能够及有理由证明会直接或间接的影响食品的特色，而又未经有资格的专家通过科学的方法或凭经验确认其在拟议中的使用场合下是安全的，则可认为该物质是食品添加剂（包括所使用的包装材料和容器）。"[①] 那么，根据该定义，在美国，食品包装及食品包装材料中除了下述四种物质之外，均要按食品添加剂来进行管理：①有理由证明不可能成为食品组成部分的物质；②其安全性已经得到普遍认定的物质；③事先已经被核准使用的物质；④凡是由功能性阻隔材料阻隔而与食品隔开不与食品发生接触的物质。但是需要指出的是，并非任何与食品发生接触并预料会成为食品组成部分的物质均将会成为食品添加剂，只有那些超过某种最低含量限度值的物质才会被认为是食品添加剂。

在美国，如果某种物质被证明可以作为食品包装使用，则必须向美国食品药品监督管理局递交《食品添加剂申请书》，经过批准后方可作为食品包装及食品包装材料来使用。美国食品药品监督管理局在接到申请后，以《申请书》中所提供的资料为依据，考虑该物质材料在预定使用场合下的安全性、在人和动

---

① 章建浩，姜竹茂.1998.美国的食品包装法规.食品工业与法，(10)：52.

物食用过程中的累积性影响等因素综合考虑是否予以批准。

在美国法律中，对作为食品添加剂的食品包装的生产也加以详细的规范。美国法律要求：与食品接触的包装材料的组成部分用量不能超过实现所希望的物理特性和技术特性所需要的数量；所使用的原料的纯度应符合预定的用途等。在美国，包装材料需要经过检验，通过复杂的迁移测试，在被认定为是安全可靠的材料后方能作为食品包装材料来使用，迁移测试主要是用于评估、测试从包装材料中流失出来的食品残留物的含量水平。新型包装材料必须要经过迁移测试，合格后方能作为食品包装材料来使用。

在美国，农业部（USDA）也有权对肉类、家禽等食品，包括其包装进行检查，但是美国农业部的权力也仅限于肉类、禽类及肉禽混合制品。在检查时，农业部会对肉类、禽类及肉禽类混合制品的食品包装提出一些要求：①由包装材料的供应商提供信用卡或保证书，明确声明其产品符合联邦有关食品添加剂的法律规定；②供应商还必须提供由农业部食品安全检查处签发的化学成分认证书；③上述农业部食品安全检查处签发的化学认证书必须随信用卡或保证书一同提供方为有效。需要注意的是，上述要求只是专门针对与食品直接接触的包装材料提出的，对不直接接触食品的包装材料，如不作为食品内包装用的运输用包装箱，就没有这样的要求；此外，对肉类和家禽在加工过程中用以包装原料的包装材料也没有这样的要求。

欧盟对食品包装物的规定与美国大体相似，欧盟将对食品包装监管的重心置于食品包装材料中所含有害物质的迁移率，并制定出"迁移率极限标准"（SML）。欧盟法律要求食品包装材料不能危害人体健康，即食品包装材料中不允许含有大量可渗出物质迁移至食物中从而导致危害人体健康，同时还要求食品包装品的整个加工环节都处于良好的环境之中。欧盟《关于与食品接触物质的指令》（No.1935/2004）是目前欧盟执行的关于食品包装安全的主要法律，欧盟各成员国不需要将该法规的内容转换为本国法律立法，可以直接遵照执行。该法规对与食品接触的包装材料的制品提出了通用的要求：进入欧盟市场的所有的与食品接触的材料和制品应按良好生产规范组织生产，食品包装材料和制品在正常或者可以预见的条件下，其构成成分转移到食品中的量不得造成危害人类健康的结果，不得造成食品成分发生无法接受的变化，不得造成所包装的食品感官特性劣变的情况，且食品包装材料和制品的标签、广告和说明不能误导食品消费者。该法规还对食品包装材料提出了可追溯性的要求，要求为了便于食品包装材料的生产控制、有缺陷产品的召回、食品消费者信息的获取和食品安全责任的分摊，在食品链条的任何阶段都应当保证食品包装材料和制品的可追溯性。

二　我国食品包装安全法制

我国目前关于食品包装方面的法律、法规还相当不健全，《食品安全法》中关于食品包装安全的条款并不多，且都是原则性的规定。《食品安全法》第二十七条第六项规定："贮存、运输和装卸食品的容器、工具和设备应当安全、无害，保持清洁，防止食品污染，并符合保证食品安全所需的温度等特殊要求，不得将食品与有毒、有害物品一同运输。"第二十七条第七项规定："直接入口的食品应当有小包装或者使用无毒、清洁的包装材料、餐具。"上述两个条款是《食品安全法》对食品包装安全的原则性规定。

关于食品包装材料的安全性控制方面，卫生部曾于 1990 年 11 月 26 日颁布《食品包装用原纸卫生管理办法》、《食品容器内壁涂料卫生管理办法》和《食品用塑料制品及其原材料卫生管理办法》。这三个《管理办法》不仅内容简单、过于原则性、缺乏可操作性，而且还远远落后于时代的需要。应当说这三个《管理办法》是不足以从立法上保障食品包装的卫生安全的，除了《食品包装用原纸卫生管理办法》在第五条规定："生产食品包装用原纸的企业，须经食品卫生监督机构认可。"规定生产准入制度之外，其他两个《管理办法》均未规定准入制度，这样就很难从源头上对食品包装卫生安全进行管理。这三个《管理办法》还存在一个共同的缺陷，那就是没有对食品包装物的生产过程进行规范，《食品安全法》对食品的生产过程做出了详细的规定，如果不对食品包装物的生产过程进行规范，那就有可能会导致《食品安全法》关于食品生产过程中的食品安全监管规定被虚置，因为不合格的食品包装物会使合格的食品在包装中受到污染而变得不合格。由于自身固有的缺陷性，上述三个部门规章中的《食品包装用原纸卫生管理办法》和《食品容器内壁涂料卫生管理办法》已经在 2010 年 12 月 28 日被卫生部明令废止。

目前，我国实行的关于食品包装及食品包装材料的技术标准主要有《食品容器、包装印刷材料用添加剂使用卫生标准》（GB9685—2008）、《包装印刷用塑料复合膜、袋干法复合、挤出复合标准》（GB/T10004—2008）、《食品包装印刷容器、包装材料用三聚氰胺—甲醛成型品卫生标准》（GB9690—2009）、《塑料一次性餐饮具通用技术要求》（GB18006.1—2009）、《食品用塑料自粘保鲜膜》（GB10457—2009）等。但是技术标准毕竟不能等同于法律，技术标准的实施是没有法律的强制力作保障的，我们应当改变当前这种关于食品包装缺乏法律规制的局面，建立食品包装法律和食品包装技术标准共同组成的食品包装法律控制体系。

在我国，对食品包装还未达到像欧美国家那样的重视程度，这并不是说我们不知道要重视食品的包装，只是我们现在还未能够有效地解决食品本身的安全问题，在这种情况下，很难在食品安全立法上给予食品包装应有的重视，在执法上也很难拿出大量的人力、财力、物力去对食品包装进行监管，因为我们所要解决的首要问题是食品本身的安全问题。因此，在本书中所研究的食品包装就仅限于直接接触食品的包装及包装材料，研究的核心是如何通过法律手段防止食品包装材料中含有对人体有害的物质，以及如何通过法律手段防止这些物质通过与食品的接触而渗入食品中。对非与食品接触的包装及包装材料则没有必要纳入食品安全研究的范围之内。但是对非与食品接触的包装及包装材料也并非完全不予监管，正如卫生部在 2004 年 6 月 25 日下发的《关于食品包装用纸卫生监督管理有关问题的批复》中所指出的那样：虽然《食品包装用原纸卫生管理办法》不适用于食品包装中非与食品接触的包装面，但是也应当有效防止包装外侧的油墨、颜料渗透穿过包装纸造成食品污染。如果出现了这种情况，那么非与食品接触面的包装及包装材料也应当纳入食品安全监管范围之内。

笔者在本书前面相关部分提到，在美国，对食品包装及食品包装材料是按照食品添加剂进行管理的。这种食品包装安全监管模式倒是为我国完善食品包装安全法律控制体系提供了一个新的思路。对食品包装，我国还没有专门的法律予以规范，而对食品添加剂则不然，除了《食品安全法》做出原则性的规定之外，卫生部在 2010 年 3 月还专门颁布了《食品添加剂新品种管理办法》，于2010 年 3 月 30 日起施行；国家质检总局于 2010 年 4 月颁布《食品添加剂生产监督管理规定》，于 2010 年 6 月 1 日起施行。这两个规章对食品添加剂的审批、生产、经营、使用和监督管理做出了详细的规定。

食品添加剂是指，为改善食品品质和色、香、味，以及为防腐和加工工艺的需要而加入食品中的化学合成或者天然物质。食品添加剂和食品包装材料中的渗出物有很大的共同性，都不是食品本身所固有的成分，都是由外界进入食品中的，只不过食品添加剂是人工加入的，而食品包装材料中的渗出物是经过与食品的接触自然渗入食品中的。当然了，合法的食品添加剂在安全的剂量范围内对人体是无害的，而食品包装材料中的渗出物则在大部分情况下是对人体有害的。国家制定有关食品添加剂的法律规范的目的就是不让食品中含有对人体有害的外来成分，而国家对食品包装及食品包装材料进行监管的目的也就在于禁止食品包装材料中含有对人体有害的渗出物及防止这些渗出物通过与食品的接触而渗入食品中。所以，食品添加剂法律监管的目的和食品包装安全法律监管的目的是相同的。从我国的食品添加剂立法和理论研究中对食品添加剂的理解来看，对食品包装材料适用食品添加剂法律规范也是合适的，在立法上，根据《食品安全法》的规定，食品添加剂是指为改善食品品质和色、香、味，以及为防腐和加工工艺的需要而加入食品中的化学合成物质或天然物质；理论界认为食品添加剂是指任何本身既非用于正常食品消费，也非用做食品的典型配料的物质，无论它是否具备营养价值，添加该物质的目的都是在制造、加工、制备、处理、包装、打包、运输、保鲜（或直接或间接地）食品时，使产品或其副产品成为食品的某一成分或具有某一特性等方面，达到一定的技术（包括感官）效果。①

基于上述食品添加剂和食品包装材料在自然属性上的共同性，以及食品添加剂法律监管的目的和食品包装安全法律监管的目的的相同性，笔者认为对食品包装及食品包装材料的监管适用有关食品添加剂的法律规范是合适的、方便可行的，同时也符合国外食品包装监管的惯例。

我国目前对食品包装及食品包装材料的监管几乎为零，食品包装及食品包装材料生产商可以随意使用食品包装材料，不需要向任何主管部门申请批准，这就使食品包装及食品包装材料在源头上就失去控制。在生产过程中，对食品包装及食品包装材料的生产也是没有任何控制的，在食品包装的使用上虽然有一些法律规范，但是这些规范也很简单，基本上不具备可操作性。但是《食品添加剂新品种管理办法》对食品添加剂在审批、生产、使用等各个环节均做出了详细的规定。如果我们将《食品添加剂新品种管理办法》和《食品添加剂生产监督管理规定》应用于食品包装及食品包装材料上，则可以极大地改变我国目前对食品包装安全法律监管的空白状况。这样做也可以节约立法成本，我们没有必要就两种近似的东西制定两部相似的法律，从而符合立法的经济性原则。②

三　食品包装安全刑法保护

其实，在我国，很早就对违反食品包装安全的行为规定了刑事责任，1979年3月31日颁布的《农村集市贸易食品卫生管理试行办法》就规定禁止用不符合卫生要求的容器、包装材料盛放食品，并规定，如因此造成食物中毒事故的，要提请司法机关追究刑事责任。但是该规定仅是对使用不符合安全标准的食品包装而言的，并未涉及不符合安全标准的食品包装的生产问题，而实践当中不符合安全标准的食品包装的生产才是食品包装问题的根源所在，也是食品包装安全刑法保护的重心所在。

笔者认为，在按照《食品安全法》和《食品添加剂新品种管理办法》、《食品添加剂生产监督管理规定》规范食品包装及食品包装材料的情况下，食品包

---

① 肖茂旭. 1999. 食品添加剂及其标注的探讨. 检验检疫科学，（2）：37.
② 李希慧. 2005. 中国刑事立法研究. 北京：人民日报出版社：150.

装及食品包装材料的使用就必须经过审批，当然，国家已经规定可以使用的食品包装及食品包装材料就不必再经过审批了，审批只是针对使用新材料、新品种的情况。《食品添加剂新品种管理办法》和《食品添加剂生产监督管理规定》对生产、使用食品添加剂新品种的审批程序做出了非常详细的规定，可以直接参照适用。对未取得相关批准采用新型食品包装材料的，可以按照未经批准擅自进入食品行业来处理，符合犯罪的，按照本书在前面食品行业准入的刑事规制部分中所论证的来追究行为人的刑事责任。

在按照《食品添加剂新品种管理办法》和《食品添加剂生产监督管理规定》规范食品包装及食品包装材料的情况下，参照《食品添加剂新品种管理办法》和《食品添加剂生产监督管理规定》的规定，任何单位或个人若要生产食品包装，就必须向卫生行政管理部门申请卫生许可证后方能从事食品包装的生产，而在实践中也确实是如此做的。未取得卫生许可证而进行食品包装生产的，也可以按照未经批准擅自进入食品行业来处理，符合犯罪的，按照本书在前面食品行业准入的刑事规制部分中所论证的来追究行为人的刑事责任。

需要注意的是，在采用新型包装材料而未取得批准和未取得卫生许可证而进行食品包装生产的情况下，如果其生产的食品包装通过与食品发生接触而污染食品，并足以造成严重食物中毒事故或其他严重食源性疾病的，或者其生产的食品包装中含有对人体有毒、有害的成分，并且已经渗入食品中，能否按照生产不符合食品安全标准的食品犯罪或生产有毒、有害食品犯罪来追究行为人的刑事责任呢？成立生产不符合食品安全标准的食品犯罪和生产有毒、有害食品犯罪的前提条件是行为人的行为对象必须是食品，行为人所制造的食品是不符合食品安全标准的食品或是被掺入了对人体有毒、有害的非食品原料的食品。虽然说食品包装中含有的对人体有害的渗入性成分渗入了食品，使所包装的食品成为不符合食品安全标准的食品或有毒、有害的食品，但是行为人制造的毕竟只是食品包装，而不是食品本身。况且，从法律解释的角度来看，无论如何扩张解释，也是无法将食品解释为包含食品包装的，也无法将食品包装解释为食品的组成部分，所以，对生产的不符合安全性要求的食品包装通过与食品发生接触而污染食品，并足以造成严重食物中毒事故或其他严重食源性疾病的，或者其生产的食品包装中含有对人体有毒、有害的成分，并且已经渗入食品中的不能按生产不符合食品安全标准的食品犯罪或生产有毒、有害食品犯罪追究行为人的刑事责任的。

食品包装渗出物污染食品的社会危害性是相当大的，在包装物中的有毒、有害渗出物渗入食品后，所包装的食品就等于是不符合食品安全标准的食品或有毒、有害食品。所以生产不符合安全标准的食品包装的行为的社会危害性与生产不符合食品安全标准的食品和生产有毒、有害食品的行为的危害性是没有什么区别的，自然已具备达到犯罪程度的社会危害性。决定某种行为成为犯罪的不仅仅在于其社会危害性程度，还在于该行为存在的客观性和惩治的必要性。客观性是指该种行为已经大量地存在于现实社会生活当中，或者虽然目前尚不存在，但是经过预测，以后必然会发生；惩治的必要性是指该行为已经达到非用刑罚惩治不足以抑制和预防的地步。生产不符合安全标准甚至是有毒、有害的食品包装的现象目前比比皆是，虽未达到泛滥程度，但是也是大量存在的。对生产不符合安全标准的食品包装，法律并非没有规范，而是规定了一些惩罚措施，以前的《食品卫生法》第四十四条规定："违反本法规定，生产经营或者使用不符合卫生标准和卫生管理办法规定的食品添加剂、食品容器、包装材料和食品用工具、设备以及洗涤剂、消毒剂的，责令停止生产或者使用，没收违法所得，并处以违法所得一倍以上三倍以下的罚款；没有违法所得的，处以5000元以下的罚款。"《食品安全法》第八十六条规定：违反《食品安全法》的规定，经营被包装材料、容器、运输工具等污染的食品的，由有关主管部门没收违法所得、违法生产经营的食品和用于违法生产经营的工具、设备、原料等物品；违法生产经营的食品货值金额不足1万元的，并处2000元以上5万元以下罚款；货值金额1万元以上的，并处货值金额2倍以上5倍以下罚款；情节严重的，责令停产停业，直至吊销许可证。在存在惩罚措施的情况下，食品包装安全状况仍然如此，从一个侧面证明了行政惩罚措施的无效，我们需要运用更严厉的惩罚措施来改善食品包装安全状况，那就是刑事手段。所以我们需要修改现行《刑法》以适应惩罚生产不符合安全标准的食品包装的需要。

从国外食品包装安全刑事立法现状来看，也有不少国家刑法规定生产不符合安全标准的食品包装需要承担刑事责任。德国刑法第三百一十四条危害公共安全的投毒罪规定：行为人在被用于公共销售或消费的物品中，掺入危害健康的有毒物质，或销售、陈列待售或以其他方式将被投毒或掺入危害健康的有毒物质的物品投入使用的，处1年以上10年以下自由刑。这里所说的掺入危害健康的有毒物质自然也包括由不合格的食品包装及食品包装材料中渗入食品中的有毒物质。西班牙刑法公共卫生犯罪部分第三百五十九条规定：未经许可制造对健康有危害的物质，处6个月以上3年以下徒刑，并处6个月至12个月罚金，同时剥夺其从事职业及工业生产权利6个月至2年。该条规定的行为对象非常广泛，只要能够对人体健康造成危害均可成为该条犯罪的行为对象，对人体有害的食品包装当然可以包括在内。

我国澳门地区对生产不符合安全标准的食品包装也规定要追究行为人的刑事责任，澳门地区规定：在利用、生产、制作、包装、运输处理供他人作为食用、咀嚼或饮用而消费之物质之过程中，又或在对上述物质所作之其他活动中，使该等物质腐败、伪造之、使之变质、减低其营养价值，或加入某些成分，因而对他人生命造成危险，或者对他人身体完整性造成严重危险者，处 1～8 年徒刑。更是直接明文规定对生产不符合安全标准的食品包装追究刑事责任。我国台湾地区也对食品包装安全犯罪追究刑事责任，规定：制造、贩卖或者意图贩卖而陈列妨害卫生之饮食物品或其他物品者，构成制造、贩卖、陈列妨害卫生物品罪，处 6 个月以下有期徒刑、拘役或科或并科 1000 元以下罚金；妨害卫生的其他物品是指一切有碍人体健康的饮食物品以外的其他日常生活用品与消费品，如药品、玩具等。①

中国内地也有学者建议在生产、销售不符合卫生标准的食品罪（在 2011 年2 月 25 日颁布的《刑法修正案（八）》中已经将生产、销售不符合卫生标准的食品罪修改为生产、销售不符合食品安全标准的食品罪——笔者注）和生产、销售有毒、有害食品罪的基础上再规定危害食品安全罪，认为危害食品安全罪是指，违反国家有关食品卫生与安全法的规定，进行危害食品安全的行为，足以对人体健康造成重大危害的行为。并认为该罪的调整对象涵盖食物的种植、养殖、包装、运输。②

笔者并不赞同这样笼统地规定危害食品安全罪，有口袋罪之嫌，而且在司法实践中也不易于掌握，具体理由在本书前面相关部分已经有所论述，不再赘述。笔者认为在刑法中增设生产不符合食品安全标准的食品包装罪为好，建议将该罪放在《刑法》中的生产、销售伪劣商品犯罪中，与刑法中的食品安全犯罪在体系上保持一致。在犯罪形态的选择方面，建议生产不符合食品安全标准的食品包装罪应为危险犯，这里所说的不符合食品安全标准不完全等同于生产、销售不符合食品安全标准的食品罪中的不符合食品安全标准。其实，有毒、有害也属于不符合食品安全标准，但是由于《刑法》单独规定了生产、销售有毒、有害食品罪，那么生产、销售不符合食品安全标准的食品罪中的不符合食品安全标准在程度上就应当有所限制，以不能达到对人体有毒、有害程度为限。但是在笔者的建议中，只是建议增设生产不符合食品安全标准的食品包装罪，并没有建议增设生产有毒、有害食品包装罪。因此，笔者所建议增设的生产不符合食品安全标准的食品包装罪中的不符合食品安全标准就没有这个程度上的限制，既包括一般意义上的不符合食品安全标准的情况，也包括生产食品包装所使用的包装材料中含有对人体有毒、有害的渗出性物质的情况。虽然食品包装中含有的对人体有毒、有害的物质会通过与食品的接触渗入所包装的食品中，但是其渗入食品中的量毕竟要比直接在生产的食品中掺入对人体有毒、有害的非食品原料的情况下小得多，那么这种行为的社会危害性也要比直接生产有毒、有害食品的社会危害性要小得多。既然

① 周辉 .2010. 海峡两岸食品安全刑法保护的比较研究 . 南京师范大学硕士学位论文：26.
② 肖元 .2006. 对食品安全刑法保护的思考 . 西南民族大学学报，（2）：70.

社会危害性相比要小得多，那么相比生产有毒、有害食品而言，在生产不符合食品安全标准的食品包装中，刑罚的介入相对来说是要有所限制的。这个限制就表现为生产有毒、有害食品罪是行为犯，不以特定的危险状态的出现作为犯罪既遂成立的条件，而笔者建议的生产不符合食品安全标准的食品包装罪是危险犯，以法定危险状态的出现作为犯罪既遂成立的标志，使刑罚的介入较之生产、销售有毒、有害食品罪相应滞后一些。

有学者建议在《刑法》中增设生产、销售有毒、有害食品器具罪，将此罪作为《刑法》第一百四十四条之一："生产、销售有毒、有害的食品器具的，处3年以下有期徒刑，并处罚金；对人体健康造成严重危害或者有其他严重情节的，处3年以上7年以下有期徒刑，并处罚金；致人死亡或者有其他特别严重情节的，处7年以上有期徒刑，并处罚金或者没收财产。"① 笔者并不赞同以这种立法方式规范食品包装安全，原因在于：其一，在该立法建议中，将刑法规制的对象仅局限于有毒、有害的食品器具，在范围上小于不符合食品安全标准的食品包装的范围，不利于食品安全刑法的充分保护；其二，在该立法建议中，在法条设置上，将生产、销售有毒、有害食品器具罪与生产、销售有毒、有害食品罪相并列放在同一个法条中，有违刑事立法的科学性，生产、销售有毒、有害食品器具罪的行为对象是有毒、有害的食品器具，生产、销售有毒、有害食品罪的行为对象是有毒、有害的食品，两个犯罪在行为对象上存在较大的差异，也由此决定了两个犯罪较大的差异性。该立法建议将生产、销售有毒、有害食品器具罪与生产、销售有毒、有害食品罪放在同一条款中的做法有违只有两个相似的犯罪才能放在刑法的同一条款中的刑法立法原则。

虽然对生产不符合食品安全标准的食品包装的行为不宜以生产不符合食品安全标准的食品罪或生产有毒、有害食品罪追究刑事责任，但是对销售用不符合食品安全标准的食品包装所包装的食品，并且食品已经被包装材料中的渗出物污染的，则可以根据污染的具体程度以销售不符合食品安全标准的食品罪或销售有毒、有害食品罪追究行为人的刑事责任。因为，对于销售不符合食品安全标准的食品罪和销售有毒、有害食品罪的成立来说，只要行为人所销售的食品是不符合食品安全标准的食品或有毒、有害食品即可，至于造成食品不符合食品安全标准或有毒、有害的原因则不予考虑，原因可以是来自于食品生产过程中，也可以是来自于食品包装材料的污染。

针对部分食品生产经营单位将塑料戒指、手链、手枪，甚至废旧注射器等混装在食品中，特别是儿童食品中包装出售的情况，卫生部曾于2000年8月15

---

① 梅传强，杜伟.2011.食品安全犯罪的立法再完善//朱孝清，莫洪宪，黄京平.中国刑法学年会文集（2011年度）.北京：中国人民公安大学出版社：1424.

日发出《关于严禁在食品包装中混装直接接触食品的非食用物品的紧急通知》，在该紧急通知中规定：定型包装的食品中，不得放置任何与食品直接接触的非食用物品，但与食用方式有关，且符合卫生要求的餐饮具等物品除外。在这种情况下，在包装中所装入的这些非食用物品可能会对食品造成污染，使食品成为不符合食品安全标准的食品或有毒、有害的食品，但是笔者认为对这种情况，无法按照生产不符合食品安全标准的食品包装罪追究行为人的刑事责任，因为在食品包装内放入这些非食用物品的并不是食品包装生产商，而是食品生产商，生产不符合食品安全标准的食品包装罪的犯罪主体只能是食品包装生产商，单纯的食品生产商是不能成为该罪的犯罪主体的。笔者认为，对这种情况可以按照生产不符合食品安全标准的食品罪或生产有毒、有害食品罪来追究行为人的刑事责任，因为在食品包装物中放入这些东西已经成为食品生产商的食品生产行为的有机组成部分。这样做也符合卫生部该《紧急通知》的规定，该《紧急通知》规定，对这种行为按生产经营禁止生产经营的食品来处理。

第三节　食品标签法律控制

一　食品标签概述

所谓食品标签是指，预包装食品容器上的文字、图形、符号，以及一切说明物。与食品标签密切相关的另一个概念是预包装食品，所谓预包装食品是指，预先定量包装或者制作在包装材料和容器中的食品。向食品消费者提供适当的信息，是包括食品企业在内的市场参加者的基本责任。在本书前面笔者已经论述过，在现代工业社会和高技术社会中，面对拥有先进技术的食品生产企业，食品消费者获取食品安全相关信息的能力越发弱小，在这种情况下，国家强制性的介入，强制食品生产企业执行食品标志制度，能够在一定程度上有效地缩小食品消费者和食品生产者之间的信息鸿沟，从而减少食品消费者的食品安全风险。

食品标签内容大体上可以分为义务性标志和任意性标志两大类。义务性标志是指食品生产者、销售者向食品消费者传达的食品品质的最低确保信息，并且确保该信息内容符合法律的强制性规定。任意性标志是指食品生产者、销售者向食品消费者提供的该食品的特点，以及该食品与其他同类产品的差别，特别是通过食品的外形和包装向食品消费者展示食品的简单的最初印象。

我国现阶段实践中所出现的食品包装问题不仅表现为食品包装及食品包装材料不符合食品安全要求，对人体健康造成危害，还表现为利用包装来以假乱真，也就是食品包装上标签不规范，利用标签造假，而食品标签造假隐蔽性更强，具有更大的欺骗性。食品标签的不规范性和欺诈性主要表现在五个方面。

第一，标签内容不全面。最为常见的是无厂名厂址、无保质期、生产日期，营养食品不标注营养成分；有些包装袋上只写保质期为 1～3 个月，使食品消费者难以掌握；还有些厂家把大包装食品分解为小包装后再套上大包装，在小包装袋上不注明生产日期、保质期，这样，一些过期的食品就顺利地销售了。

第二，滥用、盗用专用标志。例如，将国产食品打上外文标签，假冒进口食品；擅自在食品包装上印有"本品经中国营养协会推荐"、"本品经中国绿色食品机构认证"、"本品为人民大会堂国宴指定用品"等，通过表面"装潢"自抬"身价"，从而达到使食品消费者难以识别其庐山真面目的目的。

第三，在食品标签上作文字游戏，误导食品消费者。最常见的就是不法厂家在食品包装标签上"打擦边球"，玩弄文字游戏误导食品消费者，制造各种"概念"以规避执法部门的检查，如"绿色大米"、"纯天然食品"、"有机蔬菜"等，故意夸大其词、表达概念模糊。

第四，擅自在食品标签中夸大和添加食品的功能。这种现象主要集中于保健食品的标签上，如虚假宣传能够治疗癌症、能够增强和改善性功能；随意超出卫生部门批准的保健食品的功能范围进行标注；对保健食品的适用范围、食用方法、食用剂量进行肆意的改动等。

第五，虚假承诺。例如，利用我国还未对天然食品规定质量标准的漏洞在食品包装上注明"100％纯天然"、"绝对天然"、"正宗绿色"等质量承诺；利用包装袋涂改生产日期，随意扩大保质期，或者干脆将食品包装日期写为生产日期，这样一来，生产日期就成为未知数；人为地在食品包装袋上将生产日期往后写几天甚至半个月已经成为鲜奶生产厂家的惯例。

二 国外食品标签法律控制

西方国家对食品标签的要求越来越高，已经逐渐成为国际食品贸易重要的一项非关税壁垒，进口国一旦发现食品标签不符合本国的规定，涉及的食品将会被退回。2003 年，我国出口西班牙的花生及其制品因为食品标签上缺少批次编号等原因被禁止入境，我国出口美国的食品因为在标签上缺少营养成分的标注被退货的占总退货量的 40％。[①] 了解西方国家对食品标签的法律规定一方面是保障食品出口贸易的需要，另一方面也是完善我国食品标签法律控制的需要。

1. 日本

日本对食品标签的要求非常严格，根据日本《食品卫生法》的规定，义务性

---

① 郑蕴文 . 2008. 美国、欧盟、法、俄、日对食品的一些包装法规 . 上海包装，(4)：53.

标志的对象应为销售的食品、添加剂，以及已经制定规格和标准的食品器具和容器包装。凡是在市场上销售的食品，包括各类蔬菜、水果、肉类、水产品等各类食品，均必须加贴食品标签。食品标签的主要内容包括四类信息：第一类是食品消费指导信息，该类信息的内容主要有食品品名、规格等；第二类是食品安全保障信息，该类信息的内容主要有添加剂的成分含量、食品中所包含的过敏性物质、保质期等；第三类是营养含量信息，该类信息的内容主要有食品中的营养成分、是否为转基因食品、是否为天然食品、是否为有机食品等，在日本是不允许在食品标签上标注"纯天然"字样的；第四类是原产地信息，该类信息的内容主要有原产国、原产地信息，水产品还需要标明所捕获的水域名称。概括言之，义务性标志的内容包括食品名称、消费期限和品质保存期限、生产或加工场所所在地及生产或加工者的名称（法人名称）、进口食品中进口商的所在地、公司名称及法定代表人、保存方法、含有的过敏物质、转基因食品的原材料名称。

在日本，任意性标志在内容方面与义务性标志有很大的不同。最为常用的任意标志项目有两种：一是根据日本《食品卫生法》的规定不需要采用义务标识的食品中的过敏物质；二是保健机能食品中的任意标识项目。其中，食品中的过敏物质按照法律的规定，小麦、荞面、乳类、蛋、花生等五类食品为义务标志的范围，其余的像鲍鱼、鱿鱼、鲑鱼子、虾、螃蟹、猕猴桃、牛肉、核桃、酒、大豆、鸡肉、猪肉、松蘑、桃、红薯、苹果、动物胶等 17 种食品及其加工品为任意标志的对象。在日本，由于保健机能食品被区分为特定保健食品和营养机能食品两种，所以关于保健机能食品的任意标志的规定也比较特殊。其中，特定保健食品的任意标志内容必须经过厚生劳动省审核之后方可使用，而营养机能食品的标志内容则只需符合厚生劳动省规定的营养成分规格基准即可。

另外，日本关于生鲜食品标签的法律规定是值得我们借鉴的。生鲜食品标签的法律规定是我国食品标签法律规定的一个薄弱之处。在日本食品安全法律中，生鲜食品被分为农产品类、水产品类、畜产品类和玄米及精米类四大类。农产品类包括米、杂粮、豆类、蔬菜、水果。农产品类标志的内容为名称和原产地（日本国内都道府县及进口食品原产国地名），以及内容量和经销商的名称地址。水产品类包括鱼类、贝类、水产动物类、海产哺乳类、海藻类。由于水产品类很难准确标志其原产地，取而代之标志其生产的水域名称；进口的水产品则要写明原产国名称或者打捞港口所在地的名称，因为往往同一海域捕获的水产品因打捞港口的不同也会导致国家的不同，这也是进口水产品的特殊之处。畜产品类与农产品类的不同之处在于其饲养过程的移动性。因此，畜产品类应标明主要饲养地的名称，进口产品则要写明原产国名称，同时还要写明装有畜产品的包装的容量及经销商的名称和地址。玄米及精米类根据《玄米和精米品质标识基准》的规定，应当标明其名称、原料玄米、内容量、经销商等几项内容。

2. 法国

在法国，食品标签的主要内容应当包括以下几类信息。第一是食品名称，食品名称分为两种：一种是商品名称，由制造商自行确定；另一种是法定名称，出自严格的法律规定或本行业的约定俗成，法定名称是商品识别的首要信息，必须附加有关形态和处理方式的说明。第二是产品计量，必须标注净重或净含量，在涉及饮料时还必须标出实质物的含量，如果汁中果浆的含量。第三是成分说明，在法国，食品的成分说明是强制性的，被视为"成分"的是该产品中所含的一切物质，包括在生产和配制过程中使用并存在于最终食品中的添加剂，成分标明的顺序是按照原料的使用量由高到低列出，也就是说最主要的成分要放在第一位，另外，被用做食品命名的原料还必须标明含量，如椰蓉饼干就须标明"椰蓉：11%"，对酒精含量在12%以上的饮料，还需标明所含酒精的百分比；第四是企业的名称和地址，在法国，食品标签必须注明有关企业的名称及其地址，所谓"有关企业"，不仅是指食品的生产商，而且也可以是食品的分装商、经销商或进口商，这些企业都是食品安全的责任方；第五是食品产地，法国法律对食品产地注明与否没有硬性规定，除非在未注明的情况下可能导致对食品实际产地的误会，但是黄油、水果、蔬菜和鱼罐头等则必须标明产地；第六是保存和食用方法；第七是食品的保质期，根据法国的规定，包装食品必须注明食用的最佳期限，也就是说，在此期间，食品可以保持其应有的口味和特性，但并不意味着超过这个期限就会对食品消费者健康造成危害，而是没有原来那么好，注明的方式是"最好于某年某月某日之前消费"或"最好于某年某月底前消费"，但是鱼、肉、禽蛋和鲜奶制品等易腐和易变质的食品则有所不同，所注明的期限是"消费期限"，方式是"消费期至某年某月某日"，过期食用即意味着可能对人体健康有害。在法国，食品制造商可以在标签上标注"新鲜产品"、"天然产品"、"古法生产"等，但是必须遵循以下原则：一是不准贬低其他食品，二是不许欺骗食品消费者，三是有据可依。

3. 俄罗斯

在俄罗斯，根据食品标签方面的管理条例《ГОСТР51014—2003/食品消费说明的一般要求》。"肉和肉产品"、"鸡肉、蛋及其加工产品"、"奶、奶产品和含奶产品"、"鱼、渔场的非鱼产品及其加工产品"、"油脂品"、"葡萄酿造品"、"不含酒精的啤酒"、"麦芽糖饮料、谷物饮料、低度酒精饮料"和"分装饮用水"等食品，被要求向食品消费者提供准确的信息。对标签内容不符合规定的入境食品将进行退货或销毁处理。按照俄罗斯法律规定，所有的食品必须在食品标签中标注原产地、食品生产厂家名称及地址、食品名称、食品成分、容量、食用价值、使用和储存条件、适用期、储存期、生产和包装日期、代码及食品配料表等重要信息；食品标签应使用俄文标注；食品和食品添加剂的名称必须符合俄罗斯国家标准的规定；转基因食品、转基因源食品或包含转基因源成分的食品必须符合俄罗斯规范性法令（技术法规）的规定；含有基本的天然矿物质和维生素的食品必须列出其含量和日服用量等。

对转基因食品标签，俄罗斯法律做出了特别的规定，根据 2004 年修订的《俄罗斯联邦消费者权益保护法》的规定，必须在食品包装上标明生产过程中是否添加了转基因成分。俄罗斯从 2001 年开始对进出口食品进行转基因成分检测，并要求对转基因食品（GMF）加贴标签；从 2002 年 9 月 1 日起所有转基因食品必须予以标明，食品中转基因成分含量超过 5％（欧盟标准为 0.9％）即被视为转基因食品，并需要在食品包装上明确标注。莫斯科市政府还对转基因食品的销售采取限制措施，商店不得将转基因食品销售给 16 岁以下的未成年人；转基因食品不得进入医院和各中小学、幼儿园餐厅；军队禁止购买转基因食品。[①]

4. 美国

在美国，对食品标签的法律控制主要集中于食品标签对食品营养的标注方面。美国食品标签法律要求，在食品标签上必须标明下列一些事项：包装规格、食用量、热量、脂肪来源量、总脂、饱和脂肪、胆固醇、钠、总碳水化合物、膳食纤维、糖、蛋白质、维生素、矿物质，以及每日摄入 2000 卡热量为准的日需要量占比等内容。由于反型脂肪能增加人体内低密度脂蛋白的含量，而低密度脂蛋白堆积会引起人体动脉阻塞，被认为是心脏病和中风的主要诱因。因此，美国食品标签法律在内容方面近年来又增加了反型脂肪含量标注的要求。据调查，在美国，有 2％的成年人和 5％的婴幼儿受到食物过敏症的困扰。同时，每年大概有 3 万名消费者被送入急救室，其中有约 0.5％的人由食物过敏而导致死亡。目前已经证实有 160 多种食物可能会造成过敏体质人群的食物过敏。而牛奶、蛋类、鱼类，贝壳、坚果、花生、小麦、大豆等八大类食品过敏原引发的病例占美国记录在册的食物过敏案例中的 90％以上，其中，花生、小麦、大豆即使微量，对过敏体质者也会造成过敏。因而，在近年来，对过敏原的标示也是食品标签内容上必不可少的项目，食品生产商或者食品包装商必须在含有主要食物过敏原的食品包装上做出标签标示。[②]

三 我国食品标签法制

《食品安全法》规定了关于食品标签的原则性规定。《食品安全法》第二十

---

① 高空 . 2009. 俄罗斯食品安全法与食品市场整治 . 俄罗斯中亚东欧市场，(7)：51.
② 陈敏 . 2006. 美国食品标签的新法规 . 上海包装，(12)：59.

八条第一款第九项规定：禁止生产经营无标签的预包装食品。《食品安全法》第四十二条规定："预包装食品的包装上应当有标签。标签应当标明下列事项：（一）名称、规格、净含量、生产日期；（二）成分或者配料表；（三）生产者的名称、地址、联系方式；（四）保质期；（五）产品标准代号；（六）贮存条件；（七）所使用的食品添加剂在国家标准中的通用名称；（八）生产许可证编号；（九）法律、法规或者食品安全标准规定必须标明的其他事项。专供婴幼儿和其他特定人群的主辅食品，其标签还应当标明主要营养成分及其含量。"

针对食品添加剂的标签，《食品安全法》也做出了原则性的规定。《食品安全法》第四十七条规定：食品添加剂应当有标签、说明书和包装；标签、说明书应当载明《食品安全法》第四十二条第一款第一项至第六项和第八项、第九项规定的事项，以及食品添加剂的使用范围、用量、使用方法，并在标签上载明"食品添加剂"字样。第四十八条规定："食品和食品添加剂的标签、说明书，不得含有虚假、夸大的内容，不得涉及疾病预防、治疗功能。生产者对标签、说明书上所载明的内容负责。食品和食品添加剂的标签、说明书应当清楚、明显，容易辨识。食品和食品添加剂与其标签、说明书所载明的内容不符的，不得上市销售。"

在《食品安全法》对食品标签的原则性规定之下，我国关于食品标签的详细规范的法律文件主要是一个行政规章和三个食品标签标准。一个行政规章是国家质量监督检验检疫总局 2007 年 8 月 27 日颁布的，2009 年 10 月 22 日修订的《食品标识管理规定》，三个食品标签标准是指《预包装食品标签通则》（GB7718—2004），《预包装饮料酒标签通则》（GB10344—2004）和《预包装特殊膳食用食品标签通则》（GB13432—2004）。这些法律文件从食品名称、保质期、保存期、产地等各方面对食品标签做出了非常详细的规定，其基本原则是：食品标签的所有内容不得以错误的、引起误解的或欺骗性的方式描述或介绍食品；食品标签的所有内容，不得以直接或间接暗示性的语言、图形、符号导致食品消费者将食品或食品的某一性质与另一产品混淆；食品标签的所有内容，必须符合国家法律和法规的规定，并符合相应产品标准的规定；食品标签的所有内容，必须通俗易懂、准确、科学。其基本内容是：食品标签不得与包装容器分开；食品标签的一切内容，不得在流通环节中变得模糊甚至脱落；必须保证食品消费者购买和食用时醒目、易于辨认和识读；食品标签的一切内容，必须清晰、简要、醒目；文字、符号、图形应直观、易懂，背景和底色应采用对比色；食品名称必须在标签的醒目位置；食品名称和净含量应排在同一视野内；食品标签所用文字必须是规范的汉字，可以同时使用汉语拼音，但必须拼写正确，不得大于相应的汉字，可以同时使用少数民族文字或外文，但必须与汉字有严密的对应关系，外文不得大于相应的汉字；食品标签所用的计量单位必须以国家法定计量单位为准。应当说我国关于食品包装标签的法律规范相对还是比较健全的。

四 食品标签虚假刑事规制

在《食品安全法》中，并未对食品包装标签虚假和不规范行为规定追究刑事责任，仅规定了行政责任，《食品安全法》第八十六条规定：生产经营无标签的预包装食品、食品添加剂，或者标签、说明书不符合《食品安全法》规定的食品、食品添加剂的由有关主管部门没收违法所得、违法生产经营的食品和用于违法生产经营的工具、设备、原料等物品；违法生产经营的食品货值金额不足1万元的，并处2000元以上5万元以下罚款；货值金额1万元以上的，并处货值金额2倍以上5倍以下罚款；情节严重的，责令停产停业，直至吊销许可证。第八十七条规定：生产的食品、食品添加剂的标签、说明书涉及疾病预防、治疗功能的，由有关主管部门责令改正，给予警告；拒不改正的，处2000元以上2万元以下罚款；情节严重的，责令停产停业，直至吊销许可证。对食品标签虚假和不规范行为，在《食品标识管理规定》中也只是规定了一系列的行政处罚措施，并没有规定刑事责任。

从部门法的归属角度来看，《食品安全法》和《食品标识管理规定》都属于行政法的范畴，在具体的行政法法律责任规定上，一般是以规定行政处罚措施为主的，但是也可以规定附属刑法规范，需要注意的是，在行政法中并不是必须要规定附属刑法规范的，在某个具体的行政法中，没有以附属刑法规范的形式规定对违反该行政法的行为追究刑事责任也并非就意味着对违反该行政法的行为不能追究行为人的刑事责任。能否追究行为人的刑事责任最终取决于行为人的行为是否符合刑法规定的具体犯罪的犯罪构成要件。因此，无论《食品安全法》和《食品标识管理规定》是否规定要追究刑事责任，对食品标签虚假和不规范行为能否追究刑事责任关键还要看行为人的食品标签虚假和不规范行为是否符合刑法中具体犯罪的犯罪构成要件。

其实，食品包装标签虚假和不规范行为是很难用生产伪劣食品型犯罪追究行为人的刑事责任的，食品包装标签虚假和不规范行为从某种程度上看更应当属于诈骗行为，因为生产伪劣食品型犯罪要求行为人所生产的食品必须是不符合食品安全标准的食品或者有毒、有害的食品，而食品包装标签虚假和不规范并不一定意味着所包装的食品就是不符合食品安全标准的食品或有毒、有害的食品。但是笔者也不主张对所有的食品包装标签虚假和不规范行为均按诈骗犯罪追究行为人的刑事责任，只有在符合诈骗罪构成要件的情况下才可以追究行为人的诈骗罪刑事责任。诈骗罪是指以非法占有为目的，用虚构事实或隐瞒事实真相的方法，骗取公私财物，数额较大的行为。食品包装标签虚假和不规范行为若要构成诈骗罪，首要条件就是食品包装标签的虚假和不规范必须要构成诈骗罪中所说的虚构事实或隐瞒事实真相。从一般意义上讲，凡是在食品包装标签上作虚假标注的行为，不论其是在产品名称、质量还是其他什么标签内容方面作虚假，均属于虚构事实或者隐瞒事实真相。但是诈骗罪中的虚构事实或者隐瞒事实真相的行为，即欺诈行为必须具有使他人产生错误而导致其实施处分财产的行为的作用。① 具体到食品包装标签，食品包装标签的虚假和不规范必须达到下述作用才能将其虚假标注行为认定为诈骗罪中的欺诈行为，即食品消费者原本并不打算购买行为人的食品，但是看到食品包装标签所标注的内容后产生了购买的意思，通过食品消费者的购买行为，行为人骗取了非法利益，这样一来就具备了成立诈骗罪所要求的因果关系链条。所以即使行为人在食品包装标签上做出了虚假标注，只要该虚假标注对食品消费者购买该食品没有产生任何作用，对行为人的虚假标注行为就不能认定为诈骗行为。在石家庄市发生的一起食品包装标签虚假案就是一个例证。2002 年 12 月 31 日，石家庄市卫生局食品卫生监督员在检查时发现一家餐厅原料库存放的西湖纯菜的标签上有"降低血压、消炎解毒"内容；紫菜的包装标签上有"紫菜富含碘，摄食足量的碘可以有效预防甲状腺肿大"的内容。经调查，这些库存的西湖纯菜和紫菜是该餐厅用来做一些汤菜的原料的，并不直接对外销售。石家庄市卫生局认为该餐厅在食品包装标签上做虚假标注，违反了《食品卫生法》第二十二条的规定，遂对其进行处罚。应当说这个处罚决定是错误的，该餐厅的行为并不构成食品包装标签虚假，餐饮业所经营的最终产品是交付食品消费者直接食用的饭菜，饭菜对于食品消费者来说，功能主要在于充饥，食品消费者并不主要考虑饭菜中的各种原料是否具有保健功能，本案中的西湖纯菜和紫菜均是用来作为饭菜原料的，在使用过程中，其食品包装容器将连同食品包装容器上的食品标签一道被丢弃，食品消费者是无法看到食品包装标签上所标注的内容的，也无法获知其标注内容上所记载的所谓的保健功能。所以说，同一种食品如果被用来作另一种食品的原料而不是将其完整的交付给食品消费者，就像同一种食品在商场里销售，和该食品在酒店被用于饭菜原料来使用，该食品的食品包装标签传递给食品消费者有关该食品的信息是不一样的。再虚假的食品标签，只要不能被食品消费者看到，其虚假标注就没有任何意义。

食品标签在内容上也可以做出一些夸张性介绍，但是只要没有超出食品行业惯例就不能认为食品标签上的内容属于诈骗罪中的欺诈；反之，如果超出了这个惯例的范围，如把普通的野果说成具有抗癌功能，使顾客相信并花高价购买，就构成了诈骗行为。从实践来看，食品包装标签虚假和不规范行为构成诈

---

① 刘明祥.2001.财产罪比较研究.北京：中国政法大学出版社：213.

骗罪的情况主要出现于保健食品中，将不具备保健功能的食品吹嘘为具有特定的保健或治病功能，或者超出国家批准的范围，擅自在食品标签上将其保健食品的功能加以扩大化。

需要注意的是，笔者认为食品包装标签虚假和不规范行为可以构成诈骗罪，是以行为人所生产、销售的食品是符合食品安全标准的，是对人体无毒、无害为前提条件的，如果行为人生产、销售的食品属于不符合食品安全标准的食品，或者属于对人体有毒、有害的食品，则不必考虑该食品包装标签是否虚假和不规范，直接按生产、销售不符合食品安全标准的食品罪或生产、销售有毒、有害食品罪追究行为人的刑事责任，就不再考虑是否构成诈骗罪的问题。这也不是什么想象竞合的问题，是纯粹的生产、销售不符合食品安全标准的食品罪或生产、销售有毒、有害食品罪的一罪。因为诈骗罪和生产、销售不符合食品安全标准的食品罪及生产、销售有毒、有害食品罪均属于直接故意犯罪，从广义上来讲，直接故意犯罪均属于目的犯，行为人在实施犯罪行为时是以追求某种特定的犯罪目的为目标的，而行为人在实施某一特定的行为时，主观上只可能存在一个目的，是不可能同时存在两个目的的，几个直接故意犯罪是不会发生想象竞合的。

在食品标签虚假和不规范行为中，对伪造、冒用他人的食品标签的，如果该食品不属于不符合食品安全标准的食品或有毒、有害的食品，就应当按照生产、销售伪劣产品罪追究行为人的刑事责任，当然了，前提条件是行为人所生产、销售的食品金额应达到人民币5万元以上。如果所伪造、冒用他人食品标签中含有商标的，则属于牵连犯，从一重罪从重处罚，即按生产、销售伪劣产品罪定罪并从重处罚。[①] 但是需要注意的是，如果伪造、冒用他人的食品标签的食品属于不符合食品安全标准的食品，或者是有毒、有害的食品，则应按生产、销售不符合食品安全标准的食品罪或者是生产、销售有毒、有害食品罪追究行为人的刑事责任。

第四节　散装食品安全法律控制

在食品销售过程中还经常出现散装食品，这种食品在某种意义上可以说是无包装的。对散装食品，《食品安全法》也是认可的，《食品安全法》第四十一条规定："食品经营者贮存散装食品，应当在贮存位置标明食品的名称、生产日期、保质期、生产者名称及联系方式等内容。食品经营者销售散装食品，应当

---

① 高铭暄，马克昌．2007．刑法学．第三版．北京：北京大学出版社，高等教育出版社：418．

在散装食品的容器、外包装上标明食品的名称、生产日期、保质期、生产经营者名称及联系方式等内容。"基于研究的需要，也可以将散装食品的无包装放在这一部分予以讨论，可以称之为另类形式的包装。

一　散装食品安全规范及现状

按照卫生部《散装食品卫生管理规范》的规定，所谓散装食品是指，无预包装的食品、食品原料及加工半成品，但不包括新鲜果蔬，以及需要清洗后加工的原粮、鲜冻畜禽产品和水产品等。散装食品并非没有包装，还是有包装的，只是相对于定型包装食品而言，我们称之为散装食品。对于食品制造商来说是不存在散装食品的，出厂的散装食品必须采用符合食品安全标准要求的食品包装材料和容器进行密封包装，并在标签上标明：食品名称、配料表、生产者和地址、生产日期、保质期、保存条件、食用方法、包装规格。实践中，散装食品的食品安全问题主要是存在于销售阶段。按照《散装食品卫生管理规范》的规定，食品销售者在销售散装食品时，必须做到：应由专人负责销售，并为食品消费者提供分拣及包装服务，散装食品销售人员必须持有效健康证明，操作时须戴口罩、手套和帽子；销售的散装食品必须有防尘材料遮盖，设置隔离设施以确保散装食品不能被食品消费者直接触及，并具有禁止食品消费者触摸的标志；应在盛放散装食品的容器的显著位置或隔离设施上标志出食品名称、配料表、生产者和地址、生产日期、保质期、保存条件、食用方法，并应保证食品消费者能够方便地获取上述标签；必须提供给食品消费者符合食品安全要求的小包装；销售需要清洗后加工的散装食品时，应在销售货架的明显位置设置标签，并标注食品名称、配料表、生产者和地址、生产日期、保质期、保存条件、食用方法等，应保证食品消费者能够方便地获取上述标签；由散装食品销售者重新分装的食品，其标签应按原食品生产者的产品标识真实标注，必须标明食品名称、配料表、生产者和地址、生产日期、保质期、保存条件、食用方法等；应将不同生产日期的食品区分销售，并标明生产日期，如将不同生产日期的食品混装销售，则必须在标签上标注最早的生产日期和最短的保质期限。《散装食品卫生管理规范》还规定：已经上市销售的预包装食品不得拆封后重新包装或散装销售。

笔者专门在郑州市内的一些大型超市观察了散装食品的销售状况，发现《散装食品卫生管理规范》中的相关规定很多都没有得到实施，散装食品安全隐患重重。绝大部分食品容器上找不到生产日期和保质期限的标注。蜜饯等散装食品均实行敞开式销售，为了鉴别蜜饯等散装食品的好坏，一些顾客把这些散装食品抓在手心里瞅来瞅去，也找不到这些散装食品的生产日期和保质期限的标签。在熟食区，几乎所有的熟食和凉拌菜均实行敞开销售，没有任何防护装置进行遮挡。由于看不到标有生产日期的食品标签,一些食品消费者只好用鼻子嗅这些食品,以辨别这些食品是否变质、是否已经超过保质期。当笔者询问这些食品的生产日期和保质期时,营业员自己也不清楚。还有一些散装的饼干、锅巴等食品敞开销售,一些顾客在经过时不时地捏上几个尝尝或顺手摸一把。在一个散卖的夹心饼干柜台,笔者看到被打成小包装的夹心饼干上所标注的包装日期和有效期仅仅隔了几天的时间,也没有哪个营业员能够说清楚包装日期是否意味着生产日期。还有很多的散装食品虽然标注了保质期限为几个月,但是却找不到生产日期,是否已经过了保质期也无从得知。在大城市的大型超市里面,散装食品的安全状况还是这样,农村地区销售的散装食品的安全状况就更可想而知了。

二 散装食品安全刑法保护

散装食品由于其价格低廉,很受食品消费者的欢迎,所以,在我国目前阶段,完全取消散装食品还不现实。散装食品的主要销售渠道还是在超市,而超市客流量大,人员庞杂,食品敞开销售,如果没有防护措施,很容易使食品形成二次污染。因此,对散装食品的食品安全,就主要依靠监管来保障。散装食品频频出现质量问题,原因主要还是我国目前对散装食品质量问题采取的主要是双倍惩罚的方法,食品消费者买了几元钱的问题散装食品,超市至多赔十几元钱就可以了,违法成本低,超市自然就不会刻意去改变散装食品的销售现状,也不会投入成本加强对散装食品的食品安全管理,散装食品频频出现质量问题也就不足为奇了。这样一来,运用刑事手段规范散装食品的销售就显得尤为重要了,因为刑事责任的承担将使行为人违法的成本最大化。在散装食品方面,刑事责任的承担者将是散装食品的销售者,而不是散装食品的制造商,因为对于食品生产者而言,就不存在散装食品。笔者认为没有必要专门针对散装食品在刑法中增加一个条款,完全可以用现有的刑法条款追究散装食品销售商的刑事责任。原因即在于散装食品的销售商虽然违反了《散装食品卫生管理规范》,在其违法行为还未导致所销售的散装食品由于二次污染成为不符合食品安全标准的食品或有毒、有害的食品之前,我们也没有必要启动刑事手段,这是刑法的谦抑性所要求的,只有在其所销售的食品已经成为不符合食品安全标准的食品或有毒、有害的食品的时候才有必要启动刑事手段,而这时我们完全可以以销售不符合食品安全标准的食品罪或销售有毒、有害食品罪追究行为人的刑事责任。

第十章 食品消费环节法律控制

我们可以从一组统计数字看出食品消费环节的法律控制在当前中国食品安全法律控制体系中的重要地位。在卫生部通报的 2007 年全国卫生监督工作执行情况中，2007 年全国 30 个省、自治区、直辖市报告，依法执行食品卫生行政处罚中，对食品生产加工业的处罚占 11.20%，饮食业占 47.51%，集体食堂占 5.53%，食品批发零售业占 24.59%。[①] 若将饮食业和集体食堂接受食品卫生行政处罚的情况合计，则占 53.04%，而餐饮业和集体食堂则是食品消费环节食品安全法律控制的重心。从这个数字中，我们可以看出食品消费环节的法律控制是食品安全法律控制的重要环节，在这个环节中若不能实现食品消费的安全化，那就谈不上实现对食品安全的法律控制。

第一节 食品消费环节食品安全状况

食品消费环节是食品价值体现的环节，是食品直接进入食品消费者口中的环节，也是"从农田到餐桌"的食品安全链条中的最后一个环节，是保障食品安全的最后一关，这个环节的食品安全的重要性在于，如果在这个环节食品受到了污染，那么我们前面所有的食品安全的努力都将白费。食品消费环节的食品安全主要体现于餐饮业的食品安全。

一 餐饮业概念

按照卫生部 2005 年 6 月 27 日发布的《餐饮业和集体用餐配送单位卫生规范》的规定，餐饮业是指，通过即时加工制作、商业销售和服务性劳动等手段，向食品消费者提供食品（包括饮料）、消费场所和设施的食品生产经营行业。按照《餐饮业和集体用餐配送单位卫生规范》的规定，餐饮业包括餐馆、小吃店、快餐店和食堂。餐馆，又称酒家、酒楼、酒店、饭庄等，是指以饭菜（包括中餐、西餐、日餐、韩餐等）为主要经营项目的单位，包括火锅店、烧烤店等。小吃店是指以点心、小吃、早点为主要经营项目的单位和提供简单餐饮服务的

---

① 陶涛.2009.张家港市城郊结合部食品卫生行政处罚 428 起案例分析.职业与健康,（11）：1155.

酒吧、咖啡厅、茶室等。快餐店是指以集中加工配送、当场分餐食用并快速提供就餐服务为主要加工供应形式的单位。食堂是指设置于机关、学校、企业、工地等地点（场所），为供应内部职工、学生等就餐的单位。

在现代工业化国家里，居民食品消费开支中有 40% 是在餐饮行业支出的。我国 2004 年餐饮业统计销售额为 8000 亿元人民币[①]，而当年的中国食品工业产值才 1.6 万亿元人民币，可见餐饮业地位之重要。但是在涉及食品安全的相关行业中，餐饮业往往也是食品安全问题高发的行业，无论是在发达国家，还是在发展中国家，因为食品加工贮存不当等因素造成致病菌污染食品而导致的食源性疾病仍然占主要位置。日本曾发生过震惊世界的生拌色拉蔬菜被 0157：H7 大肠杆菌污染和雪印牛奶被金黄色葡萄球菌污染而导致爆发大规模食物中毒事件。正是基于餐饮业在食品安全法律控制中占有举足轻重的地位，在我国的《食品安全法》中，将食品生产、食品流通和餐饮并列为食品安全的三大环节。

二 餐饮业食品安全状况

我国目前餐饮业的卫生状况堪忧，许多路边供应早餐的小摊点和夜市中的大排档尘土飞扬、蚊蝇乱飞、污水横流，根本就没有什么卫生可言，无法保证就餐者的最基本卫生条件。实践中，餐饮业的违法行为主要集中在无卫生许可证经营，餐饮业从业人员无健康证上岗从业，餐具、茶具不消毒，供应禁止销售的食品和无食品标签食品等。其中，尤以从业人员无健康证上岗从业和餐具、茶具不消毒所占比例最大。[②] 在江苏省张家港市卫生监督所 2004～2008 年 4 年 428 起食品卫生行政处罚案件中，在对餐饮业的所有处罚中，因为餐具不消毒受到处罚的占比例最大，占对餐饮业处罚案件总数的 52.03%；其次为无卫生许可证从事食品生产经营和未持有有效的健康合格证明上岗，分别占对餐饮业处罚案件总数的 11.49% 和 10.14%。[③] 有学者调研后总结出我国餐饮业目前存在的问题。[④] ①食品行业标准和规范执行不到位。该问题最突出的是小吃店，多为租用的临街门面房、住宅楼底层改造等，存在基本卫生设施差、建筑布局不合理等问题，主要表现为基本卫生设施简陋、无专门消毒设施、就餐区与厨房仅简单隔离且面积不达标等问题。②餐饮单位硬件设施不完备。大多数餐饮单位布局不够合理，房屋以租赁为主，不能按照餐饮业的要求标准设计，业主也不肯

---

① 叶永茂.2006.中国《食品安全法（草案）》述评.药品评价，(1)：6.

② 占儒柈，朱红华，孙若萍.1998.公共场所和食品卫生执法难度分析.浙江预防医学，(6)：345.

③ 陶涛.2009.张家港市城郊结合部食品卫生行政处罚 428 起案例分析.职业与健康，(11)：1155.

④ 马中英.2012.我国餐饮业食品安全问题及解决对策.山西省政法管理干部学院学报，(2)：38,
39.

加大卫生设施投入，影响长远的发展，店面多以临街或小区的门面为主。③餐饮业食品安全执法力量薄弱，执法装备落后。餐饮业监管执法工作存在着点多、面广的特点，执法人员缺乏机会参加高质量的培训和学习，执法水平提高缓慢。在执法装备方面：一是普遍缺乏检测设备，没有配备检测车，也没有配备食品快速检测仪器；二是计算机网络的开发和利用水平还不高；三是执法车辆装备落后，影响了执法效率。

造成目前餐饮业食品安全状况混乱的现象根源还在于这些餐饮业经营者原本就素质低下，没有什么卫生观念，加之利益驱动，也不想在卫生条件上投入什么。现阶段有许多下岗职工在经营一些小餐馆，政府给了这些下岗职工很多优惠条件，在食品安全方面的要求有时候会不自觉地放松要求，这在一定程度上恶化了小餐馆的食品安全条件。但是在我国目前阶段，完全取消卫生条件较差的小餐馆是不可能的，郑州市前几年搞的放心早点工程的夭折就是一个证明，放心早点虽然具备较好的卫生条件，但是由于价格上不占优势，仍然竞争不过路边的小食品摊点。因为我们国家居民的收入水平还不是很高，食品消费者的食品安全意识不可能那么高，在这种情况下，让人民群众拿很多的钱到卫生条件很好的大型餐馆就餐还很不现实。但是在东部经济发达的沿海地区，整个餐饮业的食品安全状况相对中西部地区就要好得多，食品消费者的食品安全意识也要强一些。在上海，食品消费者在选择购买食品场所时首先就以安全放心为准则，购买食品大多到超市和农贸市场，外出就餐倾向于选择规模较大、条件较好的饭店，购买小型饮食店食品的比例相对较少，到路边临时摊点就餐或购买点心、盒饭的则更少，人们对小型食品店、餐饮店和临时摊点的食品安全状况评价普遍不高。① 所以餐饮业的食品安全状况会随着经济的发展而不断发展，经济落后是决定目前餐饮业食品安全状况差的关键因素。

在我国的食品消费中，还有一个比较重要的就是集体就餐问题，这主要体现在学校和大型工地的集体食堂上。这其中，学校，特别是高等学校的食堂的卫生状况还好一些，但是也不容乐观。特别是在学校后勤社会化改革后，学校食堂进入了多元化的经营时代，有的学校领导将学校食堂承包给个体经营者后，不管不问，食品安全监督管理失控的概率越来越大。食堂承包者只顾经济效益，不注重食品安全条件的改善，食品安全意识差，一些食堂无防蝇的设施，加工流程无序，食品原料直接放在潮湿的地面上；餐具消毒措施不落实，有的学校根本不做餐具的消毒，也没有餐具保洁的措施；还有些食堂的承包商见利忘义，从非法商贩手中购买劣质猪肉，使病、死猪肉流入学校；有的学校自建生活饮

---

① 薛琨，郭红卫，达庆东，等.2004.上海市民食品安全认识水平的调查.中国食品卫生杂志，(4)：363，364.

用水设施，但是缺乏消毒设施，存在食品安全隐患。学校集体食堂从业人员及管理人员法律法规和食品卫生知识缺乏。部分食堂的从业人员大多是临时聘用的，未经培训和未取得健康证就从事食品生产经营，不具备从业的基本资格，还有些炊事人员是文盲或半文盲，只要在家里会做饭，一些学校的食堂就请他来，工资也比较少。这些人员往往不具备食品安全意识，相关的卫生知识也很匮乏，在加工食品过程中不按照有关规范进行操作，存在食物中毒发生的隐患。据有学者调研，上海市南汇区26所民工子弟学校食堂中，有13所学校的食堂没有机械通风设备，占50%；有15所学校的食堂没有油烟脱排设备，占57.69%；有14所学校的食堂没有餐具专用保洁柜，占46.15%；有15所学校的食堂没有蒸饭箱，占57.69%；有10所学校的食堂缺乏足够的餐用工具和容器，占38.69%；有8所学校的食堂没有污水排放系统，占30.77%；有6所学校的食堂还没有废弃物存放容器，占20.08%；有5所学校的食堂缺乏食品专用冰箱或冷库，占16.23%。广东省五华县71所学校食堂中，有65所学校的食堂没有"三防"设施或设施不全；有69所学校的食堂洗菜池与洗碗池共用，卫生设施老化。上述问题如果不能够解决，就不能彻底改变学校食堂卫生条件低档次的局面。[1] 大型工地上的民工集体食堂的食品安全状况就更是可想而知了。

第二节　食品消费环节食品安全法律控制

一　食品消费环节食品安全法制

在餐饮业的监管体制上，《食品安全法》规定由食品药品监管部门负责餐饮企业的食品安全监管工作，改变了原来由卫生部负责食品安全监管工作的局面。我国目前关于食品消费环节食品安全主要的法律规范是卫生部于2005年6月27日发布的《餐饮业和集体用餐配送单位卫生规范》和2010年3月4日发布的《餐饮服务食品安全监督管理办法》。

《餐饮服务食品安全监督管理办法》从餐饮业的卫生管理、食品的采购和贮存、食品加工、餐饮具的卫生、餐厅服务和外卖食品等方面对餐饮业的食品卫生做出了详细的规定。《餐饮服务食品安全监督管理办法》规定：餐饮服务提供者必须依法取得《餐饮服务许可证》，按照许可范围依法经营，并在就餐场所醒目位置悬挂或者摆放《餐饮服务许可证》。《餐饮服务食品安全监督管理办法》要求餐饮服务提供者：①在制作加工过程中应当检查待加工的食品及食品原料，

---

① 赵艳 . 2008. 学校食堂食品安全的法律规制 . 法制与社会，(12)：338.

发现有腐败变质或者其他感官性状异常的，不得加工或者使用；②贮存食品原料的场所、设备应当保持清洁，禁止存放有毒、有害物品及个人生活物品，应当分类、分架、隔墙、离地存放食品原料，并定期检查、处理变质或超过保质期限的食品；③应当保持食品加工经营场所的内外环境整洁，消除老鼠、蟑螂、苍蝇和其他有害昆虫及其滋生条件；④应当定期维护食品加工、贮存、陈列、消毒、保洁、保温、冷藏、冷冻等设备与设施，校验计量器具，及时清理清洗，确保正常运转和使用；⑤操作人员应当保持良好的个人卫生；⑥需要熟制加工的食品，应当烧熟煮透；需要冷藏的熟制品，应当在冷却后及时冷藏；应当将直接入口食品与食品原料或者半成品分开存放，半成品应当与食品原料分开存放；⑦制作凉菜应当达到专人负责、专室制作、工具专用、消毒专用和冷藏专用的要求；⑧用于餐饮加工操作的工具、设备必须无毒无害，标志或区分明显，并做到分开使用，定位存放，用后洗净，保持清洁；接触直接入口食品的工具、设备应当在使用前进行消毒；⑨应当按照要求对餐具、饮具进行清洗、消毒，并在专用保洁设施内备用，不得使用未经清洗和消毒的餐具、饮具；购置、使用集中消毒企业供应的餐具、饮具，应当查验其经营资质，索取消毒合格凭证；⑩应当保持运输食品原料的工具与设备设施的清洁，必要时应当消毒。运输保温、冷藏（冻）食品应当有必要的且与提供的食品品种、数量相适应的保温、冷藏（冻）设备设施。

《餐饮业和集体用餐配送单位卫生规范》并不是典型意义上的法律，而是一个标准。《餐饮业和集体用餐配送单位卫生规范》从食品加工经营场所的卫生条件、食品加工操作卫生要求、餐饮业和集体用餐配送单位的卫生管理，以及餐饮业和集体用餐配送单位的从业人员的卫生要求四个大的方面对餐饮业和集体用餐配送单位的设置、生产过程等各方面做出了详细的行为规范，是餐饮业和集体用餐配送单位在食品安全方面最基本的行为规范。

但是我们应当注意到，在《餐饮服务食品安全监督管理办法》和《餐饮业和集体用餐配送单位卫生规范》中虽然基本上详尽的规范了我国现阶段食品消费环节的食品安全问题，但是应当说，在规范方面还存在法律规范的空白之处，《餐饮业和集体用餐配送单位卫生规范》对餐饮业的外延做出了详细的解释，认为餐饮业的外延是指餐馆、小吃店、快餐店和食堂，但是不包括无固定加工和就餐场所的食品摊贩。对这些流动食品小摊贩的监管的缺失正是食品消费环节法律规制的空白，这一点是需要我们在食品消费环节食品安全立法时加以特别注意的。

除了《餐饮服务食品安全监督管理办法》和《餐饮业和集体用餐配送单位卫生规范》外，教育部还于 2002 年 9 月 20 日发布《学校食堂与学生集体用餐卫生管理规定》，专门对学校食堂进行规范。除了《餐饮服务食品安全监督管理办法》中规定的内容之外，《学校食堂与学生集体用餐卫生管理规定》还规定：学校分管学生集体用餐的订购人员在订餐时，应当确认生产经营者的卫生许可证上注有"送餐"或"学生营养餐"的许可项目，不得向未经许可的生产经营者订餐；学生集体用餐必须当餐加工，不得订购隔餐的剩余食品，不得订购冷荤凉菜食品；职业学校、普通中等学校、小学、特殊教育学校、幼儿园的食堂不得制售冷荤凉菜；普通高等学校食堂的凉菜间必须定时进行空气消毒；应有专人加工操作，非凉菜间工作人员不得擅自进入凉菜间；加工凉菜的工具、用具和容器必须专用，使用前必须消毒，使用后必须洗净并保持清洁；食品在烹饪后至出售前一般不超过 2 个小时，若超过 2 个小时的，应当在高于 60℃ 或低于 10℃ 的条件下存放。

有学者提出：《食品安全法》实施后，食品药品监管部门对餐饮企业进行行政执法的过程中，常常遇到"执法无据"的情况，实施了 10 多年的《食品卫生法》中有很多法律条文已经被监管部门和餐饮企业认可，在实际执法过程中操作性强，监管效果好，但是新出台的《食品安全法》中却没有了这些规定。除此之外，《食品安全法》还存在着有违法条款但是没有处罚依据的情况。例如餐饮企业食品加工操作区域环境脏乱不堪、食品从业人员个人卫生状况差等等都只有违反的条款，没有处罚依据，执法人员在实际执法中只能不断地督促餐饮企业整改，并发出责令改正通知书，然而收效甚微。我国应当对现有的《食品安全法》在实施过程中所暴露出来的问题及时进行修订和调整，对原《食品卫生法》实施中行之有效的监管措施，在不违反《食品安全法》的前提下，将其纳入地方性法规，或者可以根据各地的实际食品安全现状，通过地方立法来完善《食品安全法》中的空白点。[①] 笔者认可该观点，在一些环节上，《食品安全法》的确是将《食品卫生法》中行之有效的措施和制度予以忽略，不能不说是《食品安全法》立法的空白之处。

二　食品消费环节食品安全刑法保护

针对目前食品消费场所食品安全条件非常差的现实状况，笔者认为以刑事手段规范食品消费场所的食品安全是必要的，但是刑事手段的运用也应当考虑刑法的谦抑性。从与其他食品安全犯罪相平衡的角度考虑，笔者认为对食品消费环节的食品经营者追究食品安全犯罪刑事责任应以其所出售的食品是不符合食品安全标准的食品或者是有毒、有害的食品为前提条件，如果这些不符合食品安全标准的食品或者有毒、有害的食品是由这些餐饮店制作的则对行为人以

① 吴瑛. 2012. 浅析我国餐饮企业食品安全行政执法状况. 商业文化，(1)：36.

生产不符合食品安全标准的食品罪或生产有毒、有害食品罪追究刑事责任；如果这些不符合食品安全标准的食品或有毒、有害的食品并不是由这些餐饮店制作的，则对行为人以销售不符合食品安全标准的食品罪或销售有毒、有害食品罪追究刑事责任，至于这些食品原本就是不符合食品安全标准的食品或是有毒、有害的食品，还是在餐饮店贮存或销售的时候因受污染而成为不符合食品安全标准的食品或有毒、有害的食品对刑事责任的追究则是无关紧要的。

在本章前面相关部分，笔者提到，《学校食堂与学生集体用餐卫生管理规定》中规定，职业学校、普通中等学校、小学、特殊教育学校、幼儿园的食堂不得制售冷荤凉菜。对餐饮业经营者擅自经营法律不允许其经营的饮食的，笔者建议可以考虑对行为人以非法经营罪追究刑事责任（当然，从目前《刑法》和相关司法解释对非法经营罪规定的犯罪构成要件来看，上述擅自在学校食堂经营冷荤凉菜的行为尚不符合非法经营罪的犯罪构成要件，笔者建议通过司法解释等形式就上述行为扩大非法经营罪的行为模式）。非法经营罪的社会危害性在于，行为人违反了国家对饮食业的管理秩序，扰乱了市场秩序，所以构成非法经营罪就没有必要以行为人所经营的食品为不符合食品安全标准的食品或有毒、有害的食品为限，只要达到情节严重即可。至于情节严重的判断标准，我们可以参照最相类似的最高人民检察院《关于办理非法经营食盐刑事案件具体应用法律若干问题的解释》中的相关规定来办理，以行为人非法经营食品的数量是否达到一定数量作为判断标准，或者以其非法经营数额是否达到一定标准作为判断标准，或者以行为人的非法所得是否达到一定标准作为判断标准，也可以以行为人已经因擅自经营不允许经营的食品受到过行政处罚后又再次擅自经营不允许其经营的食品作为情节判断标准。如果行为人擅自经营的食品属于不符合食品安全标准的食品或有毒、有害的食品，在符合想象竞合的情况下，则按想象竞合从一重处断。

第十一章 食品安全信用体系

自从党的十六大报告中提出"整顿和规范市场经济秩序，健全现代市场经济的社会信用体系"和十六届三中全会提出"要增强全社会的信用意识，形成以道德为支撑，产权为基础，法律为保障的社会信用制度"后，社会信用在经济、社会生活中的重要性越来越为人们所重视，加强社会信用建设已经成为经济、生活建设的一个重要组成部分。正是在这种社会大背景下，食品安全信用体系建设被提了出来，食品安全信用体系建设已经成为食品安全建设的一个重要组成部分，食品安全信用建设也成为实现食品安全的一个重要手段。

第一节　食品安全信用体系概说

一　食品安全信用体系的提出

2004 年 4 月，农业部、商务部、卫生部、公安部、国家工商行政管理总局、国家食品药品监督管理局、国家质量监督检验检疫总局、海关总署联合下发《关于加快食品安全信用体系建设的若干意见》。2004 年，国家食品药品监督管理局下发《食品安全信用体系建设试点工作方案》，正式揭开了食品安全信用体系建设的序幕。

我国食品安全信用体系建设的目标是：逐步建立起我国食品安全信用体系的基本框架和运行机制，使我国食品安全水平迈上一个新的台阶。具体来讲，在制度规范上，初步建立起食品安全信用的监督体制、征信制度、评价制度、披露制度、服务制度、奖惩制度等，使食品安全信用体系建设的主要方面有法可依、有章可循。在运行系统上，初步建立起食品安全信用管理系统和服务系统，如公开、便利的食品安全信用查询系统，科学、公正的食品安全信用评价系统，不断提高管理与服务水平，逐步满足社会对食品安全信用服务的需求。在信用活动上，通过宣传教育、需求培育、失信联防等活动，进一步增强全社会的食品安全信用意识，营造食品安全信用环境，创造食品安全信用文化。在运行机制上，初步建立起食品安全信用运行机制，全面发挥食品安全信用体系对于食品安全工作的规范、引导和督促功能，对食品市场中的制假售假等违法行为充分发挥警示和惩戒作用。

国家食品药品监督管理局以肉类、粮食和儿童食品三个食品细分行业在吉林省辽源市、黑龙江省大庆市、福建省厦门市、湖南省常德市和宁夏回族自治区银川市作为试点，建设食品安全信用体系。① 经中国食品科学技术学会儿童食品专业学会推荐，国家食品药品监督管理局批准上海惠氏营养品有限公司、荷兰纽迪希亚营养制品有限公司、黑龙江乳业集团、亨氏联合有限公司、美赞臣（广州）有限公司、瑞士雅培制药有限公司、黑龙江省完达山乳业集团有限公司和内蒙古伊利实业集团股份有限公司作为奶粉安全信用体系建设的首批试点企业。②

二　建设食品安全信用体系的必要性

我国目前食品市场秩序较为混乱，制假售假等违法行为十分严重，特别是重大的食品安全事故时有发生，其重要原因之一就是食品生产经营企业信用的严重缺失。近年来，我国已经开始了一些食品安全信用活动，如"无公害食品行动计划"、"三绿工程"、"食品安全行动计划"、"食品药品放心工程"，实行食品卫生量化分级管理制度和食品质量安全市场准入制度，在食品安全信用方面取得了初步的进展。但是由于各方面的因素，我国现阶段的食品安全信用体系建设存在缺乏统一规划指导、发展建设无序、资源开放不够、宣传教育有待加强等问题。这些问题的存在严重影响了食品安全信用体系的建设和食品安全水平的进一步提高。要从根本上提高我国的食品安全水平，就必须从机制、体制和法制等方面建立和完善长效的食品安全系统，形成统一开放、公平竞争、规范有序的食品市场环境。这就是建立食品安全信用体系的最直接的必要性和意义之所在。加快食品安全信用体系建设，有利于从根本上保障食品消费者的身体健康和生命安全；有利于进一步规范食品市场经营秩序，建立起新型的食品安全治理机制；有利于促进经济的协调发展和社会的全面进步；有利于促进我国食品对外贸易的发展，维护中国食品的形象。仔细分析，食品安全信用体系建设的必要性和意义在于四个方面。

首先，食品安全信用体系的建立和完善有助于维护食品流通市场秩序。完善的食品安全信用制度本身就具有内在的奖惩机制，可以在整个食品市场发挥作用，食品安全信用度高的食品经营者能够得到食品消费者的认可，而信用度不好的食品企业则不会被食品消费者接受，并最终被食品消费者淘汰。不断完善的食品安全信用制度可以督促甚至迫使食品经营者加强自律，规范食品生产、

---

① 佚名 . 2004. 三行业作试点建立食品安全信用体系 . 河南畜牧兽医，（5）：56。
② 刘冬生 . 2004. 建立食品安全信用体系　发展中国儿童食品事业 . 中国生育健康杂志，（4）：198.

储存、运输、流通等各个与食品安全相关的环节，完善食品投诉、食品追溯、食品召回制度等食品安全救济措施。

其次，食品安全信用体系的建立和完善有利于降低食品经营者的食品交易成本。食品经营者的食品安全信用度本身就是对其自身的一个很好的宣传，信用度好的食品经营者自然会得到其他食品经营者的认可，这样一来，食品安全信用度好的食品经营者自然也就不必在宣传上花过多的成本，也可以减少，甚至免去交易客户对其的考察，从而降低这些食品经营者的交易成本。

再次，食品安全信用体系的建立和完善可以提高食品安全监管的效率，降低政府的食品安全监管成本，使政府可以集中精力对食品安全监管的薄弱地区和领域加强监管。完善的食品安全信用体系把目前政府的监管职能转移给了市场化的征信机构，这些征信机构在初始阶段虽然还需要政府的推动和扶持，但是在食品安全信用体系完善化的阶段，就要经过市场的选择，这就要求这些征信机构能够为客户提供真实、权威、更新及时的食品经营者的食品安全信息。这种市场化的监管体系不仅会更为全面和高效，而且在一定程度上可以改善目前食品安全监管多头监管，职能重复和政府在食品安全监管方面高投入、低效率的现状。

最后，食品安全信用体系的建立和完善有利于增加食品消费者对食品市场的信任度，促进食品市场的繁荣。食品市场频频出现食品安全问题，对食品消费者的身体健康造成严重的侵害，使食品消费者对我国的食品市场和政府对食品安全的监管能力产生怀疑。例如，太仓的一些食品生产者用死猪肉和母猪肉制造肉松的问题被曝光后，食品消费者很难辨认市场上的肉松哪些是安全的、哪些是不安全的，并且对守法的太仓肉松生产者也产生了怀疑，在这种情况下，食品消费者唯一的选择就是不再购买肉松和肉松产品，这样势必会对肉松产业造成沉重的打击。食品安全信用体系的完善将使食品消费者在对食品经营者信任的基础上选择食品经营者的食品，即使某些个别的食品经营者出现了食品安全问题，也不至于对整个食品细分产业造成沉重的打击。

第二节　食品安全信用体系的内容

信用的本意是指授信人对受信人在特定的期限内付款或还款承诺的信任，使受信人无须进行当期支付就可以获取资本、商品或服务。信用是随着市场经济的产生、发展而产生、发展的，广泛存在于现代商业和金融领域中，构成现代经济社会不可或缺的经济发展的重要基石。

食品安全信用无论在食品安全领域，还是在信用管理领域，都是一个全新的概念，是食品安全和信用管理的学科交叉，是将信用管理的基本理想和理念导入食品安全监管体系中，形成的一种以食品安全信用信息为基础、以食品安全信用管理为核心的社会化的食品安全监管体系。食品安全信用不同于商业领域和金融领域的信用，食品安全信用的授信方是食品消费者，受信方是食品经营者。授信方给予受信方的信任不是基于付款或还款能力和意愿的信任，而是基于受信方对保障其所经营的食品的质量安全的能力和意愿的信任。基于这种信任，授信方给予受信方的也不是资金或物质上的便利，而是市场和信心。

食品安全信用体系就是指，以完善的食品安全信用制度为保障，以真实的食品安全信用信息为基础，以科学的食品安全信用风险分析为依据，以公正的食品安全信用服务机构为依托，以食品安全问题记录为重要参考所形成的信用评估评级、信用报告、信用披露等食品经营者外部的食品安全信用管理体系。

食品安全信用体系建设的主要内容有以下六个方面。

一 建立食品安全信用管理体制

食品安全的综合监督管理部门会同有关部门对食品安全信用体系建设框架进行总体设计，并对各部门、各行业、各地区的具体建设方案组织协调。政府其他部门依照法定职责对食品安全信用体系建设进行指导和管理。食品行业协会对其会员的食品安全信用体系建设进行行业指导和服务。作为食品安全的第一责任人，食品经营者应当进一步加强自身建设，切实抓好企业内部信用体系建设。食品消费者对食品安全信用体系建设进行社会监督。

二 建立食品安全信用标准制度

食品安全信用标准是食品安全信息征集、评价和披露工作的基础。为实现食品安全信息的互联互通，保障资源共享，避免重复建设和资源浪费，以现行的有关食品安全的法律法规和技术标准为基础，国家食品药品监督管理局会同有关部门共同制定食品安全信用标准基础。

三 建立食品安全信用信息征集制度

食品安全信用信息征集是食品安全信用体系运行的基础，其状况如何直接影响着食品安全信用的评价、披露及监管。

（1）食品安全信用信息征集原则：依法、客观和公正征集信用信息，保障信息质量，维护国家经济安全，维护社会公共利益，维护企业合法权益。

（2）食品安全信用信息征集渠道：政府有关部门按照各自的法定职责对监

管对象的信息进行记录，食品行业协会按照协会章程对会员的信息进行记录和收集，社会信用服务中介机构按照委托要求进行信息征集。食品安全信用信息来源于政府、食品行业和社会三个方面。政府信息主要是食品安全监管部门的基础监管信息；食品行业信息包括食品行业协会的评价等；社会信息包括新闻媒体舆论监督信息、信用调查机构的调查报告、认证机构的认证情况、食品消费者的投诉情况等。食品安全信用信息应当包括一定时期食品安全的静态信息和动态信息。

（3）食品安全信用信息提供要求：食品生产经营企业及相关单位应该做好食品安全信息记录，保证信息真实全面，并且依法公开其信用信息，促进信用信息的资源共享。政府各监管部门，应当依法全面、充分、及时、无偿地向社会公开其有关食品安全的政策、法律、标准等社会公用信息资源。

四 建立食品安全信用评价制度

食品安全信用评价制度包括食品安全信用评价机构的选择、评价指标的确定、评价等级的划分、评价方法的确定和评价结果的产生等。

（1）食品安全信用评价机构。与食品安全信用征集体系相匹配，逐步建立起食品安全的政府评价、食品行业评价和社会评价三者结合的评价体系。食品行业评价机构和社会评价机构由食品安全综合监管部门会同有关部门遴选确定。

（2）食品安全信用评价原则。坚持独立、公正和审慎的原则，严格按照标准和程序进行评价，保证评价结论的合法性和权威性。

（3）食品安全信用评价指标。食品企业内部评价指标包括原料进货渠道、产品品质要求、检验要求、制度建设与执行要求等。外部评价指标包括政府机构如公安、农业、商务、卫生、工商、质检、海关等部门和社会中介机构的评价。上述评价指标应包括定性评价指标和定量评价指标。

（4）食品安全信用等级。为鼓励食品生产经营企业通过努力，不断提高食品安全信用水平，结合目前社会信用等级建设情况，原则上确立食品安全信用从高到低划分为 A、B、C、D 四级制。各部门、各行业可根据部门、行业的需要具体细化各级评价指标条件。

（5）食品安全信用评价方法。为发挥现代科技优势，提高资源使用效率，减少主观因素的影响，应结合先进的信息技术，设计食品安全信用管理软件，逐步通过统一的信息平台产生评价结果。

五 完善食品安全信用披露制度

（1）食品安全信用披露主体。食品安全监管机关、有关部门和食品行业协会定期向社会披露食品安全信用信息，供社会随时查阅食品安全信用状况。国家食品药品监督管理局与有关部门在网站上开辟联动的中国食品安全信用专栏及专项食品安全信用管理系统，综合披露食品安全信用信息，全面展示我国食品安全信用状况。

（2）食品安全信用披露原则。食品安全信用披露应当遵循依法、客观与公正的原则，维护国家经济安全，保守国家秘密、商业秘密和个人隐私。

六　完善食品安全信用奖惩制度

积极推进食品安全监管各部门在各自监管领域，根据信用等级状况，对食品生产经营企业实行分类监管。对长期守法诚信企业要给予宣传、支持和表彰，如在年检、抽检、报关等方面给予便利，建立长效保护和激励机制。对严重违反食品安全管理制度，制假、售假等严重失信的企业，实行重点监管，可采用信用提示、警示、公示，取消市场准入，限期召回问题食品以及其他行政处罚方式进行惩戒；构成犯罪的，依法追究其刑事责任。

第三节　食品安全信用刑法保护

一　食品安全信用犯罪概述

笔者在此处所说的食品安全信用刑法保护是指运用刑事手段保障食品安全信用体系的建设及食品安全信用惩罚制度中所涉及的刑事问题。

与食品安全信用体系相关的犯罪应当说是多种多样的，其中有一些应当说与食品安全并无太大的关联，也不是专属于广义上食品安全领域的犯罪。例如，食品安全信用披露制度中要求食品安全信用披露应当遵循依法、客观与公正的原则，维护国家经济安全，保守国家秘密、商业秘密和个人隐私。如果在信用披露过程中违反了这些规定，就有可能涉及刑事犯罪问题，违反了保守国家秘密的规定就可能会涉及非法获取国家秘密犯罪、故意泄露国家秘密犯罪或者过失泄露国家秘密犯罪等与国家秘密相关的犯罪；违反了保守商业秘密的规定就可能会涉及侵犯商业秘密犯罪；在食品安全信用体系相关活动中，如果违反相关规定也有可能会构成损害商业信誉、商品声誉犯罪等犯罪。由于这些犯罪并非专属于食品安全领域的犯罪，所以在此就不再予以研究。在此所研究的是那些专属于食品安全领域的违反食品安全信用制度规定的犯罪行为。

在违反食品安全信用管理制度的违法行为中，专属于食品安全领域的主要有制售伪劣食品，伪造食品安全信用等级，违反有关市场准入的规定擅自进入食品市场，违反限期召回存在质量安全的食品的规定。笔者在此逐一分析对这些行为能否运用刑事手段加以规制。

制售伪劣食品自然可以构成犯罪，可以构成生产、销售不符合食品安全标准的食品犯罪和生产、销售有毒、有害食品犯罪，这一点已经在本书食品生产、流通环节法律控制部分中加以详细论证，就不再予以讨论。违反食品安全法律或者食品安全信用管理制度，食品市场禁入者违反规定擅自进入食品市场的行为与无卫生许可、生产许可证等相关证件擅自进入食品市场没什么区别，其刑事责任问题笔者也已经在本书食品行业准入法律控制部分中讨论过，无须赘述。

二 破坏食品安全信用评价犯罪

食品安全信用评价制度是食品安全信用体系中的重要组成部分，根据一定的标准按照从高到低的排列顺序把食品经营者的食品安全信用等级划分为 A、B、C、D 四个等级，A 级的食品安全信用等级最高，D 级最低。食品安全信用等级的高低势必对食品经营者的经营状况产生巨大的影响，食品安全信用等级低的食品经营者将会被食品市场和食品消费者所淘汰。食品安全信用等级评价制度将会是食品安全信用体系的核心内容。运用各种法律手段，甚至刑事手段来保证食品安全信用等级的权威性和公正性也就是食品安全信用体系建设法律保障的重中之重。

要保证食品安全信用等级的权威性和公正性，首先要保证食品安全信用等级评价的科学化和公正化。按照食品安全信用等级评价制度的规定，食品安全信用等级的评价体系是政府评价、食品行业评价和社会评价三者综合的评价体系。食品行业评价机构和社会评价机构由食品安全综合监管部门会同有关部门遴选确定。可以看出政府相关职能部门在食品安全信用等级的评定中是起主导作用的，食品安全信用等级评价能否做到科学化和公正化就看这些职能部门在直接对食品经营者进行食品安全信用等级评定，以及在遴选食品安全信用等级食品行业评价机构和社会评价机构的过程中能否做到科学化和公正化。

国家食品安全综合监管部门直接对食品经营者进行食品安全信用等级评定和遴选食品安全信用等级，食品行业评价机构和社会评价机构均属于其公务活动，国家食品安全综合监管机构的工作人员在进行上述活动中应当严格依法办事，如果上述工作人员严重不负责任，不履行或不正确履行其职责，导致食品经营者获取其不应当获取的较高等级的食品信用安全等级，或者没能获取其所应当获取的较高等级的食品安全信用等级，就必然会给这些食品经营者造成不应有的损失，或者间接地给食品消费者的身体健康造成损害。在这种情况下，对上述这些不依法履行其职责的国家机关工作人员可以以玩忽职守罪追究刑事责任，也可以以滥用职权罪追究刑事责任。

要保证食品安全信用等级的权威性和公正性，还必须要杜绝假冒食品安全信用等级行为的出现，高等级的食品安全信用等级会给食品经营者带来可观的经济效益，这样就必然会有一些不法食品经营者制作假的食品安全信用等级标志以欺骗食品消费者，对这些行为若不加以禁止，势必会使食品消费者分不清哪些食品安全信用等级是真的，哪些食品安全信用等级是假的，会出现假的是假的，真的也是假的混乱局面，久而久之，食品安全信用等级就失去了权威性，整个食品安全信用体系建设也会功亏一篑。按照食品安全信用评价制度的规定，食品安全信用等级是由国家食品安全综合监管机构和食品行业协会、社会评价机构综合评定的，那么，在由国家食品安全综合监管机构评定的情况下，食品安全信用等级标志应当属于国家机关公文、证件，假冒食品安全信用等级的行为无非就是表现为制作假的食品安全信用等级标志，那么，对假冒食品安全信用等级的相关的行为人，就可以以伪造、变造、买卖国家机关公文、证件、印章犯罪追究刑事责任。在由食品行业协会和社会评价机构对食品安全信用等级进行评定的情况下，食品安全信用等级标志就应当属于公司、企业、事业单位、人民团体文书、证件，而刑法只规定了伪造公司、企业、事业单位、人民团体印章罪，对伪造公司、企业、事业单位、人民团体文书、证件的，并没有规定要追究刑事责任。但是，我们注意到，最高人民法院、最高人民检察院在 2001 年 7 月 3 日发布的《关于办理伪造、贩卖伪造的高等院校学历、学位证明刑事案件如何适用法律问题的解释》中规定，对于伪造高等院校印章制作学历、学位证明的行为，应依照《刑法》第二百八十条第二款的规定，以伪造事业单位印章罪处罚；明知是伪造高等院校印章制作的学历、学位证明而贩卖的，以伪造事业单位印章罪的共犯论处。根据这个司法解释的精神，笔者认为伪造由食品行业协会和社会评价机构评定的食品安全信用等级标志的行为可以按伪造公司、企业、事业单位、人民团体印章罪追究行为人的刑事责任。但是需要注意的是，这只是笔者的刑法立法建议，在《刑法》第二百八十条第二款尚未做出修改和没有相关的立法解释或司法解释的情况下，对伪造由食品行业协会和社会评价机构评定的食品安全信用等级标志的行为还不能追究行为人的刑事责任。

第十二章 食品召回法律控制

2007 年 8 月 27 日，国家质检总局发布并正式实施《食品召回管理规定》，标志着我国食品召回制度的建立，2009 年 2 月 28 日颁布的《食品安全法》再次重申了食品召回制度，将食品召回制度上升为法律层面的食品安全法律基本制度，标志着在我国全面建立食品召回制度。食品召回制度是食品安全法律控制体系的重要组成部分，是食品安全保障的重要组成部分。食品安全法律控制体系可以分为事前预防和事后救济两个组成部分，本书下篇前面各章节所研究的各项法律制度都是从事前预防的角度保障食品安全的，而食品召回制度则是在发生食品安全问题后，为防止食品安全问题扩大化、降低对食品消费者权益损害的程度、保护食品消费者合法权益的重要的事后救济制度。

第一节　食品召回概说

一　食品召回的概念

食品召回制度属于产品召回制度中的一项内容。产品召回制度始于 20 世纪 60 年代的美国，由美国律师拉尔夫发起，他呼吁美国国会建立汽车安全法案。1966 年美国国会通过《国家交通及机动车安全法》，规定汽车制造商有义务公开发表汽车召回的信息，必须将汽车存在的安全缺陷或故障通报给用户和美国国家公路交通安全管理局（NHTSA），并进行免费修理，由此确立了产品召回制度。美国自从实行汽车召回制度以来，汽车产品的质量及安全性得到了极大的提高，交通安全事故得到了有效的遏制，汽车工业也由此得到高速的发展。此后，这个制度就扩大到食品等与大众人身、财产安全相关的产品领域。目前，缺陷产品召回制度已经成为发达国家管理产品质量的常用手段。

食品召回制度同样发源于美国，目前美国食品召回的法律依据主要是《联邦肉产品检验法》、《禽肉产品检验法》、《蛋制品检验法》、《联邦食品、药品和化妆品法》及《消费者产品安全法》。此外，美国联邦政府还制定了配套的法规细则，明确食品召回的定义，明确规范食品生产商和经营商的经营行为，同时对食品召回进行科学分级，并且规定了严格的召回程序。1974 年，澳大利亚颁布的《实践贸易法案》也已经明确规定了政府相关工作部门、食品的生产经营者在发现不安全食品时的职责和权限，这说明澳大利亚的食品召回制度的建立也是比较早的。1997 年 3 月，加拿大议会通过了《加拿大食品检验局法》，决定在农业部下面设立一个专门的食品安全监督机构——加拿大食品检验局，统一负责加拿大食品安全、动物健康和植物保护等项目的管理和监督工作。同时为了及时处理食品安全突发事件，于 1999 年成立了食品召回办公室，这标志着食品召回制度正式在加拿大建立。在美国，根据农业部食品安全检疫局的统计，食品召回有逐年增加的趋势，这倒不是说食品安全状况在恶化，而是人们对食品安全有了更高的要求。[①]

在国外，由于具体法律规定的内容不同，对食品召回制度的理解也会有所偏差。根据加拿大食品检验局（Canadian Food Inspection Agency，CFIA）的规定，食品召回是指收回目前食品市场上销售的对人体健康有危险或违反了食品检验局相关法律规定的产品；在美国，一般将食品召回理解为：进入食品市场的食品出现法定的安全问题，由食品的生产经营者对问题商品进行下架和处理的行为；欧盟的食品召回制度是指当不安全的食品流入食品市场后，以食品的生产者、经营者为主要责任人，同时在政府主管机构的监管下，将不安全的食品撤出市场以减少缺陷食品已经或可能造成的危害。[②] 一般可以将食品召回制度理解如下：食品的生产商、进口商或经销商在获悉其生产、进口或者经销的食品存在可能危害食品消费者健康、安全的缺陷时，依法向政府部门报告，及时通知食品消费者，并从食品市场和食品消费者手中收回问题食品，予以更换、赔偿的积极有效的补救措施，以消除缺陷食品危害风险的制度。[③] 食品召回制度实施的目的在于及时回收缺陷食品，避免流入市场的缺陷食品对食品消费者的人身安全损害的结果的发生和扩大，维护食品消费者的利益。

二 国外食品召回制度概况

在美国，农业部食品安全检疫局及食品药品监督管理局是根据对缺陷食品可能引起的损害进行的分级来确定食品召回的级别的。美国的食品召回级别共分为三级：第一级是最严重的，食品消费者食用了这些食品将肯定会造成身体健康损害，甚至死亡；第二级是危害较轻的，食品消费者食用后可能不利于身体健康；第三级一般不会造成危害结果，食品消费者食用这类食品一般不会造成任何不利于健康的后果，只是贴错标签、食品标签有错误或食品标签未能反

① 程言清 . 2003. 美国的食品召回制度及其特点 . 江西食品工业，（1）：49.
② 刘龙生 . 2010. 我国食品召回法律制度完善之研究 . 华东政法大学硕士学位论文；7，8.
③ 凡真 . 2004. 美国的食品召回制度 . 中国保健食品，（4）：16，17.

映食品真实状况等类似这些情况。食品召回的级别不同，食品召回的规模、范围也就不一样。

美国的食品召回主要在两种情况下发生，一种是食品生产商得知自己所生产的食品存在缺陷，主动从市场上召回缺陷食品；另一种是农业部食品安全检疫局及食品药品监督管理局要求食品生产商召回缺陷食品。无论哪种情况的召回，均必须在农业部食品安全检疫局或食品药品监督管理局的监督下进行。

美国法律对食品召回程序有着严格的规定，其步骤如下。

1. 企业报告

食品生产商、进口商或经销商发现其所生产、进口或者经销的食品存在安全问题时，如食用该食品会对食品消费者的身体造成严重的损害，或者有产生损害的可能，以及食品不符合相关的规定等，应在获悉上述情况的 24 小时之内向农业部食品安全检疫局或食品药品监督管理局提交问题报告。若农业部食品安全检疫局或食品药品监督管理局通过各种途径获知食品存在安全问题时，也可以要求相关食品经营者提交问题报告。提交问题报告并不意味着就一定要召回相关食品，是否进行食品召回由农业部食品安全检疫局或食品药品监督管理局组织专家委员会来论证分析。

2. 农业部食品安全检疫局或食品药品管理局做出评估报告

在收到问题报告后，农业部食品安全检疫局或食品药品监督管理局要迅速做出报告，对食品是否存在缺陷，以及是否需要召回进行评估，还要根据食品上市时间的长短、进入食品市场的数量、流通的方式和食品消费群体的资料等评估可能造成的危害程度。该评估报告的做出并不需要征得相关食品经营者的认可。

3. 制订召回计划

如果农业部食品安全检疫局或食品药品监督管理局的评估报告认可必须召回问题食品，相关的食品经营者应当立即停止问题食品的生产、进口和经销，并根据问题食品的缺陷等级、进入食品市场的方式、销售的区域、正在流通中的问题食品的数量和已经销售的问题食品的数量制订问题食品的召回计划。

4. 召回计划的实施

召回计划经农业部食品安全检疫局或食品药品监督管理局认可后就可以立即实施，农业部食品安全检疫局或食品药品监督管理局会通过各种方式向社会公开该问题食品的消息，相关的食品经营者也会通过各种方式向社会公开经农业部食品安全检疫局或食品药品监督管理局审查过的问题食品召回公告。相关的食品经营者在农业部食品安全检疫局或食品药品监督管理局的监督下进行问题食品的召回工作，对问题食品采取补救措施或予以销毁，并对食品消费者进行补偿，当农业部食品安全检疫局或食品药品监督管理局认为相关的食品经营者已经采取积极有效的措施，将问题食品对食品消费者造成损害风险降到最低点时，整个食品召回活动结束。如果相关的食品经营者发现食品存在问题，且还没有造成严重的危害结果时，主动向农业部食品安全检疫局或食品药品监督管理局提出报告，愿意召回问题食品，并制订出了切实有效的召回计划时，农业部食品安全检疫局或食品药品监督管理局也会简化上述程序，不作评估，也不一定对相关企业进行公开披露。

第二节　我国食品召回立法

一　我国食品召回立法沿革

我国的食品召回制度起步较晚，在我国，上海市是最早建立产品召回，包括食品召回制度的。2002 年 10 月 28 日，上海市第十一届人大常委会第四十四次会议审议通过的《上海市消费者权益保护条例》明确规定了产品召回制度，这是我国首次系统地对产品召回进行立法。《上海市消费者权益保护条例》第三十三条规定："经营者发现其提供的商品或者服务存在严重缺陷，即使正确使用商品或者接受服务仍然可能对消费者人身、财产安全造成危害的，应当立即中止、停止出售该商品或者提供该项服务；商品已售出的，应当采取紧急措施告知消费者，并召回该商品进行修理、更换或者销毁，同时应当向有关行政管理部门和行业协会报告。""经营者提供的商品或者服务存在前款所列严重缺陷，且经营者未采取前款规定的措施的，有关行政管理部门应当依法要求经营者立即中止、停止出售该商品或者提供服务，对已售出的商品采取召回措施。"在2002 年，北京市也开始试行"违规食品限期追回制度"，探索食品召回。

2004 年 4 月 7 日，国家食品药品监督管理局、公安部、农业部、商务部、卫生部、国家工商行政管理总局、国家质量监督检验检疫总局、海关总署等八部委联合印发的《关于加快食品安全信用体系建设的若干指导意见》中首次提出要建立食品召回制度。

2004 年 5 月，国务院办公厅发布的《关于印发食品安全专项整治工作方案的通知》中，针对阜阳劣质奶粉事件的教训在全国开展有关食品安全的专项整治工作，该通知指出，"对在市场抽查和检验中发现的影响或危及人体健康的不合格食品，在坚决清除出市场的同时，要查清其生产源头、进货渠道和销售场所，一查到底。强化食品进出口的监管力度，进一步加强对入境动植物及食品的检验检疫。要教育和督促企业对已销售的缺陷食品主动召回，及时消除隐患。督促和指导食品经营企业建立健全质量追溯、封存报告、依法销毁和重要大宗食品安全购销档案等制度，积极探索农产品产地编码和标签追溯的质量监控模式，推广食品产销场厂挂钩、场地挂钩、连锁经营和物流配送等有效经营方式。"这是我国首次在国务院的规范性文件中提及"食品召回"。此后在 2005 年国家质量监督检验检疫总局发布的《食品生产加工企业质量安全监督管理实施细则（试行）》中规定，"对不合格食品实行召回制度"。

2006 年，上海市食品药品监督管理局出台《缺陷食品召回管理规定（试行）》，这是我国首部较为系统的、具有可操作性的有关食品召回制度的规定。

我国的《食品卫生法》中也有类似食品召回的规定，只是规定得不明确罢了，《食品卫生法》第四十二条规定："违反本法规定，生产经营禁止生产经营的食品的，责令停止生产经营，立即公告收回已售出的食品，并销毁该食品，没收违法所得，并处以违法所得一倍以上五倍以下的罚款；没有违法所得的，处以一千元以上五万元以下的罚款。情节严重的，吊销卫生许可证。"第四十三条规定："违反本法规定，生产经营不符合营养、卫生标准的专供婴幼儿的主、辅食品的，责令停止生产经营，立即公告收回已售出的食品，并销毁该食品，没收违法所得，并处以违法所得一倍以上五倍以下的罚款；没有违法所得的，处以一千元以上五万元以下的罚款。情节严重的，吊销卫生许可证。"

但是《食品卫生法》中规定的"责令公告收回"和美国的食品召回制度相比，很难说我国当时已经建立了食品召回制度，因为《食品卫生法》的相关规定和美国的食品召回制度相比差距还非常大，表现在七个方面。

第一，召回食品的范围不同。我国《食品卫生法》中"责令公告收回"的问题食品仅限于《食品卫生法》规定的不合格食品，即《食品卫生法》第七条规定的不符合营养卫生标准的专供婴幼儿的主、辅食品和《食品卫生法》第九条规定的禁止生产、经营的食品，范围比较小；而美国的食品召回实行缺陷食品分级制度，召回的范围不仅包括已经明确对食品消费者有害的食品，同时也包括本身对食品消费者是无害的但是存在瑕疵的食品，范围较大。

第二，召回的主体不同。在我国，实施《食品卫生法》规定的"责令公告收回"的主体是县级以上地方人民政府卫生行政主管部门；在美国，作为食品安全监管机构的农业部食品安全检疫局及食品药品监督管理局只是监督食品的召回全过程，具体的食品召回工作由相关的食品经营者来进行。

第三，进行召回工作的自愿程度不同。在我国，"公告收回"是由卫生行政主管部门"责令"进行的，属于强制性的，在法律上并没有规定食品经营者可以自行召回问题食品；在美国，可以由作为食品安全监管机构的农业部食品安全检疫局及食品药品监督管理局强令相关的食品经营者召回问题食品，相关的食品经营者也可以根据自己的意愿在农业部食品安全检疫局及食品药品监督管理局的监督下自行召回问题食品。

　　第四，召回的具体程序不同。我国《食品卫生法》规定的"责令公告收回"的程序相当简单，即发现问题后，责令相关的食品经营者停止生产经营，立即公告收回已经售出的问题食品；而在美国，对食品的召回则规定了相当严格的程序，也就是在本书前面所提到的食品召回的四个步骤，一是企业报告，二是农业部食品安全检疫局或食品药品监督管理局做出评估报告，三是制订召回计划，四是召回计划的实施，无须赘述。

　　第五，违反食品召回义务规定的后果不同。我国的《食品卫生法》并未对违反食品收回义务规定什么惩罚措施，从这个角度来看，我国的食品收回规定是没有法律强制力的，在实践中会被虚置；在美国，相关的食品经营者若违反食品召回的法律规定，将依照《联邦肉产品检验法》（FMIA）、《禽产品检验法》（PPIA）、《联邦食品、药品和化妆品法》（FDCA）和《消费者产品安全法》（CPSA）的规定承担行政责任，严重的还将承担刑事责任。

　　第六，召回后的食品的处理方式不同。在我国，对公告收回的食品是要加以销毁处理的；然而美国则不同，美国是视问题食品的危害程度的不同而作不同的处理，可能是销毁，也可能是更换。

　　第七，对食品消费者权益保护的程度不同。在我国，根据《食品卫生法》第四十八条的规定，被召回的食品只有在造成食品消费者食物中毒事故或者其他食源性疾患的情况下，问题食品责任主体才会对食品消费者承担民事赔偿责任；在美国，食品消费者要求问题食品责任主体承担法律责任不必以实际的身体健康伤害的发生为前提条件。

2007 年 8 月 27 日，国家质检总局发布并正式实施《食品召回管理规定》，标志着我国食品召回制度的建立。从此，我国食品召回制度走出了长期以来的立法空缺，食品安全有了更有力的保障。2009 年 6 月 1 日正式施行的《食品安全法》再次规定了食品召回制度，《食品安全法》第五十三条规定："国家建立食品召回制度。食品生产者发现其生产的食品不符合食品安全标准，应当立即停止生产，召回已经上市销售的食品，通知相关生产经营者和消费者，并记录召回和通知情况。""食品经营者发现其经营的食品不符合食品安全标准，应当立即停止经营，通知相关生产经营者和消费者，并记录停止经营和通知情况。食品生产者认为应当召回的，应当立即召回。""食品生产者应当对召回的食品采取补救、无害化处理、销毁等措施，并将食品召回和处理情况向县级以上质量监督部门报告。""食品生产经营者未依照本条规定召回或者停止经营不符合食品安全标准的食品的，县级以上质量监督、工商行政管理、食品药品监督管理部门可以责令其召回或者停止经营。"这意味着我国的食品召回制度的法律位阶已经从部门规章层面上升到法律的高度。由于《食品安全法》在具体操作方面并没有对食品召回制度给出明确的规定，所以在目前，《食品召回管理规定》

仍然是我国食品召回制度执行、监管的主要依据。

二 建立食品召回制度的必要性

第一，完善的问题食品召回制度有利于保障食品消费者的合法权益。食品消费者对食品的安全性所拥有的信息是不完全的，仅靠食品消费者自己的观察很难判断出食品的内在质量，伴随科学技术的发展，各种抗生素、激素、农药和食品添加剂广泛应用于食品生产，这些有害物质在食品中的残留大量增加，食品消费者对这些有害物质的存在与否更是难以判断。而且问题食品所带来的危害的潜伏期是相当长的，食品消费者个人是没有能力判断危害结果的发生和问题食品之间是否存在因果关系的。而且由于食品消费者不可能获得全面的食品安全信息，食品供求双方对食品安全信息的不对称性，以及市场自身对食品安全调节的失效决定了食品经营者在政府的监督下召回问题食品是保护食品消费者合法权益的一个较好的途径。

2005年雀巢奶粉碘超标事件从反面提示我们食品召回制度对保障食品消费者权益的重要性。2005年5月25日，浙江省工商行政管理局公布了对浙江省食品市场上儿童食品质量抽检报告，黑龙江双城雀巢有限公司生产的雀巢牌金牌成长3＋奶粉碘超标。同年5月26日，昆明市工商行政管理局对昆明全市的食品市场进行清查，云南省产品质量监督检验中心检验结论是，雀巢金牌成长3＋奶粉样品中碘含量达到199微克/百克。6月3日，江西省工商行政管理局对南昌市场上的雀巢金牌成长3＋奶粉进行抽检，共检测了9个批次的样品，其中有2个批次的样品碘含量严重超标。5月26日，雀巢公司在接受媒体采访时承认"雀巢成长奶粉金牌3＋中碘的含量略微偏离国家标准中规定的上限"。国家标准规定奶粉中碘含量应在30～150微克/百克，该批次产品的碘含量则达到198微克/百克，雀巢公司称这是由牛奶原料天然含有的碘含量存在波动引起的。由于《国际幼儿奶粉食品标准》没有对碘含量设上限，雀巢公司以碘成分的含量甚微，检测结果符合《国际幼儿奶粉食品标准》，不会对人体造成什么伤害为由推脱责任。雀巢公司也没有在第一时间把碘超标的奶粉下架，仍让有问题的奶粉继续出售。直到5月31日，中国消费者协会就雀巢公司"对其明知奶粉有问题仍然任其上市销售"的行为，表示将视情况介入调查并全力支持食品消费者起诉雀巢公司。一周后，雀巢公司勉强向公众认错，但是雀巢公司表示，购买该批次奶粉的食品消费者不能退货，只能更换其他批次的金牌成长3＋奶粉。① 雀巢公司在面对自己的产品出现食品

---

① 刘宁，张庆，等.2005.透视中国重大食品安全事件.北京：法律出版社：69-76.

安全问题后仍然能够这么强势的对待广大食品消费者，一个很重要的原因就是食品召回制度的缺位，使雀巢公司漠视食品消费者利益的行为没有受到惩罚。

另外，从 2004 年"苏丹红事件"的应对中，我们也可以看出食品召回制度缺失带来的弊端。"苏丹红事件"发生后，西方国家通过食品召回制度迅速从市场上撤回问题食品，并对受害的食品消费者进行有效赔偿。反观我国，"苏丹红事件"发生后，北京市政府要求北京市场上被检测出含有苏丹红的 25 种食品必须全部下架，并要求有关市场和厂家无条件为食品消费者退货，但是没有配套的食品召回制度，在实施时存在一定的难度，因为有的超市要求食品消费者必须提供购物小票，而有的食品生产厂家则根本无法联系上。据调查，食品中被检测出含有苏丹红的 13 个食品生产厂家中仅有 4 个厂家的电话可以通过 114 查号台找到，而拨打电话时，有的无人接听，有的则是传真号码。[①]

第二，建立问题食品召回制度是对我国食品安全管理模式的完善。我国现在开始强调食品安全的源头管理，从食品生产的源头加强安全监管，从农作物的种植、家禽的饲养开始强化食品安全管理。应当说这种食品安全监管模式是完全正确的，但是应当注意的是，仅从源头开始监管并不足以保障食品安全，在这种监管模式下，还应以食品安全逆生产顺序的监管模式为补充。因为一旦发生食品安全问题，我们很难去追究农作物的种植者、家禽的饲养等食品源头环节的行为人的责任，原因在于我们根本就无法确定由哪一个农作物的种植、家禽的饲养者来对食品安全问题承担责任。所以从源头开始的食品安全监管模式只是常态下的监管模式，在食品安全事故发生的情况下，这种监管模式就会失灵。然而在食品安全事故发生的情况下，逆生产顺序的监管模式就具有监管上的优势，我们很容易确定发生问题的食品是由谁生产的，在发生食品安全事故的情况下，政府的最主要的职责是要保障食品消费者的权益，保障食品消费者能够得到合理合法的赔偿，政府只要找到问题食品的生产商即可，至于问题食品的生产商怎么再往上追究责任，那就是另一回事了。食品召回制度恰恰是食品安全逆生产顺序监管的一项重要的制度，一旦食品发生质量问题，就要由食品的生产商承担全部责任，这种压力将会迫使食品的生产商加强自身的食品安全管理，提高食品安全性，降低食品召回发生的可能性；另外，食品召回制度也会促使食品生产商严把原料进货关，在原料质量上对供货商提高要求，拒绝劣质食品原料，从而在一定程度上有助于实现食品从源头化的管理。

第三，问题食品召回制度将会避免相关的食品经营者承担巨额的经济赔偿

---

① 方楠 . 2008. 我国食品召回制度研究 . 复旦大学硕士学位论文：9.

责任，降低社会成本。按照之前我国《食品卫生法》的相关规定，问题食品只有在造成食品消费者人身伤害之后才会进行收回处理，但这只是事后的补救措施，而不是事前的预防措施，这样一来，相关的食品经营者要承担巨大的经济赔偿责任，而食品消费者虽然得到了赔偿，但是身体健康已经受到了伤害，这个伤害是不可逆的，是无法被赔偿所消除的。如果采取问题食品召回制度，将危害消除在未发生之前，表面上看会使食品经营者为食品的召回支出一定的成本，但是毕竟使问题食品可能造成的现实的伤害没有发生，会使相关的食品经营者免于承担巨额的经济赔偿，同时也使食品消费者免于遭受身体健康的伤害，降低了社会成本。

第四，问题食品召回制度是食品经营者建立诚信经营的良好途径。国内一些食品经营者认为召回问题食品会使自己承担巨大的经济压力，影响自身的声誉，不愿意公开承认食品安全问题的存在。其实，美国的食品召回实践证明：严重威胁食品消费者人体健康的第一级食品召回，从发布问题食品召回新闻起，相关食品企业的股票价格大约会有一个月的异常波动，会导致相关食品经营者的利益受到损害，但是对公众不会造成严重危害的问题，食品的召回则不会对相关食品经营者的利益造成太大的负面影响。食品消费者也是理性的，不会因为偶然原因导致的问题食品的存在而否定与问题食品相关的食品经营者，食品消费者希望食品经营者能够公开问题食品的真实情况。美国俄克拉荷马州的肉食公司在 2001 年就召回过香肠和肉制品，但其并未因召回问题食品而一蹶不振。①

第五，问题食品召回制度是食品监管模式改进的重要手段之一。从美国的食品召回制度来看，食品召回制度体现的是政府对食品市场的管理，而不是替食品经营者决策。在美国，政府不对投入食品市场前的食品组织任何鉴定，政府仅对即将投入市场的食品进行形式上的认证，具体的质量标准由相关的食品经营者自行制定，并由相关的食品经营者自己规范自己的食品经营行为，一旦出现食品安全问题，由这些食品经营者自行承担责任，政府有权力要求相关的食品经营者回收问题食品。而在我国，食品的生产和销售都要经过目录管理程序，食品在投入市场之前要经过政府组织的鉴定，满足一定标准后才允许投入生产，相应的对社会应当承担的责任也就由政府来承担，保证投入市场的食品对食品消费者的安全，一旦出现食品安全问题，在某种程度上，政府往往也会替食品经营者开脱责任。应当说，我国目前的做法是违背市场经济原则的。因此，问题食品召回制度的建立有利于政府改进现行的食品安全监管模式。

---

① 程言清，黄祖辉. 2003. 美国食品召回制度及对我国食品安全的启示. 经济纵横，(1)：42.

第三节　我国食品召回制度内容

一　食品召回的概念

虽然《食品安全法》中规定了我国的食品召回制度，但是《食品安全法》并未对我国的食品召回制度做出界定，目前，只有国家质量监督检验检疫总局颁布的《食品召回管理规定》对我国的食品召回制度做出了定义。

《食品召回管理规定》第四条规定，食品召回是指，食品生产者按照规定程序，对由其生产原因造成的某一批次或类别的不安全食品，通过换货、退货、补充或修正消费说明等方式，及时消除或减少食品安全危害的活动。对食品召回法律定义中的"不安全食品"，《食品召回管理规定》第三条将其定义为，不安全食品，是指有证据证明对人体健康已经或可能造成危害的食品，包括：①已经诱发食品污染、食源性疾病或对人体健康造成危害甚至死亡的食品；②可能引发食品污染、食源性疾病或对人体健康造成危害的食品；③含有对特定人群可能引发健康危害的成分而在食品标签和说明书上未予以标识，或标志不全、不明确的食品；④有关法律、法规规定的其他不安全食品。

有学者将我国的食品召回制度定义为："所谓食品召回制度，是针对那些不符合国家或行业的食品安全标准、已经引发食源性疾病，以及被证实存在或者可能存在相当危险的缺陷食品，该食品的生产商、销售商（包括国际贸易的进出口经销商）在获悉该缺陷时，依法向政府部门报告，并及时通知消费者，同时采取更换、赔偿等有效补救措施从市场和消费者手中收回缺陷食品，从而制止已流入市场的缺陷食品对广大消费者的人身健康和安全损害的发生或扩大的一项政府管理制度。本质上，食品召回制度是一项着眼消费终端的缺陷食品可能造成重大社会危害的预防措施，其从根本上解决了食品的生产商、销售商在权衡因召回而产生的经济损失和因保障食品质量而增加的成本利弊之后被迫选择后者，最终达到消除缺陷食品危害风险并保护消费者的合法权益。"[①] 对该定义，笔者基本上认可，但是需要注意的是，按照《食品安全法》和《食品召回管理规定》的相关规定，在我国，食品召回义务的责任人只是需要采取召回措施的食品的生产者，并不包括相关的食品销售者。

---

① 熊蕾．2009．我国食品召回制度建议探讨．暨南大学硕士学位论文：3，4.

二 食品召回监管机构

在食品召回监管方面，我国采用建立在行政管理划分基础上的纵向管理模式，根据《食品安全法》和《食品召回管理规定》的相关规定，我国对食品召回采用"二级监管"的管理模式。国家质量监督检验检疫总局在职权范围内统一组织、协调全国范围内的食品召回监督管理工作。省、自治区和直辖市质量技术监督部门在本行政区域范围内依法组织开展食品召回的监督管理工作。

三 食品召回方式

《食品召回管理规定》将食品召回分为"主动召回"和"责令召回"两种。根据《食品安全法》的规定，主动召回是指食品生产者发现其生产的食品不符合食品安全标准，应当立即停止生产，召回已经上市销售的食品，通知相关生产经营者和食品消费者，并记录召回和通知情况。而责令召回则是指食品生产经营者未能依照规定召回或停止经营不符合食品安全标准的食品的，县级以上质量监督、工商行政管理、食品药品监督管理部门可以责令其召回或停止经营。

在食品召回的方式被分为主动召回和强制召回这一点上，我国的食品召回制度与其他国家的食品召回制度并没有太大的区别。以是否主动召回为标准，美国的食品召回分为主动召回、要求召回和指令召回三种。主动召回是指食品生产者自愿发起的食品召回；要求召回是指美国农业部食品安全检疫局和食品与药品管理局直接要求不安全食品的生产者和销售者实施食品召回并且承担主要责任；指令召回是指在婴儿配方食品及在各州间销售的各种牛乳发生食品安全问题应当召回的情况下，美国食品药品监督管理局发布强制性命令要求该食品生产者和销售者实施食品召回。要求召回和指令召回都属于强制性召回。

一般情况下，在食品安全比较发达的国家中食品召回是以企业自愿召回为主的。加拿大每年的食品召回事件基本维持在300多起，而在1999~2007年的8年中，只发生过7次强制召回事件，仅占食品召回事件总数的0.2%左右。[①] 但是在我国则不然，目前为止，我国的食品召回大都是在政府的责令下实施的。[②] 对此，有学者建议在相关法律中设置条款鼓励食品生产者主动召回不安全的食品[③]。有学者甚至建议将《食品召回管理规定》处罚条款修改为："主动实

---

① 王菁，刘文.2007.国外食品召回制度的现状与特点以及对我国的启示.食品科技，（12）：6.
② 刘龙生.2010.我国食品召回法律制度完善之研究.华东政法大学硕士学位论文：14.
③ 刘龙生.2010.我国食品召回法律制度完善之研究.华东政法大学硕士学位论文：27.

施召回并完成召回，有效避免缺陷食品危害消费者的，应免除行政处罚。"并认为，这样修改《食品召回管理规定》可以减少食品生产企业的召回成本和受到行政处罚乃至公告的多重损失，消除食品生产企业在受到行政处罚方面的顾虑，最终鼓励并推动食品生产企业主动实施食品召回。[①] 笔者认为大可不必，主动召回不安全的食品是食品生产者的法定义务，国家完全可以通过惩罚性法律手段敦促食品生产者主动履行食品召回义务，没有必要对食品生产者的履行义务的行为再进行鼓励或奖励。况且，我国《食品召回管理规定》原本就规定有对主动实施食品召回的行政处罚从宽的规定，《食品召回管理规定》第三十四条规定："食品生产者在实施食品召回的同时，不免除其依法承担的其他法律责任。""食品生产者主动实施召回的，可依法从轻或减轻处罚。"

四 食品召回等级

在国外，一般都对需要采取食品召回措施的食品划分级别，这样既可以使食品消费者了解被采取食品召回措施的食品的危害性程度，又可以使食品安全监管机构能够更有针对性地对食品召回进行监管。我国《食品召回管理规定》第十八条根据被采取食品召回措施的食品安全危害严重程度的不同，将食品召回的级别分为三个等级：一级召回，是指已经或可能诱发食品污染、食源性疾病等对人体健康造成严重危害甚至死亡的，或者流通范围广、社会影响大的不安全食品的召回；二级召回，是指已经或可能引发食品污染、食源性疾病等对人体健康造成危害，危害程度一般或流通范围较小、社会影响较小的不安全食品的召回；三级召回，是指已经或可能引发食品污染、食源性疾病等对人体健康造成危害，危害程度轻微的，或者是属于含有对特定人群可能引发健康危害的成分而在食品标签和说明书上未予以标志，或者标志不全、不明确的不安全食品的召回。我国法律中食品召回等级的划分与美国关于食品召回的分级大体相同。

五 食品召回程序

根据《食品召回管理规定》的相关规定，我国的食品召回程序大体有以下几个方面的步骤。

1. 调查评估

食品生产者知悉其生产的食品可能存在食品安全危害，或者食品生产者接到

---

① 方楠. 2008. 我国食品召回制度研究. 复旦大学硕士学位论文：42.

所在地的省级质检部门的食品安全危害调查书面通知，应当立即进行食品安全危害调查和食品安全危害评估；食品生产者未进行食品安全危害调查和评估，或者经调查和评估确认不属于不安全食品的，所在地的省级质检部门应当组织专家委员会进行食品安全危害调查和食品安全危害评估，并做出调查、评估结论。

2. 确定食品召回的等级

经过食品安全危害调查和评估，确认属于是生产原因造成的不安全食品的，应当确定食品召回的等级。

3. 停止生产经营

确认食品属于应当被召回的不安全食品的，食品生产者应当立即停止生产和销售问题食品，从确认食品属于应当被召回的不安全食品之日起，一级食品召回应当在 1 日内，二级食品召回应当在 2 日内，三级食品召回应当在 3 日内，通知有关食品销售者停止销售，通知食品消费者停止消费。

4. 制订召回计划

从确认食品属于应当被召回的不安全食品之日起，一级食品召回应当在 3 日内，二级食品召回应当在 5 日内，三级食品召回应当在 7 日内，食品生产者通过所在地的市级质检部门向省级质检部门提交食品召回计划。

5. 根据召回计划，实施食品召回行动

自食品召回实施之日起，一级食品召回每 3 日，二级食品召回每 7 日，三级食品召回每 15 日，由食品生产者通过所在地的市级质检部门向省级质检部门提交食品召回阶段性进展报告；食品生产者对食品召回计划有所变更的，应当在食品召回阶段性进展报告中说明，及时对召回的食品进行无害化处理，并详细记录被召回的食品的处理情况。

6. 召回评估

食品生产者应当在食品召回时限期满之日起 15 日内，向所在地的省级质检部门提交食品召回总结报告；被责令召回的，应当向国家质量监督检验检疫总局提交食品召回总结报告；食品生产者所在地的省级质检部门应当组织专家委员会对食品召回总结报告进行审查，对食品召回的效果进行评估，并书面通知食品生产者审查结论；被责令召回的，审查结论应当上报国家质量监督检验检疫总局备案；若食品生产者所在地的省级以上质检部门审查认为食品召回没能达到预期效果的，通知食品生产者继续或再次进行食品召回。

在食品召回的程序方面，我国的食品召回程序与西方国家食品召回程序没有太大的差别。

六 违反食品召回义务的法律责任

按照《食品召回管理规定》的规定，食品生产者是履行食品召回义务的责任人。在食品召回义务的责任人的规定上，我国比西方国家规定的责任人范围要窄。在美国，食品的生产者、进口者、销售者都是食品召回义务的责任主体；在澳大利亚，食品召回义务的责任主体包括食品的生产者、进口者、批发者、分销者。

按照《食品召回管理规定》，在承担其他相关法律责任的基础上，食品生产者不履行召回义务将被处最高不超过 3 万元的罚款。按照《食品安全法》第八十五条的规定，除了承担其他相关的法律责任，食品生产经营者在有关主管部门责令其召回或停止经营不符合食品安全标准的食品后，仍拒不召回或停止经营的，除没收违法所得、违法生产经营的食品和用于违法生产经营的工具、设备、原料等物品外；违法生产经营的食品货值金额不足 1 万元的，并处 2000 元以上 5 万元以下罚款；货值金额在 1 万元以上的，并处货值金额 5 倍以上 10 倍以下罚款；情节严重的，吊销许可证。

在国外，对违反食品召回义务者，规定的法律责任比我国的要重一些。在美国，违反食品召回义务者，监管部门可以对行为人采取不同程度和范围的警告、公开、强制性禁令、扣押或查封产品，刑事起诉等法律措施，这些法律措施互不排斥，可以同时进行以追究行为人的法律责任；按照《加拿大食品检验局法》第十九条的规定，任何人若不执行食品召回命令就被视为犯罪，将被处以 5 万元以下的罚金或 6 个月以内的监禁，严重的可以在实施监禁的同时处以罚金[1]。在澳大利亚，如果食品召回者没有履行食品召回义务，根据《贸易实践法案》的规定，对公司可以处以最高 20 万澳元、对个人可以处以最高 4 万澳元的罚款；在新西兰，食品召回义务违反者所受到的最高处罚是 12 个月的监禁，若属持续罪行，则可就罪行持续期间的每天另处罚款 600 新西兰元。[2]

第四节 食品召回法律完善

一 食品安全危害调查与评估的完善

在我国，作为食品召回必经前置程序的食品安全危害调查和食品安全危害评估是由食品生产者自行组织实施的。经过食品安全危害调查和食品安全危害评估，认为确有必要实施食品召回的，才启动食品召回程序。按照我国《食品召回管理规定》第十三条的规定，食品生产者在知悉其生产的食品可能存在安

---

[1] 刘龙生.2010.我国食品召回法律制度完善之研究.华东政法大学硕士学位论文：17.

[2] 方楠.2008.我国食品召回制度研究.复旦大学硕士学位论文：19.

全危害或在接到所在地的省级质检部门的食品安全危害调查书面通知时，应当立即进行食品安全危害调查和食品安全危害评估。第十四条规定，食品生产者在接到通知后未进行食品安全危害调查和食品安全危害评估，或者经过调查和评估确认不属于不安全食品的，所在地的省级质检部门才可以组织专家委员会进行食品安全危害调查和食品安全危害评估，并做出认定。而在西方国家，食品安全危害调查和食品安全危害评估则主要由政府的食品安全监管部门来承担。在加拿大，由国家食品检验局组织专家一起对问题食品风险进行评估，并确认对该起食品安全事故应该启动哪类食品召回程序。由政府组织食品安全危害调查和食品安全危害评估，由于政府具有较强的专业技术手段和处于相对中立的地位，其调查、评估结论既可以相对的具有较高的科学性，又相对具有较高的可信度。在由食品生产者自行组织食品安全危害调查和食品安全危害评估的情况下，一方面，基于技术手段的限制，食品生产者能否有能力做出科学的调查、评估结论是让人怀疑的；另一方面，食品被召回与食品生产者的利益密切相关，食品生产者能否做出公正的调查、评估结论也是让人怀疑的。

二 食品召回信息发布的完善

食品发生安全问题是食品召回程序启动的前提条件，食品召回一般来说会引起食品消费者对被召回食品及与被召回食品同类的食品产生信任上的危机，这种信任危机若被不当扩大对食品工业也是不利的。因此，相关的食品安全信息的发布对食品召回的顺利、有序进行就非常必要了。

在我国，《食品召回管理规定》第二十五条规定，经确认有下列情况之一的，国家质量监督检验检疫总局应当责令食品生产者召回不安全食品，并可以发布有关食品安全信息和消费警示信息，或者采取其他避免危害发生的措施：①食品生产者故意隐瞒食品安全危害，或者食品生产者应当主动召回而不采取召回行动的；②由食品生产者的过错造成食品安全危害扩大或再度发生的；③国家监督抽查中发现食品生产者生产的食品存在安全隐患，可能对人体健康和生命安全造成损害的。对相关信息的发布规定的比较笼统，不利于消除食品消费者对相关食品的不当的信任危机。

但是在西方国家，相关食品的信息的发布与否，以及发布的范围和程度主要是依据缺陷食品的危害程度来确定的。例如，在加拿大，食品召回被分为三个级别，与此三个级别相对应，相关食品安全信息的发布也被划分为三个层次，每个层次的信息发布是不同的：当发生作为危害程度最高级别的一级食品召回时，必须向食品消费者发布警告；当发生引起食品消费者严重健康损害的可能性较小的二级食品召回时，则根据实际情况决定是否对食品消费者发出警告；

当发生一般不会造成食品消费者健康危害的三级食品召回时，一般不会对食品消费者发出警告。这种相对较明确、具体的食品召回相关信息发布制度，较之我国的食品召回信息信息发布制度，一方面能够保障食品消费者能够及时知悉食品召回相关内容，维护食品消费者的利益；另一方面，又能够保证食品消费者不会对相关食品产生不当的信任危机，维护食品生产经营者的正当利益。

三　食品溯源制度的完善

对食品召回的顺利实施来说，食品溯源制度是必不可少的保障。根据国际食品法典委员会（CAC）和国际标准化组织（ISO）的定义，食品溯源是指通过登记的识别码，对食品或食品的生产、经营等行为的历史和使用或位置予以追踪的能力。从"苏丹红事件"中，中国和英国相关食品召回的速度可以看出食品溯源制度对食品召回顺利进行的重要保障作用，"苏丹红事件"发生后，英国在几天之内就迅速将相关食品紧急召回，而我国却一直处于追查状况之中，原因即在于英国建立的健全的食品溯源制度，能够迅速、准确地在短时间内对相关食品完成召回工作。[①]

在我国，有许多小规模的食品生产者，在其所生产的食品上，相关食品标志不健全或根本就没有食品标志，有些还在食品标志上弄虚作假，在这种情况下，发生食品安全事故，需要启动食品召回时根本就无法进行食品召回。在法律上，《食品安全法》第三十七条和第三十九条规定食品生产者应当建立进货和出厂检验记录，食品经营者应当建立进货检验记录制度，并且该记录的保存时间不得少于两年。这样规定的目的即在于可以准确的确定在食品生产加工、流通领域内的不安全食品的生产者。这种规定基本上可以保证在发生食品安全事件的情况下能够快速找到问题食品的生产者，两年的记录保存时间一般来说是合理的，因为食品保质期超过两年的并不多见，而且，极少有食品在出厂后两年内还没有被销售出去。在保障食品召回顺利进行方面，该规定的不足之处在于，没有规定食品在原料生产环节的检验记录制度，如果导致食品不安全的缺陷是在原料生产领域内造成的将无法对其进行追踪。因此，建议在我国建立有关食品原料的检验记录制度，如农作物的生产过程应详细记录种子的种类及来源、农药、生长素、化肥、采摘时间等信息。同时，建议在食品各环节记录的内容应当更加详细一些，如美国食品药品管理局规定与生产食品及动物饲料产品相关的单位，包括生产者、加工者、包装者、分销者、接受者、持有者及进口商都应当及时建立记录档案；具体内容包括单位名称、负责人、食品及动物

---

① 刘龙生 . 2010. 我国食品召回法律制度完善之研究 . 华东政法大学硕士学位论文：24，25.

饲料产品的直接来源或去处；应当提供负责人的地址、电话及传真号码、电子邮件地址；食品的种类包括商标和特性；接受或发出的时间数量和包装类型；运输者的地址、电话及传真号码、电子邮件地址等。[①]

四 整顿食品生产经营市场秩序

食品生产、经营市场的整顿对食品召回制度的长效化也是必不可少的。当前，我国居民收入水平还比较低，食品消费者在购买食品的时候，有相当一部分人对食品的价格非常敏感。由此决定了在我国的食品生产者中，小作坊类的食品生产者在数量上占了主体地位，现代化的食品工业生产和原始的食品作坊手工生产并存是我国食品生产领域的一个怪象，较之现代化的大型食品生产加工企业，那些食品生产加工小作坊是最容易出现食品安全事故的，而这些食品生产加工小作坊根本就没有什么品牌，也没有品牌意识，无论是从意识上还是从经济实力上，都不可能去通过履行食品召回义务来维护自身的形象。面临这种无序的竞争状态，那些现代化的大型的食品生产加工企业在履行食品召回义务方面，自然是没有积极性了。因而，整顿食品生产经营市场，建立食品市场的诚信是食品召回制度长效化的必不可少的保障。

五 建议设立不履行食品召回义务罪

刑法中还没有对违反食品召回义务者追究刑事责任的规定，从行为的社会危害性角度来看，不履行食品召回义务的社会危害性和生产、销售不符合食品安全标准的食品犯罪及生产、销售有毒、有害食品犯罪的社会危害性没有太大的区别，都是将伪劣食品投入食品市场危害食品消费者身体健康，只不过不履行食品召回义务行为以消极的不作为的方式表现，而生产、销售不符合食品安全标准的食品犯罪和生产、销售有毒、有害食品犯罪是以积极的作为方式表现出来而已。那么也就没有必要将不履行食品召回义务的行为排除在刑法规制范围之外，笔者建议可以在刑法中设立不履行食品召回义务罪，即不履行或不正确履行食品召回义务，情节严重的行为。

由于《食品安全法》将食品召回义务主体限定为问题食品的生产者，那么，不履行食品召回义务犯罪的犯罪主体应当是那些负有履行问题食品召回义务的食品生产者，单位当然可以成为本罪的犯罪主体。客观方面表现为不履行或者不正确履行食品召回义务，情节严重的行为，至于情节严重的判断标准问题，

---

① 熊蕾.2009.我国食品召回制度建议探讨.暨南大学硕士学位论文：21.

笔者认为可以从应当召回的食品的数量多少、涉及地区和食品消费者的范围、问题食品可能会给食品消费者的身体健康造成多大的伤害、是否因不履行或不正确履行食品召回义务造成食品消费者身体健康遭受损害、是否因不履行或不正确履行食品召回义务受到过行政处罚后再次不履行或不正确履行食品召回义务等方面综合来判断。在主观方面，笔者认为该罪的犯罪人在主观上应持直接故意的心理态度，即行为人明知自己应当履行食品召回义务但是却故意不履行或不正确履行食品召回义务，至于如果因行为人不履行或不正确履行食品召回义务而导致食品消费者身体健康遭受损害的，笔者认为行为人对这个危害结果的发生在主观上应持过失的心理态度，因为行为人不履行或不正确履行食品召回义务往往是为了节省成本，不愿意给自身的商业信誉造成影响，而并不是就是希望或放任食品消费者因问题食品而造成身体健康的伤害，因为一旦食品消费者因问题食品造成身体健康伤害，那么就会给相关的食品经营者的商业信誉带来巨大的打击，会使相关的食品经营者支出更多的经济赔偿，行为人当然要反对这种危害结果出现，所以说行为人对因行为人不履行或不正确履行食品召回义务而导致食品消费者身体健康遭受损害的危害结果的发生在主观上是持过失的心理态度的。由于行为人已经认识到问题食品可能会给食品消费者的身体健康造成伤害，故行为人的主观心态就只能是过于自信的过失。

至于将来的不履行食品召回义务罪和生产不符合食品安全标准的食品罪，以及生产有毒、有害食品罪的关系问题，笔者认为，不履行食品召回义务仅适用于行为人不知道其所生产的食品是不符合食品安全标准的食品或是有毒、有害的食品的情况，因为被召回的食品在被召回之前应当是被允许在市场上流通的，不符合食品安全标准的食品或有毒、有害的食品就不允许在食品市场上流通，自然也不存在什么被召回的问题。这样一来，不履行食品召回义务罪和生产不符合食品安全标准的食品罪及生产有毒、有害食品罪的区分问题就很简单了，如果行为人明知自己所生产的食品是不符合食品安全标准的食品或有是毒、有害的食品的，就应当以生产不符合食品安全标准的食品罪或生产有毒、有害食品罪来追究刑事责任，不符合食品安全标准的食品和有毒、有害的食品是不允许在市场上流通的，行为人因为自己的犯罪行为而使这些食品在市场上流通的，行为人就有义务使这些食品退出市场流通，这就像盗窃罪犯罪分子在偷了别人的财物后有义务把偷来的财物返还给失主一样，行为人拒绝履行这个义务也只是其生产不符合食品安全标准的食品罪或生产有毒、有害食品罪的事后不可罚行为，只按生产不符合食品安全标准的食品罪或生产有毒、有害食品罪一罪追究刑事责任，不存在所谓的构成不履行食品召回义务罪的问题。

至于不履行食品召回义务罪和销售不符合食品安全标准的食品，以及销售有毒、有害食品罪之间的关系问题，笔者认为，如果行为人在销售食品的时候就已经明知自己所销售的食品是不符合食品安全标准的食品或是有毒、有害的食品，则对行为人应当按照销售不符合食品安全标准的食品罪或销售有毒、有害食品罪追究行为人的刑事责任，同时行为人也有义务将这些原本就不能在市场上流通的不符合食品安全标准的食品或有毒、有害食品进行回收，如果行为人拒绝回收也只是其销售不符合食品安全标准的食品罪或销售有毒、有害食品罪的事后不可罚行为，同样也不存在构成不履行食品召回义务罪的问题。

不履行食品召回义务罪与销售不符合食品安全标准的食品罪，以及销售有毒、有害食品罪的区分主要在于当行为人销售食品时并不知道其所销售的食品是不符合食品安全标准的食品或是有毒、有害的食品，而当被要求召回的时候又拒绝履行召回义务时该如何追究行为人的刑事责任。我们知道，尽管行为人在销售食品的时候不知道其所销售的食品属于不符合食品安全标准的食品或是有毒、有害的食品，但当被告知其所销售的食品要被召回时，这时就已经明知其所销售的食品是不符合食品安全标准的食品或是有毒、有害的食品，那么，在这种情况下，如果行为人停止了食品销售行为，但是拒绝履行食品召回义务，那就应当以不履行食品召回义务罪追究行为人的刑事责任；如果行为人不仅拒绝履行食品召回义务，同时还继续销售剩余的食品，那么行为人的继续销售剩余食品的行为就同时构成销售不符合食品安全标准的食品罪或销售有毒、有害食品罪、不履行召回食品义务罪，按照想象竞合理论以销售不符合食品安全标准的食品罪或销售有毒、有害食品罪从重追究行为人的刑事责任。因为行为人的行为构成销售不符合食品安全标准的食品罪或销售有毒、有害食品罪已是不言自明，但是其继续销售剩余食品的行为也可以被评价为不履行食品召回义务的行为，但是行为人在此只存在一个刑法意义上的行为，符合刑法想象竞合理论所要求的一个行为触犯数个罪名的情况。

需要注意的是，笔者在上两段中论及销售不符合食品安全标准的食品罪及销售有毒、有害食品罪、不履行食品召回义务罪的关系的前提条件是，销售者就是问题食品的生产者，若销售者不是问题食品的生产者，则该问题就不存在了，因为不履行食品召回义务罪的主体只是问题食品的生产者，不包括问题食品的销售者。

关于不履行食品召回义务罪和未经批准擅自进入食品生产领域犯罪的关系问题，笔者认为食品召回仅适用于合法的食品生产者，对那些不具备食品生产资格者所生产的食品本就不允许其在市场上流通，自然也不存在什么食品召回的问题。

柏振忠，王红玲．2004．对食品安全的再认识．湖北大学学报（哲学社会科学版），
　　（2）：174-177．

曹丽萍，包大越．2005．德国与瑞士食品安全管理考察报告．中国卫生监督杂志，（5）：
　　364-368．

陈烨，李森．2012．国外刑法典中食品安全犯罪的考察及启示．江南社会学院学报，
　　（1）：20-23．

储槐植．1996．美国刑法．第二版．北京：北京大学出版社．

大塚仁．1993．犯罪论的基本问题．冯军译．北京：中国政法大学出版社．

道格拉斯·N.胡萨克．1994．刑法哲学．谢望原，等译．北京：中国人民公安大学出
　　版社．

段兴霖．2011．济南市流通环节食品安全监管存在的问题及对策研究．山东大学硕士学
　　位论文．

高映．2004．加强我国食品安全的法律对策研究．科技进步与对策，（5）：115-117．

汉斯·海因里希·耶塞克，托马斯·魏根特．2001．德国刑法教科书·总论．徐久生译．
　　北京：中国法制出版社．

胡洪春．2011．浅论危害食品安全犯罪的完善//朱孝清，莫洪宪，黄京平．中国刑法学
　　年会文集（2011年度）．北京：中国人民公安大学出版社：1458．

江献军．2011．食品安全犯罪若干问题研究//朱孝清，莫洪宪，黄京平．中国刑法学年
　　会文集（2011年度）．北京：中国人民公安大学出版社．

蒋冰冰．2009．食品犯罪立法问题研究．上海社会科学院硕士学位论文．

黎宏．2004．刑法因果关系论反思．中国刑事法杂志，（5）：27-38．

李东山．2011．食品安全的刑法保护．中国政法大学硕士学位论文．

李恩慈．2004．刑法中的推定责任制度．法学研究，（4）：28-36．

李静．2010．论食品安全的刑法保护．华东政法大学硕士学位论文．

李文燕，邓子滨．1999．论我国刑法中的严格责任．中国法学，（3）：90-95．

李希慧，等．2005．中国刑事立法研究．北京：人民日报出版社．

李运玲．2008．农村食品安全法制研究．首都经济贸易大学硕士学位论文．

李哲敏．2004．食品安全内涵及评价指标体系研究．北京农业职业学院学报，（1）：
　　18-22．

凌媛.2011.湖北省食品企业生产环节存在的安全问题及对策研究.武汉工业学院硕士学位论文.

刘畅.2010.日本食品安全规制研究.吉林大学博士学位论文.

刘良,刘鹏.2011.论食品安全犯罪刑法规制的完善//朱孝清,莫洪宪,黄京平.中国刑法学年会文集（2011年度）.北京：中国人民公安大学出版社.

刘龙生.2010.我国食品召回法律制度完善之研究.华东政法大学硕士学位论文.

刘录民.2008.食品生产加工小企业小作坊质量安全监管办法研究.中国卫生监督杂志,（1）：35-38.

刘明祥,等.2000.假冒伪劣商品犯罪研究.武汉：武汉大学出版社.

刘宁,张庆,等.2005.透视中国重大食品安全事件.北京：法律出版社.

刘仁文.2001.刑法中的严格责任研究.比较法研究,（1）：44-59.

鲁珀特·克罗斯,菲利普·A.琼斯.1991.英国刑法导论.赵秉志,等译.北京：中国人民大学出版社.

罗德慧.2010.食品安全的刑法规制研究.贵州民族学院硕士学位论文.

骆梅芬.1999.英美法系刑事法律中严格责任与绝对责任之辨析.中山大学学报（社会科学版）,（5）：114-119.

马克昌,杨春洗,吕继贵,等.1993.刑法学全书.上海：上海科学技术文献出版社.

马克昌.2002.比较刑法原理：外国刑法总论.武汉：武汉大学出版社.

马中英.2012.我国餐饮业食品安全问题及解决对策.山西省政法管理干部学院学报,（2）：38-39.

冒乃和,刘波.2003.中国和德国的食品安全法律体系比较研究.农业经济问题,（10）：74-77.

梅传强,杜伟.2011.食品安全犯罪的立法再完善//朱孝清,莫洪宪,黄京平.中国刑法学年会文集（2011年度）.北京：中国人民公安大学出版社：1419.

牛元秀.2010.我国小作坊食品质量安全的市场准入制度研究.中国政法大学硕士学位论文.

欧锦雄.2004.刑法上严格责任之否定.杭州商学院学报,（3）：37-42.

彭凤莲,江澜.2011.食品安全行政犯罪探析//朱孝清,莫洪宪,黄京平.中国刑法学年会文集（2011年度）.北京：中国人民公安大学出版社.

冉瞿.2012.食品添加剂领域失范行为的刑事限制研究.社会科学研究,（2）：75-80.

任毓佳.2009.论食品安全的刑法保护.湖南师范大学硕士学位论文.

盛宏文,张一薇.2011.食品安全犯罪立法完善研究//朱孝清,莫洪宪,黄京平.中国刑法学年会文集（2011年度）.北京：中国人民公安大学出版社：1467.

史密斯JC,霍根B.2000.英国刑法.李贵方,马清升,王丽,等译.北京：法律出版社.

苏敏华.2004.英美刑法严格责任考察.犯罪研究,（1）：68-78.

唐正祥.2011.论危害食品安全犯罪的加重情节//朱孝清,莫洪宪,黄京平.中国刑法学年会文集（2011年度）.北京：中国人民公安大学出版社.

藤木英雄.1992.公害犯罪.丛选功,等译.北京：中国政法大学出版社.

田成刚,倪妮.2009.德国食品卫生法律制度刍议.南京工业大学学报（社会科学版）,（1）：64-68.

王贵松.2009.日本食品安全法研究.北京：中国民主法制出版社.

王艳林.2006.建立中国食品安全法体系的若干构想.河南省政法管理干部学院学报，（3）：30-32.

王玉珏.2008.《刑法》第144条中"有毒有害非食品原料"的合理定位.法学，（11）：152-160.

吴青梅，吴士健.2004.食品安全问题研究.岱宗学刊，（1）：19-21.

小野清一郎.2004.犯罪构成要件理论.王泰译.北京：中国人民公安大学出版社.

熊蕾.2009.我国食品召回制度建议探讨.暨南大学硕士学位论文.

徐楠轩.2007.外国食品安全监管模式的现状及借鉴.中国卫生法制，（2）：4-6.

杨彩霞.2004.刑法因果关系论之危机、反思与出路.国家检察官学院学报，（4）：25-33.

杨琼.2010.食品安全犯罪刑事责任的研究.贵州民族学院硕士学位论文.

杨素娟.2003.论环境侵权诉讼中的因果关系推定.法学评论，（4）：132-139.

于华江，等.2010.食品安全法.北京：对外经济贸易大学出版社.

张明楷.1999.大陆法系国家的因果关系理论//高铭暄，赵秉志.刑法论丛.第2卷.北京：法律出版社.

张绍谦.1998.刑法因果关系研究.北京：中国检察出版社.

张涛.2006.食品安全法律规制研究.厦门：厦门大学出版社.

赵秉志，谢望原，李希慧，等.2004.英美刑法学.北京：中国人民大学出版社.

赵俊强.2006.关于构建食品安全法律体系基本框架的思考.安徽医药，（2）：153，154.

郑蕴文.2008.美国、欧盟、法、俄、日对食品的一些包装法规.上海包装，（4）：52，53.

周辉.2010.海峡两岸食品安全刑法保护的比较研究.南京师范大学硕士学位论文.

朱艳菊.2011.关于"瘦肉精"背后涉嫌犯罪的实证分析//朱孝清，莫洪宪，黄京平.中国刑法学年会文集（2011年度）.北京：中国人民公安大学出版社.

庄劲.2003.从一起案例看传染病犯罪因果关系的司法认定.中国刑事法杂志，（6）：97-102.

　　食品安全问题日益受到各方面的重视，在《食品安全法》颁布后，食品安全法律体系也在逐步完善中。理论界对食品安全法律给予了极大的重视，出版和发表了大量的食品安全法律方面的著作和学术论文，但是食品安全刑法保护方面的研究相对来说还比较薄弱。本书对食品安全法律控制研究的重点在于食品安全的刑法保护，探讨如何运用刑事手段保护食品安全，研究食品安全犯罪的立法完善和司法应用问题。研究的落脚点在于食品安全的刑法保护，正是本书区别于其他食品安全法律研究著作的不同之处，也是本书的研究特色所在。希望本书能对发展我国的食品安全法律控制理论研究尽一份微薄之力。

　　食品的复杂性决定了食品安全法律控制的复杂性，由于个人能力有限，本书内容难免会存在一些不妥之处，恳请学界同人能够提出批评并予以指正。

　　科学出版社的编辑为本书的出版付出了大量心血，他们出色的工作为本书增色不少，在此谨致谢忱！

臧冬斌

2012 年 6 月